助推

（实践版）

小行动如何推动大变革

[英] 戴维·哈尔彭（David Halpern）著

梁本彬 于菲菲 潘翠翠 译

INSIDE
THE NUDGE UNIT

How Small Changes
Can Make a
Big Difference

中信出版集团 · 北京

图书在版编目（CIP）数据

助推：小行动如何推动大变革：实践版／（英）戴维·哈尔彭著；梁本彬，于菲菲，潘翠翠译. -- 北京：中信出版社，2018.9
书名原文：Inside the Nudge Unit：How Small Changes Can Make a Big Difference
ISBN 978-7-5086-9019-3

I.①助… II.①戴… ①梁… ②于… ④潘… III.
①经济学－通俗读物 IV.①F0-49

中国版本图书馆CIP数据核字〔2018〕第116893号

助推（实践版）
——小行动如何推动大变革

著　　者：[英]戴维·哈尔彭
译　　者：梁本彬　于菲菲　潘翠翠
出版发行：中信出版集团股份有限公司
　　　　　（北京市朝阳区惠新东街甲4号富盛大厦2座　邮编　100029）
承 印 者：北京诚信伟业印刷有限公司

开　　本：880mm×1230mm　1/32　　　　　印　　张：12.5　　　字　　数：337千字
版　　次：2018年9月第1版　　　　　　　　印　　次：2018年9月第1次印刷
京权图字：01-2018-0368
书　　号：ISBN 978-7-5086-9019-3　　　　广告经营许可证：京朝工商广字第8087号
定　　价：59.00元

向选择此书的人致意

目　录

序　言　助推到永远　理查德·塞勒 // III
前　言 // XI

第一部分　助推简史

第1章　从腓特烈大帝到丹尼尔·卡尼曼 // 003
第2章　行为洞察力小组 // 028

第二部分　助推框架

第3章　简化 // 054
第4章　吸引力 // 072
第5章　社会性 // 097
第6章　及时性 // 118

第三部分 每一次改变世界的助推

第7章 大数据与透明度 // 145

第8章 助力重大政策实施的不同方法 // 177

第9章 幸福：忘掉GDP // 212

第10章 创新：随机对照试验 // 263

第四部分 更完美的助推

第11章 谁在助推助推者 // 299

第12章 行为科学的新挑战 // 335

注 释 // 351

致 谢 // 369

助推到永远

行为科学家们发现的最有影响力且有害的认知偏差之一，就是"后视偏差"（hindsight bias），这是巴鲁克·费斯科霍夫在希伯来大学读研究生的时候，与丹尼尔·卡尼曼和阿莫斯·特沃斯基共同研究出来的结果。简单说来，"后视偏差"就是一种在事后认为自己一直都知道的现象。相比一位女性，美国人会更倾向于选择一位非裔美国人当总统吗？当然，我们都认为这有可能会发生。难道在2000年的时候我们就知道，今天大部分人都会在口袋里装着功能强大的智能手机吗？这种类型的手机可以让我们查看最新的电子邮件，只需对着它说句话，它就能回答任何实际问题，而且可以带我们去任何地方而不会迷路。当时几乎没有人这么想过。但是现在，我们对智能手机却习以为常了。

同样，你们可能也会对戴维·哈尔彭在他的杰作中讲的故事感到很平常。例如，2004年，我在美国经济协会年度大会上组织了一场题为"行为经济顾问委员会备忘录"的会议。所有与会者，包括我在内，都没有想过有一天，类似于该委员会的实体政府机构竟然会出现。

2008年，我和卡斯·桑斯坦出版了《助推》，当时并未产生很大影响。这本书的初衷是我们运用行为科学和社会科学的研究结果，有可能会帮助人们实现自己的目标，在不需要任何人做任何事情的情况下，提高政府决策的效能和效率。我们称自己的哲学为"自由意志的家长制"（libertarian paternalism，英国的自由主义使用的是liberal这个单词）。也许是因为我们在书中提出了这个说法，各大商业出版社于是拒绝出版此书，因此我们又找了一家学术出版社，希望我们的少数同行能读到这本书，并且继续推动这一学术议程。我们从未想过仅仅7年之后，全世界的国家可能都会组建新的政府部门，并把行为科学原则融入政策设计中。这是如何发生的呢？

桑斯坦以前在芝加哥大学法学院的同学巴拉克·奥巴马当选为美国总统以后，任命桑斯坦负责白宫办公室的信息与规制事务，这时行为政策议程才得以加速启动。这个职位由罗纳德·里根总统创建，主要职能是确保政府法规利大于弊。在任期内，桑斯坦能够利用自己的社会科学知识以及助推手段，要求许多政府机构在颁布新法规时，把行为科学知识纳入政策设计中。事实上，奥巴马政府在许多领域运用了行为科学知识，包括医疗、金融改革、健康饮食和能源效率等。在某些情况下，由奥巴马和信息与规制事务办公室共同颁布的强制性文件确保了行为研究融入政府部门的工作中。

另一个重大突破，就是由卡梅伦领导的英国联合政府宣布，他们打算建立一个团队，运用行为和社会科学研究成果来完善政府运作。

2009年，见过卡梅伦团队的部分成员后，我应邀来伦敦几天，帮助团队开始运作。就在这次旅行中，我第一次见到了当时被招募进来担任新团队负责人的戴维·哈尔彭。戴维和我与卡梅伦的两位"高级顾问"[a]史蒂夫·希尔顿、罗翰·席尔瓦一起去巴黎出差一天，目的是与萨科齐政府的几位工作人员就相似的做法交换意见。除了提供了一顿丰盛的午餐之外，法国方面的努力没有取得什么实质性进展，但是我们却充分利用了一起乘坐"欧洲之星"列车的时间，设计了团队的发展思路以及其他重要事项，包括团队名称等。我们最终确定团队名称为"行为洞察力小组"，而罗翰预言这个正式的名称将会与团队毫不相干，因为每个人都会称团队为"助推小组"。

如今整整4年过去了，很难想象如果罗翰没有说服戴维·哈尔彭放弃英国政府研究所和剑桥大学学者舒适优越的工作，全身心地投入政府的工作，团队的努力会换来什么结果。

---

① 我使用引号是因为罗翰还不满30岁。

戴维的特殊背景让他成为新团队负责人的不二人选。他不仅是一位对现代行为科学研究了如指掌的一流学术型心理学家，最关键的是，他曾在唐宁街10号托尼·布莱尔政府的战略研究所工作过，非常了解英国政府的运作情况。他甚至写了一份报告，敦促政府把行为科学的应用纳入公共政策当中。我敢肯定，在英国没有人比他更适合承担这一仍有待定义的任务了。

戴维很快组建了一支具有互补能力的小团队。不过，团队其他成员都比不上欧文·塞维斯，他很快就担任了实际上的首席运营官（提示：如果你让学者负责管理，就要确保团队事务有专人负责，以保证工作的顺利推进）。通过多种方式营造健康的工作环境，斟酌选拔团队成员，再加上一点好运气，许多为团队服务的早期成员，现在依然在团队工作并担任着领导角色。

虽然戴维曾被说服来担任团队负责人，并且组建了最初的团队，但是很少有人认为行为洞察力小组能取得成功。事实上，大西洋两岸的媒体都确信，助推议程注定会失败。在美国，最严厉的批评来自政坛，他们把助推看作某种恶劣的干预形式。一位让人特别讨厌的脱口秀节目主持人不停地说桑斯坦是"美国最危险的人"。在英国，媒体的声音分为两种。一种认为，助推的想法实在太傻了。著名的巨蟒剧团常规剧目里提到助推时的台词"推推手，眨眨眼"就是较为常见的贬低现象。另一种就是《助推》中最有名的例子——在阿姆斯特丹的史基浦机场，男厕所小便器出水管旁边雕刻的苍蝇能减少80%

的尿液外溢——提到助推时，有人竟然把它的作用与这只苍蝇相提并论，可见助推在大众心目中的印象。其他的主流批评来自左翼的政治派别，他们担心托利党（英国保守党的前身）人会用助推作为逃避实施起来困难却可能更有效的政策的借口。幸运的是，事实证明，这些批评都没什么说服力。

英国2010年的养老金改革就是一个例子，证明了微调的潜在能力。改革计划由阿代尔·特纳爵士制订，规定养老金可以自由地从账户中转出。根据计划，雇主必须自动把雇员登记在养老金计划中，但是雇员如果不想这么做，也可以选择退出。左派怀疑论者认为，参与应当是强制性的，自动注册所提供的助推还远远不够。事实证明，这些担心都是多余的。在该计划3年的登记过程中，只有不到1/10的人选择了退出。但是在2010年的时候，我们并不知道这个结果。我想公平地说一句，大部分观察者并不信任助推手段或者助推方法。

当然，一些怀疑是有道理的。之前从来没有人尝试过在政府中专门建立一个执行行为科学政策的特别小组，甚至我们这些十分了解认知偏见的人，都要警惕过分自信。因此，团队的第一个决定就是，如果计划进展不顺利就解散团队。我们很清楚，虽然许多新的政府方案失败了，却无限期地存在着，因此我们的团队是建立在"日落条款"ª基础之上的。两年后，行为

① 日落条款，又称落日条款，指的是法律或合约中的修订部分或全部条文的终止生效日期。通常修订日落条款的目的是在该条文终止其效力前留有缓冲期，可先行准备及实施相关的配套措施。——译者注

洞察力小组将接受内阁办公室的评估，除非小组能提供确凿的证据证明自己有能力，并能节省英国纳税人的钱，否则就会遭到解散。言出必行是很好的理念，但同时也存在不少压力。

团队最初只有7名成员，预算有限，仅有的办公空间也局促在海军拱门那里。戴维没有现成的计划，也没有明显的榜样可以学习，却不得不在两年内拿出成果。怀着兴奋、好奇、渴望看到进展的心情，我开始每周在伦敦教授一次芝加哥大学布斯商学院开设的高阶主管课程。这样，我就可以在课外定期抽出时间与团队成员一起工作，做我力所能及的事情。对我来说，这是一次令人异常兴奋的经历，我很高兴戴维为了让别人从这个实验中学到知识，专门写了这本书。

现在让我来透露一下吧！行为洞察力小组取得了巨大的成功。团队现在已经有60多名成员，并且已经从英国政府独立出来，改组成立了一家公益性的公司，以帮助世界各地的公共服务机构。目前，与团队合作的政府遍及五大洲，全球范围内的政府都在采取类似的措施，包括我的家乡芝加哥！这本书就是讲述这一切是如何发生的。

当然，团队的运气时好时坏，还有许多无奈。每一个新的想法都会尽可能通过随机对照试验进行测试，这意味着结果可能会来得很慢；每一项倡议的细节将不可避免地受到每一个相关政府部门的干预。毫无疑问，这种类型的实验比起那些可以在实验室里进行的实验要难得多。不过，尽管困难重重，我们还是了解了许多具体的政策思路，而且更重要的，

我们学会了如何建立一个通过研究行为科学来解决现实世界
问题的组织。在任何领域，无论是国有单位还是私营部门，
抑或在自己的生活中，热衷于寻找新方法来解决问题的人应
该对第一手资料都比较感兴趣。

　　在你阅读后面的内容时，我唯一的期望就是助推到永
远，每次有人让我给《助推》签名时，我写下的内容也是
如此。

理查德·塞勒（Richard Thaler）

到2012年春，于2010年5月11日就职的卡梅伦政府已经执政20个月了。一天上午，英国最资深的公务员、内阁秘书已经将各政府部门负责人聚集在一起。这些政府部门的首脑主要负责5000多亿英镑政府资金的筹集与支出，以及500多万公职人员的招募事宜。

由于人数太多，所以如果大家围坐在内阁秘书办公室的木制桌子旁会很不舒服。这样的大型会议以往会在位于白厅70号老旧的内阁办公室的隔壁举行，那里配备了专门的镀金椅子，就是为了方便在位君主顺道视察、旁听会议的（在人们的印象中，这种情况还没有发生过）。但这一次，他们围坐在新近重新装修的位于白厅22号的一个光线充足的房间里。虽然步行仅需一分钟，但二者的历史却差了400多年——新空间孕育新想法。领导们聚在一起时，小声地交换意见，讨论当天的议题，还会八卦他人官职的升降，交易在无声无息中就达成了。

新任内阁秘书杰里米·海伍德爵士宣布会议开始。从某种意义上说，他是首相的得力助手：他不仅是英国的高级官员，而且在举行内阁会议时坐在首相旁边记录会议纪要，并确保决议实施。部门首脑，或常务秘书长等官员对于杰里米爵士的做事风格以及在乎什么都十分感兴趣。大多数人通过他以前的工作去了解他，但当时他上任没多久。人们都知道新首相戴维·卡梅伦信赖他，其实他已久负盛名了。他是深受托尼·布莱尔重视的首席私人秘书，后来又回到唐宁街10号，担任戈登·布朗政府的政策部门负责人，并为他专门设立了常务秘书长的职位。海伍德绝对是一位政策专家，他用细节和策略掌管各政府部门，历任首相都认为他是不可多得的人才。

今天的议程是由政府的行为洞察力小组（或者助推小组，如新闻媒体和白厅那样打趣的叫法）做一个10分钟的介绍，然后进行讨论。对于大多数围坐在桌子周围的官员来说，这是他们第一次了解涉及行为洞察力小组的信息。至少，这个有趣的项目可以让他们一周都心情愉快。他们都是老油条，了解新当选政府以及唐宁街10号新顾问的行事方式。新政府喜欢谈论新策略，但是一两年后，这些策略就会连同推崇这些策略的顾问一起被悄然遗忘。归根结底，政府所面临的挑战以及政策实施并没有随着时间的推移有明显改变。

海伍德直入正题，列出了他所看到的政府与议会拉锯战当中的问题。简短的介绍之后，他继续讲道："今天我们要听取来自行为洞察力小组的研究结果。大家都知道，首相对这个新策略很感兴趣。"他望向左边，在桌子的后排坐着我和我的副手欧文·塞维斯。

"你们当中有很多人早就希望了解戴维。"他补充说，并点头示意我开始。

由于时间有限，我立刻指出了该方法的本质：它把人类行为的现实模型引入政策决策当中。初步构想是通过这种方法找出成本低且不显眼的助推方式。与我们一起共事的一名新近上任的常务秘书点了点头，另外几名秘书在看他们手头的文件，还有一两名秘书在桌子下面偷偷地看政府发给他们的黑莓手机。我用幻灯片展示出助推手段的4项最新成果，每张幻灯片展示一项。

第一项成果来自税务部门。该部门的常务秘书在认真地观看幻灯片时与我对视了一眼。我解释道，基于行为学知识，改变措辞会带来变化，所以我们与税务部门合作向欠税人员寄出不同版本的信件，让他们接受系统性检测。我们研究的重点是在信件中加上一句类似"大多数公民都按时缴纳税款"这样的话能否提高纳税比例，结果确实有效——纳税比例提高了好几个百分点，能够多收回数千万英镑。常务秘书微笑着点了点头。虽然我一直与他有目光上的交流，但很难确定他是否已充分认识到在自己庞大的部门里进行的这项实验的重要性，但他看上去很高兴。

第二项成果来自一个我们鼓励居民给顶楼或阁楼加隔热层

的尝试。数据虽小，但成果丰厚。我们得出的结论是，对许多居民来说，最大的问题不是成本而是嫌麻烦。于是我们用宣传单进行民意测试，比较两种处理方式的效果。一种方式是向居民提供额外的财政补贴，另一种方式是向居民提供"阁楼一条龙服务"，但需房主支付费用。阁楼一条龙服务方案尽管需要房主支付额外的费用，却备受欢迎。说完，常务秘书们都笑了。他们了解到助推的意义了，解决麻烦远比提供补贴有效得多。（当时，环境部门已经在申请更多财政补贴来解决顶楼隔热问题。）

第三项成果与汽车税有关。在税单上添加一张由路边电子监控捕捉到的车主汽车照片，更有可能让车主支付未缴纳的汽车税。我提到，法国曾经针对超速违法行为尝试过类似的方法，但考虑到夫妻双方能在照片中看到第三者在车内从而引发婚姻纠纷，最终法国方面放弃了这一做法。我解释道，现在他们只需要寄给车主一封信，"威胁"车主如果不缴税，就会将拍下来的照片寄到他们家。[1]

第四项成果与法院有关。我们用手机短信对欠款人进行测试。手机会提示欠款人补交罚款，如有逾期，法院会在10天之内上门收款。测试数据显示，短信不仅让收回罚款的比例翻倍，从总体上增加了财政收入，而且节省了法院的时间、交款人的金钱，也省去了执行警官的麻烦。

一张张的幻灯片展示了事务处理过程中的细微变化，哪怕只是信件措辞上的改变，都能给结果带来显著变化：政府收回了更多税款和罚款；更多的居民做了顶楼隔热。那么政府的成本呢？几乎为零。现在常务秘书们不再笑了，因为他们能够领会这些成果的行政意义和财政意义了。像许多国家一样，英国正在紧缩财政，许多部门面临着10%~30%的预算缩减。同时，新政府正在取消政府部门管制，简化行政审批以及回避立法。事实上，过去50年来许多政府部门依赖的财政拨款和立法这两大策略已经被新的联合政府弃之不用了。现在摆在眼前的就是他们能够使用的策略，如果这些数据都是正确的，那么这个策略就是真的有效。

其中一名常务秘书举起了手。他露出不可思议的表情，问他的部长是否知道这些实验曾经在他的部门管辖的领域进行过。我的心顿时咯噔了一下。在这种特殊情况下，我敢肯定，部长不知道此事，并且我十分肯定我们没有与常务秘书讨论过。由于担心高调的行动会让实验陷入长期停顿状态，所以我们说服其中一位社区服务负责人暗自进行了该实验。本来我还担心我们会因为没有获得这位常务秘书所在部门的许可，或是实验的理念不被认可，而让这一实验就此夭折，从而使整场会议偏离轨道，没想到他热情地笑着，并要求我们提供更多的细节，以便他简要介绍给部长，而且他认为这会给他的部长留下深刻的印象。

这是一个关键的转折点。在2012年春天的那个上午，部门首脑与那些对助推持怀疑态度的人终于开始相信助推手段了。尽管他们不像信徒那么虔诚，但至少开始认为助推是值得认真对待的事了。原本10分钟的介绍结果占用了一个小时的时间。

就在这天，助推开始走向主流。

对人和政府的不同观点

人类是非凡卓越的，能应对瞬息万变的复杂世界。每一天，我们都要做出成千上万个判断，我们的感官和大脑一直在解析这个世界。我们看到和听到的所有信息几乎都是模糊的，就如同面前的桌子。桌子可能是方形的，但从另一个角度看，它又可能是梯形的；角落里的声音可能是摇摇欲坠的管道发出来的，也可能是潜伏的攻击者发出来的。

每天我们会做数不清的决定，而每个决定的时间又十分短暂，因此我们根本记不住。如，在路口什么时候停？什么时候走？走哪条路才能绕过堵车的地方？值得注意的是，我们几乎每次都能做出正确的决定，猜出别人说话的意思，知道周围的事情。当我们穿过某个地方的时候，不会撞到别人，开车上班也不会把车撞坏。

在意识的支配下，我们努力地解析着周围发生的事情，并得出应对措施。从看到一条线或边界这种"简单"的行为，到感知朋友的愤怒或悲伤，我们的大脑不断地在推断、替换并解释新的信息和记忆。这确实是一件不可思议的事情。

不过，由于我们所看见的和所做的事情大多基于推断——或者"快思考"——我们偶尔会得出错误的结论。我们会躲开爆炸的气球，看见马路上的黑影会急刹车。长期以来，心理学家和艺术家一直通过假设和实验来研究这些"错误"。日常生活中，我们会从一些笑话或曲折的故事中突然意识到潜在的假设其实是错误的。

　　一些专家和评论家们用"不理性"这个术语来描述我们长久以来的心理捷径（mental shortcusts）[1]。我很少关注这个词，因为它不能准确反映有史以来人类的非凡表现。这跟古典经济学理性却不切实际的模型形成显明对比。古典经济学假设信息是完全的，对比是单方面的。

　　你对人的观点也会影响你对政府、商业以及社会的观点。如果你按照古典经济学的理论认为人追求"理性效用最大化"，那么你就会在此基础上设计税收、法律、福利制度以及商业模式。如果人们认为偷税漏税的好处要超过成本（考虑罚款和被抓的概率），那么他们就会偷税漏税。类似的，人们认为竞争会淘汰不良供应商，而优质供应商会实现利益最大化。甚至，只要有可以利用的信息，人们就会计算出如何省钱，吃什么健康，是否应吸烟或吸毒。

　　人类认知能力的局限以及古典经济学模式的天真与失败，为加强市场监管和营造活跃的市场提供了强大的理由。一些批评家认为，尽管我们的大脑卓越非凡，但并不适合现代世界。现代食物的味道、营养过剩以及工业化社会中不断上升的肥胖率误导了我们；对未来的过度透支使我们迅速进入全球变暖和地球毁灭的境地。同样，我们不难得出这样的结论：我们的大

---

[1]　心理捷径是人类大脑在思维过程中形成的一些心理上的捷径，这些捷径曾帮助人类更好地生存，如今这些捷径则成为真正的漏洞。如人类普遍喜欢漂亮的外表，而忽略了丑陋外表下的才华。——编者注

脑不适合做基于现代经济的基础性财务判断，从抵押贷款到养老金储蓄，以及到超市买最划算的商品，都是如此。

然而古典经济学和监管的模式本身就基于心理捷径，或者基于听上去真实可靠的天真人类模型。它们就像不合身的西装，因为模型的基础就是一个简单的心理人体模特。在《助推》这本书中，理查德·塞勒和卡斯·桑斯坦把这些简化的人描述为"经济人"。这些经济学家会冷静准确地考虑和衡量所有方面，就像电影《星际迷航》里的瓦肯人斯波克，或者像传奇的深蓝机器人最终战胜国际象棋冠军加里·卡斯帕罗夫一样（至少人们愿意这么想）。相比之下，"人类"不可能在一秒钟之内考虑两亿个选项，而且我们的思维和决策也掺杂着情感。就像斯波克常说的，我们的结论经常是"不合逻辑的，船长"。（至少他是这么认为的。）

如果政府、企业和社会团体的举措都基于一个更符合现实的模型，那么世界将会是什么样子呢？助推的推广让我们得以更直观地了解到各国政府都在使用更微妙的方式来影响社会行为。它提出了一种理论、一个想法。相比之下，这本书讲述的则是助推从理论走向实践的故事。

政府内部的一个实验

这本书的核心，就是讲述了一个实验，它是行为洞察力小组，或者说位于唐宁街10号、后来被称为助推小组的部门所做的实验。2010年，行为洞察力小组在英国新首相戴维·卡梅伦的领导下建立了起来。最初，它不过是英国媒体和国际媒体借以消遣的谈资，并且深受白厅官员的质疑。

团队的目标基本上是不可能完成的：一是转变至少两个政府部门的行政方式；二是让英国政府对人类行为有更新颖、更现实的理解；三是至少实现10倍于成本的回报。如果团队失败了，那么它会在成立两年后解散，以给选民在下一次选举前留出充足的时间来忘记这个尴尬的插曲。

在头两年，行为洞察力小组进行了许多随机对照试验，主要涉及医疗、税收、节能、犯罪数量控制、就业以及经济增长等领域。结果，出乎大家意料的是，团队成功了。

行为洞察力小组的实验表明，那些看上去细微的改变能带来巨大的影响。团队发现，只要在纳税提醒信上加一句"大多数公民都按时纳税"，就能激励更多的公民按时纳税。这种基于社会规范和其他准则的改变，每年能给政府增加数亿英镑的财政收入，而且帮助改变了税务部门的征税方式。不询问失业人群前两周内做了什么，而是让他们考虑未来两周内能做什么。这样做，大大减少了领取3个月失业救助金的人数，进而让成千上万的失业人群更快地投入工作，并减少了领取长期失业救助金的人数。取消了企业员工必须申请才能缴纳养老金的做法，但仍然留给员工自主选择的权利，这一举措让英国增加了500多万缴纳养老金的员工，并且这一数字还在持续增长。其他实验还表明，简单的助推可以减少碳排放，增加器官捐献，提高民众戒烟率，减少错误医疗预约，帮助学生完成学业，减少歧视以及刺激就业，而且大多数干预是没有成本的。

但事情远没有这么简单。即便首相、副首相以及英国政府支持助推手段，许多政府内部官员对此仍然持怀疑态度。公职人员和行政人员经常宣称我们提议的实验没法完成，甚至违犯了法律。结果是，一些助推干预没有成功，倒是其他一些干预却出乎意料地成功了。

然而，助推的成果在两年期限最后的那段日子开始显现出来。围绕行为研究和经验主义方法而设计的政策，以及公共服务的方方面面，让助推成果日渐明朗，它使公众服务更加便捷，并节省了政府资金。在等待了一个世纪之后，行为科学最终走出了实验室，进入政府决策之中。

本书的简要脉络图

这是一本将心理学应用到我们在当今世界所面临的挑战之中的书。本书主要讲述了英国政府的一个核心小团队在接受任务（将心理学理论以及实验方法融入政府举措和每日政策当中）后取得的成果。本书也记录了一路走来的尝试与磨难，包括为了让主流政策制定者认真对待行为方法的抗争，以及为了让助推实验成功，在时间和政治资本耗尽之前所做的种种努力。

与最初美国出版的《助推》一书中描述的应用相比，行为洞察力小组已经把心理学更广泛地应用到了政策制定当中，试图将更复杂的人类行为模式运用到政府主流政策之中。

本书分为四个部分。

第一部分讲述助推简史。第1章主要探讨了助推方法早期的学术基础，以及今天是如何继续影响助推的。这一部分不仅关注政府、社会团体以及政府领导人，还论述了早期那些明显激进的行事方式会如何给现实带来困扰，比起运用法律、罚款和武装威慑，有时运用微妙的方法更能影响人的行为。第2章解释了在美国助推方法如何开始在奥巴马总统的白宫推行，以及行为洞察力小组在2010年由英国首相戴维·卡梅伦慢慢建立起来的过程。一路走来，我们有幸遇到了一些帮助助推走向成功的人。

第二部分讲述了行为研究如何被逐渐运用到政府活动的方方面面，比如说服民众按时缴税和鼓励民众对顶楼进行隔热处理。这一部分的四个章节中，每一章都至少介绍了一种助推的核心方法，即简化（easy）、吸引力（attractive）、社会性（social）、及时性（timely），首字母缩写为EAST。我们将看到行为研究和实验方法如何以最低成本带来显著的改变，并知晓世界各地政府和企业都在使用这些助推方法的缘由。

第三部分讨论了行为科学在更高层面的应用情况。从改变措辞升级到行为研究，从根本上重塑我们思考世界的方式。它探索消费者信息在与行为科学结合后会如何改变市场。这一部分展示了行为科学思维如何从根本上改变了政策决定的方式，从市场监管、失业人群快速找到工作，到帮助政府挽救摇摇欲坠的经济等。有些人对行为科学探讨得更加深入，他们通过揭示幸福的本质来挑战政策的基本目标。该部分的最后一章阐述了行为科学实验方法在初期带来的影响，这可能会被看作其最伟大，也是最具破坏性的一点。

第四部分介绍了行为科学迅速蔓延至世界各地的风险与局限性。它揭示了助推方法的实践局限与政治局限，以及作为公民的我们都应了解助推手段操作方式的原因。对于一些批评家来说，政府采用助推方法是邪恶的；而另一些人则视之为政府在重要问题上不愿采取强硬行动的借口。无论哪一方，争论都说明政府和企业需要让助推手段赢得公众的认可。最后一章对助推的未来以及行为研究的应用做了总结，探讨了行为研究是否能为我们今天所面临的最严峻的挑战做些什么，包括我们如何与同胞和谐相处——这正是助推推手面对挑战开始探索的新领域。

只要在两年期满的时候，回顾行为洞察力小组的努力，英国首相决定拓展而不是解散团队，我就满足了。在这一领域做出引导性研究成果的诺贝尔奖得主丹尼尔·卡尼曼赞扬了团队的工作，就连媒体、政府机构和政党（绝大部分）也从怀疑者变成了支持者。

喜欢也好，讨厌也罢，助推都会继续下去。唐宁街10号行为洞察力小组的经历和显著成绩使得世界各国政府都争相采用相似的方法来处理政务，并且许多国家都采纳了行为洞察力小组的建议。在未来几年，我们将看到更多的政府、企业和其他机构运用行为研究知识。有可能你已经因为助推而发生了改变。目前，助推已经取得了显著的成功，但它的成功也引发了人们的担忧。就像所有知识一样，行为科学知识也是一把双刃剑。因此，如何正确运用行为科学知识是我们必须解决的问题。

第一部分

助推简史

从人类诞生的那一刻开始，人就在助推对方。我们总是忙于说服和鼓励身边的人做这件事或那件事。事实上，许多生物学家认为，人类的进化以及我们异常巨大的大脑，都受到早期人类、古人类和社会群体复杂模式的影响。

然而，当涉及政府和企业时，很多人不相信委婉说服带来的多种神奇效能。相反，他们已经用经济学和法学等现代"理性"学科较为时尚的说法，来扩充自己的知识储备。

近年来，政府和企业已经开始重新发掘助推手段对人类行为的巨大影响。它们这样做，部分原因是由于经济和法律的传统政策失败时所产生的震惊与绝望，也是因为对人类行为，尤其是心理学等"软科学"有了越来越细致的了解。

这是一个令人着迷的新发现。

第1章

从腓特烈大帝到丹尼尔·卡尼曼

（1700—2007年）

发现新真理，摒弃旧偏见，这是世界上最伟大、最高尚的乐趣。

——腓特烈大帝

18世纪，欧洲人口不断增长，但食物却相对匮乏，为此欧洲国家的领导人与行政官员都非常担心。饥荒会带来持续不断的危险，不仅许多人会饿死，还会引发战争和革命。过度依赖小麦或任何一种单一作物，都会引起特定的危险。一旦作物减产，随之而来的就会是灾难。

在此背景下，把毫不起眼的马铃薯引入欧洲便有着深刻的政治意义和战略意义，但存在一个严重的问题，对于那些不习惯吃马铃薯的人来说，这是一种非常奇怪而且相当不受欢迎的食物。[1]大家并不熟悉它的生长方式——马铃薯是由块茎在地下生长出来的，并不像我们所熟悉的小麦和玉米那样，连片而且优雅地生长在地上。甚至教会也在回避马铃薯，因为《圣经》中没有提到它，而小麦则以面包的形式代表着基督的身体。

欧洲各国采取了多种方式来鼓励不情愿的民众接受马铃薯，有的国家甚至颁布了法令强行推广这种作物。普鲁士国王腓特烈大帝对马铃薯很感兴趣，他认为在危机爆发时，马铃薯可以降低面包的价格，大大缓解粮食短缺的状况。[2]1744年，他把马铃薯纳入军队食物中。在他统治期间，为了鼓励民众接受并种植马铃薯，他下达了至少15道命令。即便这样，民众仍然十分排斥马铃薯。

在1774年的饥荒时期，腓特烈大帝下令实施举国种植马铃薯的计划。许多城镇的民众都有意见，其中最具代表性的是科尔贝格的民众。他们说："这种东西不好闻也不好吃，甚至连狗都不吃，对我们来说到底有什么用呢？"[3]

腓特烈大帝最初的反应，是要用暴力"强推"而不是缓慢推行——他威胁要把那些不种马铃薯的农民的鼻子和耳朵通通割掉。然而，他很快就改变了策略，按照现代的说法，他运用了一点"心理战术"。

据说，腓特烈大帝不但没有进一步威胁民众，反而派遣士兵组建了一支庞大且显眼的警卫团，专门负责看守种植的皇家马铃薯，但又命令他们故意放松对马铃薯的看护。与此同时，当地民众注意到，国王非常欣赏马铃薯的花和块茎，于是他们便悄悄潜入种植地，偷走马铃薯，然后开始种植这种"皇家作物"。在很短的时间内，许多马铃薯被偷走，不久，人们便开始广泛种植并且食用马铃薯了。

　　腓特烈大帝对民众的干涉，很好地反映出了立法与制裁的局限性；同时，用巧妙的办法来改变行为的明显优势也得到了很好的体现。这种方式的效果非常明显。在接下来的战争年代里，普鲁士并没有像其他国家一样出现饥荒和人口减少的现象。尽管粮仓很容易遭到路过的军队的洗劫，但马铃薯是长在地下的，被抢走的可能性不大。马铃薯的引入挽救了许多人的性命，也让普鲁士不经意间成为该地区的实力派国家。

说服的艺术

　　腓特烈大帝并非用巧妙的说服艺术替代暴力的唯一领导人。自古以来，各国领导人都试图通过建造雕像和纪念碑的方式来传递力量、智慧以及他们想要传递的其他品质，从而感化自己的追随者。亨利八世用精美的挂毯装饰自己的汉普顿宫宫殿，不仅是为了显示自己的财富与力量，而且挂毯上描述的亚伯拉罕的故事（据《圣经》记载，亚伯拉罕是希伯来人的始祖）与亨利八世自身的使命感和英国当时羽翼未丰却特殊的国情十分相似。同样，他委托定制的肖像画，以及它们所传递出的权力与财富的含义，今天仍然在影响着我们。对许多人来说，他们眼中的亨利八世，就是国王的化身。

　　有时候，领导者会刻意运用自己的权力和影响力来改变时尚和行为方式，一个社会的宗教和文化习俗也深深地受到领导人行为和宫廷时尚的影响。领导人通常能敏锐地洞悉到这一点，然后刻意宣扬自己的行为，从而达到改变民众行为的目的。

这已经超越了宗教习俗或者后代的取名风尚。例如，1853年维多利亚女王在第8个孩子出生时，选择了麻醉剂助产。这就是一个重大的转折点。当时，麻醉剂的使用在医疗机构中是颇具争议的，据当年的医学杂志《柳叶刀》记载："在顺产过程中使用麻醉剂是毫无道理的。"但是，女王使用麻醉剂所传递的强大信息，却是医疗机构无法抗拒的。1857年，女王在生产最后一个孩子时也使用了麻醉剂。到这时，麻醉剂已经被普遍用于妇女分娩镇痛，至少那些消费得起麻醉剂的人会使用。[4]

政府也会时不时地从国家和地区层面，以巧妙的说服方式来影响民众的行为。

从1910年到随后的10年间，英国、美国以及其他国家马路上的汽车数量增加了近10倍。汽车越来越多，速度也越来越快，于是出现了一个新问题——交通事故。1921年，在英国伯明翰外萨顿科尔菲尔德的梅尼角发生了一连串交通事故，有人就想出了一个解决办法。他们注意到，交通事故发生的主要原因是蜂拥而来的车辆在抄近道的时候，撞上了从其他方向驶来的车辆。应该怎么做呢？在马路中央画上白线就行了。这种做法的效果十分明显，几年之内，英国所有的马路都画上了白线。

白线，与其他道路标志一样，也是一个极好的助推范例，能指导我们的驾驶。设置路缘振动带是为了在车辆偏离道路或者进入中央隔离带时，向车辆发出警示。猫眼路标表示的是车道之间的分隔，用不同的颜色突出主干道的岔路。现在，许多国家的减速指示牌都会就司机的驾驶速度给出反馈，一旦超速，指示牌上的数字就会变红。

图 1-1　针对"白线"这种特殊的助推手段，美国迅速投入使用，到 1917 年的时候，好几个州的公路都漆上了白线。（1917 年，密歇根州马凯特县的"死人角"马路被手工漆上了白线。）（照片由密歇根州交通部提供）

　　虽然现在大多数助推手段都被遗忘了，但人们在马车时代就设计了一种具有类似功能的弯道——不仅为人服务，也为马匹服务。今天的司机抄近路走罗瑟希德隧道（这是泰晤士河下最古老的行车隧道），有时也会困在隧道的急转弯道中。设计急转弯道的部分原因是避开码头，还有一个原因是为了在狭窄的隧道里限制马的速度，以免马儿看到远处的光线而脱缰失控。[5]

图1-2 泰晤士河下的罗瑟希德隧道于1908年开通。隧道内现在被认为十分危险的连环急转弯，过去曾被用来限制马匹的速度，以免马匹看到远处的光线而脱缰失控（照片由巴尼·莫斯提供）

尽管我们现在认为开车是很平常的事，然而在机动车刚兴起的前几十年，司机学开车时要求很少，交通规则更是含混不清。在机动车兴起后的大部分历史中，所有新司机都必须学习的英国高速公路法规，充当的只是一项规范，只是建议你最好怎么开车而已。时至今日，尽管部分高速公路法规已被纳入法律，添加了"你必须"这样的字眼，但多数法规仍是建议性的，从"你应该"这些词语中就能够看出来。这些法规的日常职能就是保证数百万人能够较安全地出行，同时能顺畅地运输货物和开展递送服务，为经济命脉助力。当然了，如果你打定主意不遵守法规，从而将自己与他人置于危险之中，那么警察可能会把你抓起来，给你开个"莽撞驾驶"的罚单。然而，多数情况下，我们对莽撞驾驶的处罚不是靠法律，而是靠咆哮的汽车喇叭声和马路上其他司机的手势。

交通部门本可以按部就班地解决问题，比如颁布严厉的新法规或者施以更高数额的罚款。许多国家确实也这样做了，但在大多数情况下，似乎彬彬有礼的提示或者助推手段更能有效减少事故的发生。人们早已发现诸如此类的助推手段通常比处罚更有效。（这对马匹就更不用说了！）举个例子，闪烁"减速行驶"的信号灯，或者用红色显示司机超速，同时用柔和的黄色显示司机的速度在限速范围之内，这些做法能有效减少交通违规现象——通常比测速摄像头和罚款更有效（详见第 4 章）。道路规则和交通信号已经发展演变了一百多年，如今再辅之以一系列新方法，可使我们免受来自自身或者他人的伤害。但几乎所有的新方法都有赖于新习惯的养成，有赖于人们的相互督促。

战争让心理学家得以走进政府。20 世纪爆发的各类冲突使得政府开始大规模采取说服行动。赢得"民心"，无论是赢得国内的、同盟国的，还是敌对国的民心，都是取得胜利的重要因素，其重要性丝毫不亚于子弹和大炮。[6] 由富兰克林·罗斯福创立的美国战时新闻处，据说在"二战"期间曾制作了 20 多万幅海报。这些行动实现了很多目标，从鼓励人们购买美国战争公债、吃很多以往难以下咽的食物，到种植"胜利菜园"，再到做好抗战及支持同盟国的准备等，这些行动通常都非常成功。譬如，美国政府通过发行战争公债筹措了上百亿美元，仅从儿童那里筹措的资金就有10亿美元之多。5 000万民众种植的"胜利菜园"也是一样，其蔬菜产量估计已经超过了商业种植蔬菜产量的总和。

这些说服运动，还有它们所鼓励的行为，无疑具有双重功效。它们生产了必需的物资，但也许更重要的是，它们使人民得以同心同德。一个老生常谈的说法就是态度塑造行为。然而，心理学研究已经表明，在多数情况下，事实恰好相反，应该是行为塑造态度。[7]这就是心理学家们所讲的内心冲突：当一个人的态度与行为不一致，例如当你发现自己正在做一项"无聊"且报酬甚微的工作时，你的态度通常会向你的行为靠拢。例如，你觉得这项工作也不是那么无聊，它能使你得到休息，大脑也能得到放松。同样，那些购买政府战争公债的人，或者"为了胜利而埋头苦干"的人，也许更有可能开始相信战争本身的价值和目标。

从腓特烈大帝苦心孤诣地说服本国人种植并食用马铃薯，到在马路上画白线，我们都能看到政策制定者已经在时不时地采用法律之外的工具，去试图影响公众的行为，虽然有时也是在铤而走险。特别值得注意的是，尽管事实证明，法律和惩戒在禁止人们做某些事情时相当有效，然而它们在鼓励人们去做某些事情的时候，当然还有遵守法律的时候，通常都收效甚微。

虽然如此，诸如此类的办法却往往在政策的边缘徘徊。在全世界范围内，往往都是议会、总统和首相在奋力推行新法律，有时也会废除旧法律。都是他们不断努力在某些领域增加预算，削减其他领域的预算（这种情况极少）。政策制定者是第一个，也是最重要的法律和预算方案制订者，有时经济学家和科学家也能进入由议会和高层官员组成的队伍中。但心理学家和社会学家呢？除了战时宣传之外，他们进入政府决策层的机会微乎其微。

什么是助推

助推本质上是一种鼓励或者引导行为的方式，但是没有指令和规定，在理想状态下，也不需要丰厚的金钱刺激或者奖惩措施。我们知道它在日常生活中意味着什么：它是一个彬彬有礼的暗示；它是一项建议；当我们希望我们的孩子或者伴侣把一堆衣服收拾得整齐利落时，它就是一个明显的眼色。它与责任、严厉的要求，或者武力形成了鲜明的对比。对于"助推"这一术语的创始人卡斯·桑斯坦和理查德·塞勒而言，助推的一个关键因素在于，它和法律或者正式的要求不同，它无须排除其他选择。但是，正如我们所看到的，助推对于政策制定者而言，却是一个更加宽泛、更加实际，行为上也更有针对性的做法。

我们试想，法律实际上是如何生效的呢？议会或者行政机关通过一项决议，声称将推行一项新规则，要求个人或者企业以某种方式做事（或者不做事）。一般情况下，对那些不能遵守法规的人，法律制定者往往都会附加一项制裁或处罚措施，比如罚款或者监禁之类的。但是在通过法律和实际执行法律之间，还有相当的距离。两者之间是以一个缺乏经验的人类行为模型为前提的。它假设人们听说了一项新法律，并意识到这项法律适用于他们；同时假设人们将会主动掂量触犯新法律的代价，比如需承担被逮捕的风险；最终得出结论：他们应该遵守法律。假设受到诱惑的瞬间，所有这些想法都出现在了脑海里，这些想法就能抵制诱惑或压力。

这是具有英雄主义气息的系列假设。颁布新法律不是影响行为的完美方式，这是意料之中的事。政府"要求"公民按时补缴所欠税款，但每年都有几百万人没补缴。我们不应该乱扔垃圾，但公园和公共场所往往遍地都是垃圾。甚至法院和司法系统都被认为这些是采取法律手段干预却屡屡失败的典范。

相比之下，有时轻微干预就会引起行为的改变。例如，过去10年里，许多国家已经颁布法令，禁止在公共场所吸烟。令人关注的是，这一法律既不受欢迎也无法得到执行。然而，这种情况对它们来说已经十分成功了，禁烟法在英国可是几乎从未执行过。从本质上看，禁烟法需要自我监督，无烟环境是建立在一种新的社会规范（或心照不宣的公众支持）之上的。

补贴和奖励机制拥有同样复杂的成功比例。有时看似微薄的补贴或税款却能带来立竿见影的效果。例如，在英国和其他地方只需要让含铅燃料和无铅燃料在价格上出现微小的差异，居民就迅速换成无铅燃料，从有铅燃料到无铅燃料的转变比我们预期的要快得多。同样地，要求零售商给顾客提供塑料袋时加收一点点钱，就极大地减少了塑料袋的使用。另一方面，为了推动储蓄或提高能源效率而出台的财政补贴或税收政策却收效甚微。

当事情没有朝着预期的方向发展时，就该重新评估你的思维方式了。几乎所有的政府（和公司）采用的政策和面临的挑战，背后都隐藏着行为科学。行为分析开始深度解析政策成功或失败的原因。这样，它们就找到了替代方法以及潜在的效果更佳的方法。

从实验室到政策制定：研究的三股合力

社会认知心理学有着悠久而丰富的历史。一个多世纪以来，科学家们一直在系统地研究我们是如何看见、听见并做出判断和对比的，以及我们的行为是如何受周围的人和事物影响的。在当代，行为科学尤其是心理学，运用到政策当中有许多方式，但主要有三种。

首先，知觉研究已经逐渐揭示了人类是如何真正"看到"并解释世界的，这是实验心理学的基石。一个世纪的研究展示了我们的感官是如何觉察到变化、差异和个人相关性的。我们能看到边缘以及最微小的差异，对没有发生变化的事物却视而不见。例如，我们眼睛的细胞会逐渐适应恒定强度的光，降低光线的发射频率。但如果你凑近并盯着别人的眼睛看，你会看到他的眼珠在不停地转动。净效应指的是一条线——黑暗与光明的边缘——落在你的视网膜上，眼睛里的微小运动意味着这些细胞正被打开或关闭，而眼睛一旦适应了恒定强度的光线，你的注意力就集中在这条线的边缘（见图1-3）。

同样地，我们已经习惯了周围环境的噪声。在纽约有一个著名案例。城市某区的火车有天晚上停止了行驶，警察中心的电话就被打爆了，有居民报告说他们听到了奇怪的声音。相比之下，如果有人在拥挤吵闹的地方喊我们的名字，我们很可能会注意到。[8]

这种知觉心理学对设计、定价甚至我们的喜好，都具有十分深刻的影响。例如，消费者并不擅长从完全意义上去了解新产品或服务的成本。一对音箱的成本应该是多少？我应该花多

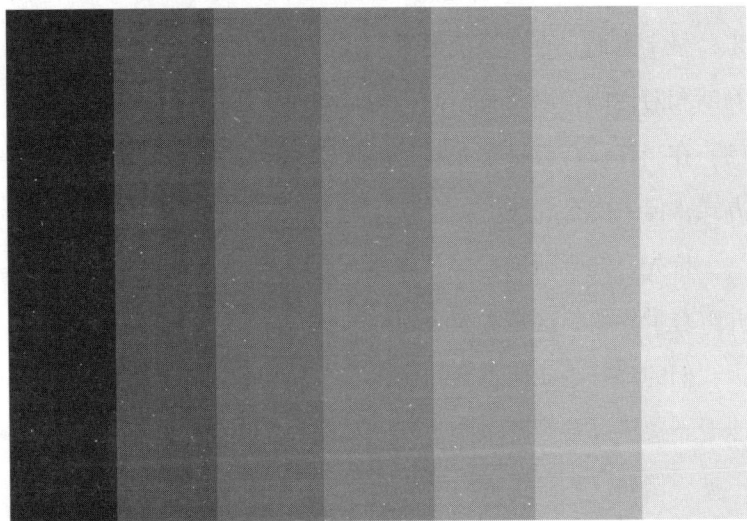

图1-3　马赫带。每条带的颜色都是极为平均的浅灰色——附上相近色带——但是一条一条地看时，感觉色带内色彩较暗，色带边缘处色彩较明。这种错觉源于我们眼睛和大脑的工作原理，是它强化了周围世界的边界[9]

少钱买毕加索的一幅画？买一部更安全的手机应该花多少钱？
然而，我们对于研究商品的相对成本却十分在行。因此，当看
到几对音箱，或者毕加索画作选，我们总能判断出哪一个更
好。如果我们要给其中一种商品定价，那么肯定会尝试给另一
种商品定价。这就给卖家提供了有力的工具。如果商店里大多
数音箱卖100~750英镑，那么我们会觉得700英镑的标价就贵
得离谱，我们很可能会选择更便宜的。但是如果音箱的售价
范围在500~2 000英镑，那么700英镑的标价看上去就顺眼
多了。

其次，"社会心理学"研究行为如何影响我们周围的人和
事。社会心理学的起源可以追溯到一个多世纪之前。早期研究
表明，在别人与自己做同样事情的时候，人们蹬自行车的速度
会更快，或者更快地拧实验室的门把手。但是实验社会心理学
真正起步，却是在战后美国的实验室里。这些研究深深地改变
了我们对于人类同胞，甚至对于我们自己的认识。

大多数人——确定不是心理学学生——都听说过斯坦
利·米尔格拉姆著名的"权力服从实验"，在该实验中，实验对
象需按照要求给隔壁的"学生"实施电刑（电击控制器与一个
发电机相连，实验对象被告知能使隔壁的"学生"受到电击）。
他们不断被要求给隔壁的"学生"施以强度越来越大的电击，
而"学生"则在隔壁房间尖叫，并敲打墙壁，要求停止实验。这
时只要一位穿白大褂的实验室工作人员告诉他们，实验继续，
这些实验对象就不会停手，2/3的实验对象坚持到了最后。[10]

米尔格拉姆实验是建立在心理学家所罗门·阿希早期的研究基础之上的，阿希的研究说明，只要前面的实验对象选择了明显错误的答案，后面的人也会跟着犯错。这些早期的研究结果和之后的更多研究，都展示了情境能塑造人类行为的强大力量。比如津巴多著名的斯坦福监狱实验（大学生根据随机角色分配，要么扮演悲观的囚犯，要么扮演顺从的囚犯）；以及拉塔内和达利的研究（研究表明一组实验对象会一动不动地坐在房间里抽烟，都没有人去扶起跌倒的实验助理，但是如果实验对象是一个人坐在房间里，他就会有所行动）。[11]

这些实验，伴随着第二次世界大战中的暴行，震惊了整个世界（尤其对美国）。实验证实，极端人类行为不是一种异常现象，如果环境如此，大多数人都会这么做。这些研究成果展示了情境或环境对人类行为的影响，包括周围人的影响。实验社会心理学的崛起，标志着人类行为研究方法的决定性转变：从哲学家坐在扶手椅上沉思的阶段，进入实验项目阶段。这样一来，我们对战争与邪恶、善良与爱的理解，就受到了实验社会心理学的深远影响。

最后，认知心理学深入研究我们的内部思维过程。对多数当代心理学家来说，阿莫斯·特沃斯基和丹尼尔·卡尼曼在20世纪70年代的开创性研究引起了人们的注意，强调了人们在日常决策中用到的心理捷径。例如，人们通常不会通过去年飞机事故与汽车事故的对比，来衡量交通方式的安全性，也不会通过去年世界旅行所用飞机总数和汽车总数的比较来加以衡量；相反，大多数人运用心理捷径可以轻易地回想起飞机事故与汽车事故的例子——特沃斯基和卡尼曼称之为"可用性"启发。一个人越容易想起的例子，就越容易据此来推断其他的事情。一般来说，这并非不良启发。你可以很容易想象出自己走在伦敦或纽约街头会遇到多少老虎和鸽子，但涉及飞机和汽车安全性问题的时候，可用性启发就会让我们误入歧途。罕见却重大的航空事故会引起媒体关注，给我们留下深刻印象，但我们对马路上每天的交通事故死亡人数基本上没有评论或持久的关注。因此，大多数人感觉乘飞机出行比乘坐汽车更加危险，尽管统计数据显示飞机更安全（如果按照行驶公里来算，还是飞机出行更安全）。[12]

　　这些错误的估计可以造成严重的后果。例如，"9·11"事件之后，人们认为在美国乘坐飞机是一件极其危险的事情。因此，更多人在第二年不再坐飞机，而是选择开车出行，结果发生了多起交通事故，道路死亡人数陡增。这些交通事故造成的死亡人数远多于"9·11"事件中的死亡人数。

　　你可以仅用一张纸就判断出我们的大脑擅长什么，不擅长什么。首先，试着把纸揉成一团并扔给一个同事。他们很容易就能抓住纸团。但事实上，这个过程是一个非常复杂的计算过程。投掷者需要根据纸团的重量和投掷距离调整动作，而接到纸团的人需要更复杂地计算纸团的速度、尺寸、重量以及投掷距离，然后把举起的手

调整到正确的位置，并在正确的时间接
到纸团。但如果你问他们是如何做到的，
他们可能会耸耸肩说："我一伸手就接住
了。"这是我们大脑高速运转的写照。尽
管地球上至今还没有一个机器能够复制
投和接这一简单动作，但我们觉得我们
所具有的这一能力很平常，没什么可大
惊小怪的。

　　与上面例子相反，现在问你的同事一个简单的问题。

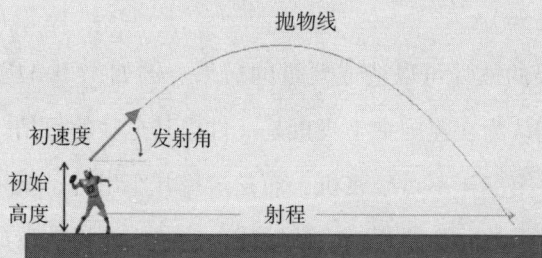

抛物线

初速度　发射角

初始
高度　　　　　　　　　射程

图1-4　投掷示意图

想象一下，拿着同样的一张纸，对折，然后再对折，对
折100次。当然，你不可能真正地对折那么多次，对折
六七次就很难再对折了，但是假设能对折那么多次，那
么对折后的纸会有多厚呢？

　　我以前经常问我的学生这个问题，他们百思不得其

解。有的学生会说"很厚",并举起手说:"差不多有这么高,或者更高。"另一个说:"不,差不多与这幢楼一样高!"

偶尔有一个开始理解:"可能会很厚,对吧?像地球到月球的距离?"事实上,这厚度要远远大于地球到月球、太阳甚至整个太阳系的距离。一张普通的纸,对折100次,它的厚度要超过数十亿光年,远大于银河系的直径。

这个简单的计算难住了我们,甚至对袖珍计算器来说也很难。我们的第一直觉是错误的,不习惯指数运算,必须进行"缓慢"且有意识的思维过程来解决这个问题。大脑在接纸团过程中的无形复杂运算证明了大脑思维迅速,但是折纸的简单运算却证明大脑思维缓慢。[13]

特沃斯基和卡尼曼的工作,尽管源于心理学,却一直在研究经济学家们有关人类如何选择和做决定的核心假设。很显然,人们在记忆、预测、决定哪种经验或选择更加痛苦或危险时更容易犯错。重要的是,这些实验表明这些错误都是随机的,而非可预测的。这为精明的经济学家、政治学家,甚至律师打开了大门,他们不但没有放弃自己的模型,而且还通过新兴的人类学观点来了解人们是如何做决策的。

丹尼尔·卡尼曼后来获得了诺贝尔奖，但不是因为心理学，而是因为他在经济学方面的研究所带来的巨大影响。其他许多研究都建立在此基础之上，例如情绪反应强烈地影响我们的判断和思考，或各种心理捷径是如何在不同情境下影响情绪的。[14]对那些看过这些方面文献的人而言，就如同维多利亚时代的探险家们发现了世界的未知区域一样，带回未开发地区的传说或追踪大河源头的经历。而这次却是有关大脑的发现。与以前的探险家一样，行为研究虽然也会遭遇竞争对手、任务失败，但偶尔也会有新发现，这是它最吸引人的方面。

通过西奥迪尼、塞勒、桑斯坦、丹·艾瑞里和卡尼曼等心理学家的心理学知识普及，这三种力量近年来结合到了一起。行为研究和心理学得以被引入新领域（企业和政府），与上述研究有很大的关联。

行为研究与政府：早期的坎坷

尽管对心理学的研究已经长达一个世纪，但现在心理学与政策之间的关系仍然很微弱。除了战争中偶尔使用的颇有争议的心理战术或奇怪的政府广告活动，心理学在经济决策中仍旧无足轻重。

心理学有时被用作特定的技术决策。例如，针对记忆的实验研究被用来帮助设计英国的邮政编码，故意把字母和数字混合在一起会比单纯的数字或字母更好记。同样地，对人类通过听觉或视觉渠道获得的信息进行处理，然后做出回应的能力所做的详细研究，被应用于设计军用飞机的控制面板，以求飞行员能够在无干扰的情况下最大限度地接收或回复信息，并简化驾驶舱，从而减少致命错误的发生。

　　然而，心理学在主流政策中仍处于边缘位置。考虑到政策产生的结果中行为所扮演的重要角色，这种现象尤其值得注意。例如，据世界卫生组织和其他组织估计，工业化国家中一半以上人口的寿命会因为行为因素缩短一半（详见第8章），如吸烟、饮食、饮酒、不安全的性行为、汽车事故等。然而，我们却没有将健康预算或者研究预算投入行为研究中。[15]

　　英国在21世纪初尝试把更多心理学和行为思维引入政策制定中。那时，我还是剑桥大学社会和政治学系一名受人尊敬的年轻学者。我在1997年英国首相选举的准备阶段和选举之后的一段较短的时期内，参与了一些政策思维研究，后来就回到了剑桥大学。

　　有些同事认为我对外面的世界有一种不健康的兴趣。我教授的课程中，确实有一门叫心理学与政策。[16]这门课主要研究的是心理学如何让人更深刻地理解政策挑战背后的原因、提出可替代的政策方案，甚至提出可替代的目标（详见第9章）。

　　2001年，托尼·布莱尔在第二次选举中获得压倒性胜利。我先后加入了他新创建的首相战略预备团队及之后的首相战略团队（PMSU）。团队成立的目的，是要提高唐宁街对政策问题做长期和深入思考的能力。虽然最初我从剑桥大学借调过来的期限为18个月，事实上我却在这里待了6年——也算给其他年轻学者一个警告（或者鼓励）吧。[17]

除了给首相战略团队撰写主要的政策评论，我们还撰写了一系列政策讨论文件——内部称为"时事短评"。政策问题并不太在乎学科界限，但有时候某个学科或观点在很大程度上被忽视了，这需要特别强调。有鉴于此，其中一份讨论文件，就明确是为探索心理学和行为研究对政策的影响而设计的。我们甚至邀请丹尼尔·卡尼曼来海军拱门聊天。海军拱门是我们团队以前的工作基地。

对这些"时事短评"我们还是比较谨慎的。"时事短评"的目的就是扩展白厅官员的思维广度。另一方面，这也制造了潜在的风险，记者或持反对意见的成员可能会利用"时事短评"颠倒黑白。为了解决这个问题，我们在每页的末尾都印上这样一句话："文件观点仅用于讨论，不代表政府政策。"现在你在英国电子档案馆仍然可以看到文件的电子版。

长话短说。在文件中研究行为改变可不是一件快乐的事。我们的观点（探索心理学和行为研究对政策的影响）透露后，遭到了媒体的强烈抨击，唐宁街新闻办公室于是急于撇清关系。不久，首相在一次重要讲话中明确表示，这并不是政府将采纳的方法。

对一个政府角色不断扩大的保姆式国家的政府来说，我们干预思想的罪名就太大了。其实我们在首相战略团队本可以取得许多成就，而这次却没有。

但我们没有完全抛弃这种方法。在鼓励戒烟这样的特定领域，行为研究效果显著，对一些行为科学和心理学思维具有明显的推动作用。首相战略团队文件中的观点对养老金政策也有显著的影响。一份有关"自由意志的家长制"早期内容的文件记录了默认选项的强大作用（卡尼曼在加入后强调的）。那时我们在英国金融服务管理局主席阿代尔·特纳的领导下，对养老金运作情况进行了大面积审查。我认为这份记录默认选项作用的文件对审查来说十分重要，就复印了一份寄给阿代尔和审查团队，并在文件上潦草地写下一句话："我认为这可能是你读过的针对养老金审查最重要，也是最有趣的文件。"

在特纳的审查报告发布时，他建议我们改变以前养老金缴纳的默认选项，把默认企业员工自由选择加入改为自由选择退出。尽管改革只实施了几年的时间——下次大选之后被终止——但政策最终被采用并且效果显著（我们在第3章中会谈到）。改变养老金储蓄的默认选项——不仅在英国，还包括新西兰、美国和其他地方——是早期行为研究在政策领域取得的重大胜利。

早期行为研究在其他领域只围绕某些问题进行干预。例如，引入家庭支持来减少犯罪；弘扬"相互尊重"的理念，减少社会排斥等。

进一步推动

布莱尔政府所做的最后一次尝试，就是把更复杂、更公开的行为科学方法纳入政策制定中。在预备将权力交接到戈登·布朗手中时，我们做了全面的"政策评估"，反思在布莱尔10年任期内我们学到了什么：哪些成功了，哪些失败了，哪些新想法值得调查研究。这是一个不寻常的契机，工党政府的权力过渡期给我们提供了一个思考的机会，把以前的改革方案与新方法结合起来。政策评估包含了一系列文件、与首相及即将上任的部长举行研讨会，甚至在野内阁也会出现。

为了安排政策评估流程，初级内阁办公室主任派特·麦克费登（以前在唐宁街10号长期做布莱尔的助手）和爱德华·米利班德（以前是戈登·布朗的助手，后来成为工党领袖）与我领导的公共服务部门共同成立了指导小组，回答内阁办公室主任希拉里·阿姆斯特朗和首相提出的问题。

在规划2006年年底到2007年的政策评估座谈会时，我们询问了《影响力》（*Influence: The Psychology of Persuasion*）一书的作者罗伯特·西奥迪尼，看他能否出席并主持座谈会。我们在唐宁街10号国家宴会厅举办的这次座谈会十分成功。国家宴会厅用来举办座谈会是最实用的了：细长的桌子和沉重的烛台让人们很难注视周围的人；比起演讲，宴会厅的音响更适合私人谈话；不仅如此，宴会厅的位置、木材镶板、复古的银器以及画作都给人留下了深刻的印象。

罗伯特很伟大。多年前我第一次在哈佛大学库伯书店拿起他的书，因为我很想知道哈佛的同事在心理学课上都引用了该书中的哪些内容，于是喜欢上了这本书。那时这本书才发行到第二版，但已经是心理学经典著作了。该书将著名的心理学实验与营销人员，甚至是骗子用来影响人们的技术进行了巧妙的结合。西奥迪尼本人也让人十分着迷。基于自己作品中乱扔垃圾这个有趣的话题，他对政策制定者应该考虑的6个影响做了概述，尤其详述了所谓的"大错误"：总是强调人们不应该做什么，却很少提及他们应该做什么。他用书中一个很有代表性的故事解释了这个"错误"：人们从亚利桑那大学附近的国家公园拿走美丽的化石木。他讲述了自己的一个博士生和女友游览国家公园的故事。当这个博士生看到"不许带走化石木"的标志牌时，觉得很震惊。之后他女朋友说："来吧，趁现在还有，我们也拿一块吧。"

西奥迪尼和他的学生针对不同指示牌的影响，继续进行了一系列的实验，以估测游客捡起在沿路做了标记的化石木的可能性。果然，他们发现写着"大多数经过的游客都会捡起化石木"的指示牌会让游客更愿意捡起化石木。不经意的交流就让许多游客捡起了化石木（详见第5章）。[18]

罗伯特同样展示了一个历史悠久且非常著名的、反对乱扔垃圾的电视广告，这个广告实际上传递出这样一个信号——大多数人都在乱扔垃圾。相比之下，多数人认为很庸俗的回收垃圾的广告却十分有效，使垃圾回收率提高了30%。

在场的副部长们十分赞同这次演讲。他们能够认识到西奥迪尼描述的自己部门政策的作用以及错误。然而，还有一些人对公众的政策接受程度有质疑："这不是在操纵民众吗？"还有另一位资深人士指出："这可不是一场板球比赛，是吧？"

罗伯特的回答很简单："你在尝试与公众交流，但你传递的信息却是零碎的、复杂的，这是有效沟通的问题。如果公众不能理解你所传递的信息，你就帮不了任何人的忙。"

这是一个不错的答案。但是对当时的政策制定者来说却是消极的：这让他们觉得政策制定仅与交流有关。换句话说，对于部门新闻办公室，或者围绕选举的政治团队来说是有趣的材料，但与核心而严肃的政策制定工作却没有任何关联。

当然，从整体上看，政策评估还有一个更基本的问题。布莱尔任期即将结束，新首相戈登·布朗和他的团队在等待了很多年后，都没有心情在最后一刻听取布莱尔团队的政策建议。同样，正如一位部长对我说的那样，"如果年轻时你就循规蹈矩，那么10年后，一直循规蹈矩的你突然要打开思路、想新点子就会非常困难了"。

我在2007年布莱尔卸任、戈登·布朗就任前几周离开了唐宁街10号的首相战略团队。这6年真的很累。对于布朗团队来说，我太接近布莱尔政府的政策；对于政府来说，更换新鲜血液是有必要的。

2008年，国际金融体系濒临崩溃，戈登·布朗需要制定很多政策。以禁止乱扔垃圾和阻止化石木被偷为内容的唐宁街座谈会不久就被遗忘了。布朗政府初期采用的一次行动，就是改变器官捐献的默认选项，假定捐献者都同意。这样一来，捐献者的选项就变成了放弃捐献（如果不选择，即默认为愿意捐献）。

公众和专业人士都反对这个方案，现在作为最后的支持声音——旧的首相战略团队也沉默了，至少英国沉默了。[19]

然而在大西洋的另一端，按照行为研究方法制定的政策即将取得重大进展。

第 2 章
行为洞察力小组

……我们不能用20世纪的官僚体系来应对21世纪的挑战……不错,实现能源独立是政府的责任,但是我们每个人都有责任在生活和工作中节约能源。不错,我们需要帮助那些犯下罪行或者陷入绝望的年轻人实现自我救赎,但是我们必须承认,政府不可能取代父母的作用。政府不可能关掉电视,让孩子去完成家庭作业,父亲必须承担更多的责任,给孩子以必要的关爱和指导。

> ——2008年,奥巴马接受总统候选人提名时的演讲

一直认为中央政府只能通过规章制度来改变人们的行为。我们的政府将是一个更加聪明的政府,回避过去的官僚手段并寻找明智的方法,鼓励、支持和帮助人们做出对自己更好的选择。

> ——2010年,首相卡梅伦和副首相克莱格,联盟协议

在政策评估遭遇不幸的5年后,在大西洋的另一端,行为科学在纳入政策制定的过程中取得了重大突破。

芝加哥经济学家理查德·塞勒和哈佛大学法学学者卡斯·桑斯坦开始撰写他们的著作时,书名本来打算定为"自由意志的家长制",这和该书大量引用的学术文献上的名字一样。对他们以及其他人来说幸运的是,一位有远见的出版商提议给书另起一个名字——助推,2008年,《助推》终于出版了。你

可能想知道有多少伟大的想法被埋葬在了学术标题的重压之下啊。

在前面章节中提到的许多思想和心理学知识，早就在心理学文献中为我们所熟知，一些像罗伯特·西奥迪尼这样的学者更是把这些思想进行了非常广泛的传播。但是塞勒和桑斯坦却至少从三个方面极大地推动了这些思想的发展。

第一，不是心理学家的他们让某些想法突破了心理学的范畴，并以一种容易接受的形式把它们应用到了经济学家和国会议员所面临的问题之中。第二，他们把来自行为经济学的新观念纳入现有的学术文献中，包括正式承认违约和选择架构的巨大作用。[1]第三，他们通过芝加哥大学同学巴拉克·奥巴马直接参与了政策的制定。

奥巴马和桑斯坦：助推来到华盛顿

2008年，新任总统奥巴马任命《助推》作者之一的卡斯·桑斯坦担任奥巴马政府的"监管总长"，此举引起了广泛的关注。他们是在芝加哥相识的。不过在此之前，许多人早就知道集理论思想家和法学学者头衔于一身的桑斯坦了，他有能力以一种令人耳目一新的方式来看待世界与法律。

桑斯坦十分乐于接受统计思维和心理思维。早在《助推》之前，桑斯坦就注意到在某种特殊情况下，法院和公众为了挽救一个人的生命会不惜花费一切代价。正是这个思路带他进入一个神秘而奇妙的世界，在这里他了解了真实的人是如何做决定的。

虽然前些年我读过桑斯坦的一些作品，不过我见到他的时候他已经在奥巴马政府任职了。我离开待了6年的英国政府之后，尚处在缓冲期，成为一名来自英国新近成立的智库——政府研究所的政策专家。

桑斯坦办公室所在的艾森豪威尔办公大楼，就坐落在白宫西侧，以其形似婚礼蛋糕的精致石雕和通向临街的宏伟台阶而闻名。他的办公室让人印象深刻：空间很大，里面有很多办公家具，墙上挂着一幅经过放大的照片，照片上的他正在白宫外面与总统认真交谈。尽管心思缜密、思维敏捷，桑斯坦却是个十分安静、喜欢沉思，甚至有点谦逊的人。在我看来，这间办公室不太符合他的风格，空间大大超出了正常需要。

桑斯坦是行政管理和预算局下的信息和监管事务办公室主任，他把更复杂的行为研究方法带入了政府的核心地带。信息和监管事务办公室最初成立于1980年，作为政府监管机构一直致力于减少政府文件及减轻公民和企业的负担。共和党执政期间，信息和监管事务办公室因时常作为"执行控制的制动器"阻碍新规的实施而遭到批评。但现在，在桑斯坦的手上，信息和监管事务办公室的关注点已经发生了转变，开始关注如何重塑既能带来更大影响，又能减轻负担的监管措施。在监管措施的成本效益方面取得进展的关键工具，就是行为经济学和行为研究知识。

桑斯坦引用的日常例子就是膳食金字塔。1992年，美国农业部首次发布膳食金字塔图，指导儿童、家长和学校正确饮食，推动潜在健康均衡饮食的产业的发展。然而，很多人认为，这张膳食金字塔图让人感到十分困惑。桑斯坦说政府在尝试给公众提供帮助，但实际上非但没有帮上忙，反而带来更多混乱。在他看来，膳食金字塔提供的指导并没有错误，只是难以理解，因此他强烈主张重新设计图，设计一张让人一看就懂，或者稍动脑筋就能弄明白的图——这才有可能真正影响到人们的行为。2011年6月，一个简单的"餐盘"取代了原来的膳食金字塔（见图2-1）。对桑斯坦而言，这不是一个小细节，而是一项基本原则：政府的规定和有效建议必须直观且易于理解。时至今日，他依然在强调"餐盘而非金字塔"的原则。

图2-1　美国农业部膳食金字塔（2005年版）与简化后的餐盘（2011年版）

　　信息和监管事务办公室的年度报告显示，奥巴马政府颁布或修订的监管措施成本效益比出现了急剧上升。报告显示，高质量的监管能给美国带来数十亿美元的收益。桑斯坦认为，向普通民众和消费者提供更容易理解的信息——比如，油价以每英里需几加仑或每英里需几美元的单位呈现，而不是每加仑能行驶几英里来计算——能让普通民众和消费者做出更好的选择，并改善市场运作。同样，对默认选项的仔细设定，或让政务透明，可能会带来更有效的监管，而且能让民众和企业减少负担。

但华盛顿的改革却步履维艰。激烈的党派纷争，让两党无暇理会信息呈现的更好方式或进行成本效益分析。桑斯坦本人更是因为自己把微妙的行为科学复杂思维融入了监管领域，被共和党评论家称为"美国最危险的人"。问题是，如果你压根儿不信任政府或希望看到政府的作用降低，那最不希望的就是出现高效的政府管理者。

在桑斯坦的带领下，信息和监管事务办公室取得了实质性进展。行为科学思维嵌入了可支付医疗法案、金融法律改革、气候变化政策以及消费者保护政策当中。尽管桑斯坦取得的成就有行政和政治限制，但他做的一件事却在世界各地打开了人们的思维，就是倡导把微妙的行为研究法纳入政策之中。如果那时世界上有一个地方做好了接受这一重要信息的准备，那么这个地方就是英国。

2010 年大选准备阶段：处在变革中的政治环境

政治反对派可能不会选择助推，但反对派的限制恰好给了选民思考的时间和空间。候选人正在寻找新的、有趣的想法，特别是那些能与他们的政治目标产生共鸣的想法，这也可能会吸引选民。

戴维·卡梅伦委派了一名极不寻常的保守党成员——史蒂夫·希尔顿在2010年大选之前帮助他重塑政策、政治形象和党派形象。希尔顿思维敏捷、思想开明、熟知媒体、精通形象公关，并对"大政府"观念持深度怀疑态度。自1997年以来，保守党已经失去权力，托尼·布莱尔已经成功地压制了一连串保守派领导人。卡梅伦和保守党已经为党派现代化做好了准备。虽然部分保守党成员还有疑虑，但对选举胜利的渴望让他们顺应了希尔顿更为激进的想法。

希尔顿喜欢身着T恤和比较随意的短裤，不穿西装。那时他比较矮，还有点微胖。不穿西装之后，希尔顿也不穿皮鞋了。后来，这个习惯被他带到了唐宁街，别人看见他就这身打扮走出办公室，与旁边内阁会议室穿西装打领带的内阁大臣擦肩而过。那时他的光头让他看起来更像一个夜总会保镖，而不是保守党顾问。他既有魅力、充满阳光、思维敏锐，又充满活力，富有创造力和想象力。但他有时候会喜怒无常、脾气暴躁、喜欢骂人。简言之，他是传统的英国保守党的对立面。

然而，史蒂夫对"大政府"信念持根深蒂固的怀疑态度，他坚持认为应该让个人、企业和社会自己做决定。从这一点来看，他的确是一个保守党成员。用他自己的话说，他的口号和观点就是"大社会"，而不是"大政府"。

2010年大选前夕，史蒂夫和英国影子内阁大臣的年轻助手、前任初级财政助手罗翰·席尔瓦一起，去美国寻找最有趣的新想法和新思想。大部分想法虽然十分有趣，但经不起推敲。其中一种站得住脚的想法就是助推。助推主张政府可以拥有一个对危机采取立法、强制和财政解决的可行性替代方案——这个观点非常符合希尔顿和卡梅伦的想法。新任且极富魅力的美国总统任命卡斯·桑斯坦做了政府官员，这件事让助推变得更有吸引力和更有趣了。与卡斯·桑斯坦合作著书的芝加哥大学经济学家理查德·塞勒通过谈话的方式，让史蒂夫和罗翰接受了助推。

罗翰也承担了我的部分工作，包括给《国家的隐形财富》（*The Hidden Wealth of Nations*）一书写结语。这本书于2009年年末出版，书中列出的十大政策思想都值得未来任职的首相或总统以及他们的团队看看。这些政策思想部分基于布莱尔时期到布朗时期的政策评估总结，还有部分来自其他一系列相关评论和学术著作。[2]书中的一些想法及这本书的标题，都在研究政府如何更好地激发市民互助和自助的能力。同时，这本书还建议政府大量收集公民消费者的信息，做到民主创新、关注民生，重视循证。下面这段推荐性文字与助推的关联性很大，它与2003年首相战略团队做的政策评估、卡尼曼和其他成员的工作，以及西奥迪尼在唐宁街座谈会上的讲话遥相呼应：

拥抱行为经济学

> 行为经济学为政策制定者和公民在应对今天的挑战和改善生活质量方面提供了一组强大的新工具。但即便很多关键见解符合20~30岁年轻人的口味，政策制定者在应用这些政策时进展也非常缓慢……行为经济学的应用可以在环境、犯罪、亲社会行为、教育、福利以及健康方面取得实质性进展。
>
> ——《国家的隐形财富》第260页

罗翰吸收了塞勒和桑斯坦的许多思想，以影子内阁大臣乔治·奥斯本的名义写了一篇文章。文章认为类似助推的方法可以取得更好的成果，和传统的监管方式相比，助推可以减少开支，对个人选择也能给予更多尊重。例如，文章重点介绍了如何通过向普通家庭提供能源使用情况反馈的方式（与那些能源利用率较高的邻居相比），鼓励家庭节能，甚至通过居民屋顶的发光球体向主人和其他人传递能源利用效率的信息（详见第5章）。

这篇文章引起了相当大的关注。文章的些许疯狂恰到好处地引起了评论家和公众的注意，但其趣味性和可信度也经得起怀疑和审查。

与此同时，2008年金融和银行业危机的强大余波还在继续颠覆传统的经济和政策思维。这场危机表明，即便是学术界和市场所谓的金融专家，也容易在思想和判断上犯严重错误，从而导致灾难性后果。危机同样反映了监管机构和中央银行的灾难性失败，以及作为政策基础的人类行为模型的失败。从更大的背景来看，奥斯本、希尔顿、席尔瓦对传统监管的批判以及新兴的助推思维的发展前景是毋庸置疑的。

政府管理也开始改变思维

在史蒂夫和罗翰研究助推想法的同时，英国政府的内部管理也在发生深刻的转变。经济学专业出身并担任过财政大臣的现任内政大臣古斯·奥唐奈尔爵士，对于发展新的、更好的人类行为模型十分感兴趣，而不仅限于解释2008年广泛使用的经济模型的败因。

古斯·奥唐奈尔担任过布莱尔首相和布朗首相时期的内阁大臣，尽管快60岁了，仍旧身板硬朗，体格健壮。担任行政官员的他有着相应的学术背景，在华威大学和牛津大学主修的是计量经济学。他在政府中的工作内容之一就是参与编写财政部著名的绿皮书，这本书提出了理性的决策者应该如何根据当时最新的经济学思维做成本效益分析。他那不同寻常的经济学专业素养以及风度翩翩、平易近人的个人魅力，很快就吸引了众人的目光，他因此成为当时保守党大臣约翰·梅杰的新闻秘书。约翰·梅杰在20世纪90年代当选首相后，仍然带着古斯。古斯后来回到财政部担任财政大臣，2005年最终成为布莱尔首相的最高行政官员。

有着计量经济学背景的古斯从政府层面对2008年9月濒

临破产的银行和金融体系做了深度分析，这让他有机会近距离接触到英国内政部主管和内阁大臣。对他而言，经济危机中财政部和其他所有人的模型都十分糟糕。他能看到问题模型的核心假设，特别是他教授的并融入财政部模型的经济人或"理性人"假设。因此，如果这些与金融市场有联系的模型与人类行为背道而驰，为什么它们能融入政策中呢？

自从布莱尔结束任期，我离开政府后在政府研究所与戴维·塞恩斯伯里勋爵共事。塞恩斯伯里过去长期担任布莱尔政府的科技大臣，也是一位对解决政府弱项十分感兴趣的"大好人"。从技术难度方面考虑，政府的失败就是政府研究所需要研究的事情。因此，我们着手重新启用旧的首相战略团队报告来研究人类行为及其政策含义。对于如何更新报告，基本想法是引入一些外部学者来做报告总结，这样政策制定者（包括部长和新政府）就可以轻松地阅读并理解这份报告。

政府研究所具有独立做出报告的资源。但报告的重点是总结出一些政策制定者觉得有用，而且真正在运用的观点。凑巧的是，有一个适用于个人和组织"承诺"的基本行为现象：如果个人和组织有小的承诺，或者自己动手组装家具，那么他们就会产生自豪感，进而更愿意这么做（宜家效应）。西奥迪尼举了一个简单的例子。在他普及影响心理学的早期，餐厅面临着大量顾客预订却不来就餐的问题。餐厅员工接听电话预订的时候，被要求做一个看似微小的改变：在问顾客"如果不来您能通知我们吗？"之后暂停一会儿。暂停后顾客会用"好的"

或者"不会"来回复。结果呢？不来就餐，也不打电话通知的顾客减少了一多半。

有鉴于此，我们花了一些时间与内阁办公室达成一致意见，报告将由双方共同完成。古斯·奥唐奈尔很高兴，对此事也十分支持，而且工党内阁大臣利亚姆·伯恩也十分支持，他早就认识到了助推的潜力。

为了壮大团队并扩大学科基地，我们请来了帝国理工学院（后在伦敦经济学院任教）的经济学家保罗·多兰和伊沃·沃赖、多姆·金两位年轻的研究员。多年来我几次遇到保罗，总是被他思维的强大实用性和经验主义所打动，包括他对行为偏差和幸福的想法。[3]他过去还在普林斯顿大学与丹尼尔·卡尼曼一起工作过，那时他对"框架"和"启动"效应非常感兴趣。更为特别的是，保罗和伊沃一直都在学习在行为经济学文献中发现的、具有最稳健影响的简单类型学，这正是我们想从评估报告中得出的核心内容。我还从研究所带来一位最棒的研究员迈克尔·霍尔斯沃思，他加入我们团队后，团队就有5个人了。

我们面临的主要挑战就是把大量实验室和真实世界的心理捷径、"误差"和影响总结到一张简短的备选名单上，名单内容不仅要完美呈现出心理学的整体内容以及人类真正的思维方式，而且要成为政策制定者手中强有力的工具和指南。保罗和伊沃的最初框架包含4个主要作用，可以简写为"SNAP"：特点（salience）、规范（norms）、影响（affect）和启动（priming）。

我认为"SNAP框架"的覆盖面太窄了。尤其在那些研究社会认知的学者所称的大量"自利归因偏差"（例如，事情发展顺利时，功劳归自己；而发展不顺利时，错误都归他人）及其重要的相关影响如"乐观偏差"等方面，显得过于单薄。对社会心理学记录的一些强有力的影响，如权威的力量（参见米尔格拉姆实验）或互惠（例如，我们非常乐意帮助曾经帮助过我们的人，哪怕是以最微不足道的方式）等方面，该框架依然存在不足。

我们利用这些评论创建了相关结果群，试图将它们归纳为针对不断发展的文献的一种有力、简短而且更容易记住的总结。

我们还面临另一个困境：人类大脑的思维会受到一些因素的影响，比如"特点"——例如，我们如何在拥挤的空间里注意到自己的名字，或者我们如何注意到万绿丛中那一点红。其他影响更多指的是我们周遭的环境是如何被配置的，例如默认选项或选择方法的确立方式。从纯粹的学术角度来看，把这些不同的影响混合在一起有点杂乱。但从政策角度，或者从政策制定者的角度来说，这种差异根本不重要。考虑到我们的受众，我们决定采取后者。

2010年初，研究所公布了框架最终版——"思维空间"（MINDSPACE）（见表2-1）。它旨在提供一个简单的框架和助记符号或记忆辅助工具，来帮助忙碌的决策者思考特定情况下可能影响行为的事务。因此，扩大政策工具和方法是为了实现公共政策目标——民众更加健康、垃圾更好地被回收利用、民众按时纳税。"思维空间"成了研究所下载最多的报告。[4]

表2-1 思维空间框架

政府研究所，2010年

信使	我们深受报信人的影响
激励	我们对激励的反应是由预测心理捷径塑造的，例如坚决避免亏损
规范	其他人做的事情深刻影响着我们
违约	我们听从大家的意见，设置了预设选项
突出性	我们关注对于自己而言新鲜、有联系的事物
启动	我们的行为往往受到潜意识的影响
影响	我们的情感联想可以有力地塑造我们的行动
承诺	我们履行公众承诺与回报行为
自我	我们以自我感觉舒服的方式行动

政府在2010年开始组建助推团队

我之前都没有想过，在2010年初夏的某一天，我会坐在巴黎的出租车上，坐在我两侧的分别是新首相的政治顾问史蒂夫·希尔顿和罗翰·席尔瓦。那是新联合政府建立的初期，我们去巴黎看看萨科齐的中右翼政府是否对英国卡梅伦—克莱格新政府的方法感兴趣，包括助推、"大社会"（"大社会"是英国首相卡梅伦提出的一项社会改革理念，这一改革将从政治家手中拿走权力，将之交给民众）以及民众幸福感。事实证明，他们对此不感兴趣。

在我们试图付诸行动、计划建立世界上第一个助推小组时，理查德·塞勒从芝加哥飞过来与我们在一起待了几天。那时我们还不知道如何称呼这个组织。我当时的角色应该是利用自己的政府知识和行为政策具体知识，每周花一两天给新的团队提供建议。政客们不介意我曾与布莱尔亲密合作过，布莱尔三次选举获胜，卡梅伦团队对此以及对布莱尔本人都非常佩服。

同时，联合政府的次要伙伴——自由民主党，对助推方法也十分感兴趣。自由民主党主席、副首相尼克·克莱格的两位关键顾问理查德·里夫斯和波利·马肯金都喜欢"自由意志的家长制"这样的自由方向以及相关的经验主义方法。

行政部门早就开始转变方向，尝试着解释新政府想要什么，或者至少在新政府需求和行政部门的满意之间达成妥协。内阁办公室高层甚至开始接触这些人和这个新生的团队。英国系统与美国不同，类似的任免几乎都是由行政部门做出的，而非政治家。[5]

很多想法被放在一起。罗翰很清楚，助推团队应该与臭鼬工厂的风格相近。臭鼬工厂以洛克希德·马丁公司的著名团队为基础，负责研发普通团队不会考虑的全新飞机设计方案。对另一些人，包括商务能源与产业战略部（BEIS，以下简称商务部）的员工来说，助推的重点应该是解除管制，或者至少像卡斯·桑斯坦在美国提倡的那样放松管制。而另一些人，包括史蒂夫·希尔顿和理查德·塞勒则认为，某种程度上，在引进新思维方式的同时，再以微妙放权的方式放开公民的选择和自由，这可能会让美国倒退。

去巴黎访问之前，我们在唐宁街和内阁办公室待了一天，与内阁大臣古斯·奥唐奈尔，以及一些将要分配到助推团队的行政人员会面。

虽然从政策方面来看，巴黎之行没什么用处，却给了我们机会，使我们得以在火车和出租车上花几个小时敲定了新团队的一些细节。根据两党联合协议组建的新政府从一开始就对政府职责做了明确声明，新政府将会更加明智，回避过去的官僚作风，寻找理智的方式来支持并帮助人们更好地为自己做选择，这促进了团队框架的形成。我们一致认为，我们的早期目标就是从更大范围内，从心理学最著名、最值得验证的想法，尤其是来自美国的想法着手进行实验。这可能会让我们及早取得胜利，有助于助推方法的推广。例如，伊利诺伊州在器官捐献方面采取了"建议选择"这一措施，取得了不错的效果。我们便猜想类似的方法在英国也照样行得通，这样就不必采取布朗政府建议而公众反对的"假定同意"的做法了。如果成功了，那么就是对联合政府新方法的最好解释，而且还能挽救一些人的生命。

早前问题优先级标准是这样的：首相或副首相优先；政府干预可能会带来财政收入或增加储蓄（考虑到财政压力）；有着良好而且可测量的数据管理，政府干预经得起系统测试与检验。出于这些原因，围绕回收税款和罚款采取的干预措施便被确定为早期目标。

　　我们花费了大量时间讨论新团队应该取什么名字。首先，我们决定不能称之为"单位"。新政府，尤其是政府核心通常热衷于让政府变得更明智，而不是更庞大。[6]与此同时，高级行政人员很乐意让团队置于某个人或某种由头的保护之下。"团队"的概念看上去不错，也能替代"单位"，这意味着理念更加开放，对政府部门之外的专家也会更加包容。

　　更困难的是确定团队的主旨。最初的名称是"行为改变团队"，但这让理查德·塞勒这位芝加哥经济学家感觉很不舒服，政府的主要角色真的是改变人们的行为吗？我们也考虑过"行为经济学团队"这一称号，但有点受限于学科基础（会使丹尼尔·卡尼曼这位心理学家绝望）。"行为科学团队"则是另一种可能的选择（史蒂夫很喜欢），但有可能会冒犯政府团体中立场软弱的人，这些人认为政策更像是一门艺术。唐宁街10号的其他部门也觉得科学这个词有点刺耳。他们还十分担心它的缩写可能会招来人们的嘲笑，因为没有员工会说自己来自BS团队。［behavioral science的缩写BS与bull shit（胡说八道）的缩写相同。］

　　2010年7月下旬，行为洞察力小组准备开始行动了。预算很少——七八个人的年度预算总额还不到50万英镑。政府打算组建一个比首相战略团队（布莱尔时代留下来的）规模略小点儿的姊妹团队，基地还是在海军拱门。团队成员既有来自前首相战略团队的，也有来自商务部优化管理局的。最终，经过特别指导委员会的批准，团队进入唐宁街10号的副首相办公室，由内阁秘书长亲自领导。

　　然而，另一个改变却影响了我。巴黎之行以后，罗翰、史蒂夫和塞勒对于谁将领导新团队这个问题已经非常担忧。由文职部门委派的副领导人既不了解行为经济学，也不了解心理学。这在英国的文职部门中并不少见，而且历史悠久，任命的人经常对部门情况一无所知。人们一般认为聪明的全才对大多数事情都比较熟悉，尽管不清楚为什么在18个月后，等这些人熟悉了部门情况后又要变动他们的职位……让我们担心的是一位优秀、雄心勃勃、从优化管理局调过来的团队副领导。她没有行为学背景，与史蒂夫和罗翰的关系也不太好，特别是史蒂夫还是一个急性子。但她在放松管制方面的贡献却巩固了她在团队中的地位，这也是商务部的主要兴趣所在，但唐宁街10号的野心却不局限于此。[7]

　　我们离开圣潘克拉斯后，罗翰就开始认真地给我做思想工作，要我来带新团队。他之前早就与史蒂夫商量过此事。我同意每周一天、紧急时每周两天给新团队提出建议，然后继续我在政府研究所的工作。事实上，回唐宁街带团队后，有时一周甚至需要四天，这意味着我得从政府研究所离职。布莱尔时期我在唐宁街10号已经待过很长一段时间了。但我知道罗翰是对的。这是一场赌博，是一个高风险的计划：小团队，新想法，疯狂的挑战，持怀疑态度的行政部门，复杂的联盟政治。万事开头难，如果团队负责人与唐宁街10号关键人物和其他核心人物没有牢固的关系，那就注定要失败。所以我同意了，尽管我是从政府研究所借调过来的。夏天的时候，我还以为我会继续在研究所每周工作一天。但是我早就应该想到：10月份我会离开研究所，来唐宁街全职带领团队。

我们一起制定了团队目标。但团队目标看上去根本不可能完成。我们的任务如下：

（1）至少在政策的两个领域做出改变；

（2）加深白厅对行为研究法的理解；

（3）取得至少10倍于团队成本的回报。

我明确表示，如果行为洞察力小组未能实现这些目标，那么就会在成立两周年时解散。我根据自身的经验，同时为了创造一种紧迫感，增加团队的动力，于是给研究小组设定了上述期限。我以前见过很多政府成立的团队，虽然没有成功却还在苟延残喘，因为没人考虑过要解散团队。这样我们会有一个明确且有时间限制的目标。这能使我们按照自己的原则行事：我们在政府团队的正常默认选项内，高效地切换，这样首相和内阁秘书就不得不积极支持团队发展（详见第3章）。如果团队没有成功，我将会回到政府研究所继续上班，行为洞察力小组消失的时间足以在大选前让选民和评论家把这件事忘掉。

有了落日条款，团队的招募确实像电影《十二金刚》里的情景：一群才能非凡、一无所有、头发斑白的斗士团结起来了。他们要完成一项大多数人认为不可能完成的任务。尽管他们不会真的被拉到敌人的阵前去处决，但他们每时每刻都有危机感。幸运的是，英国政府内有许多才华出众的年轻人，尤其是在前首相战略团队里，许多人都对成员流动率高而且与唐宁街10号联系密切的行为洞察力小组颇感兴趣。引人注目的是，许多团队组建之初的成员5年后还留在团队里。罗伊·加拉格尔便是其中之一。他是首相战略团队中一名出色且活力十足的政策分析家，曾获剑桥大学博士学位，现在澳大利亚和新加坡带领团队工作。山姆·纽伦是我们招募的第二位成员，他来自内政部，是一名年轻而且才能出众的经济学家，目前在负责带领团队开展就业与经济增长方面的工作。团队此后取得的成功离不开早期成员的努力。[8]

　　团队初期的工作重点和方法发生了变化，一些团队成员的

图2-2　行为洞察力小组2014年初在财政部庭院。到这个时候，团队成员已经增加到18个，平均算来，有14.5个人是全职。前排宝宝是费利希蒂·爱尔盖特的，她负责消费者市场，据我所知，她没有参与到任何行为实验中来。团队成员罗伊·加拉格尔未出席，他被派遣到新加坡和澳大利亚新南威尔士了

职位便发生了变动。到2010年11月，团队原来的副领导被调走，取而代之的是首相战略团队副主任欧文·瑟维斯，他有战略政策背景，曾在剑桥大学取得社会学学位。这在早期给行为洞察力小组以及其他类似团队上了重要一课：在团队里招募具有多种能力的人才并取得人事权力是十分关键的。欧文进入团队以后，我们便着手优化团队，这样就能够帮助我们建立一种研究政策的新方法。我们需要一个了解行为学的团队，有能力辨别方法的有效性并部署稳健的方法，还要了解政府政治和管理的复杂性。例如，我们招募了来自国家审计局而且拥有剑桥大学博士学位的劳拉·海恩斯，还有先后在布里斯托尔大学和哈佛大学任教的杰出人才迈克尔·桑德斯，让他来领导团队的研究、评估和分析工作。另一位团队成员马伦·阿什福德，将会在我们与商务部合作建立的姊妹团队——内阁办公室伙伴团队——继续拓展行为洞察力小组的创新方法，这个团队至今还在运作。

新成立的繁文缛节挑战小组也给我们不小的帮助。该小组的主要目标是从宏观上解除管制规定。他们着手取消了2万多项历史上的规章制度，这样行为洞察力小组就能关注更有价值的领域。繁文缛节挑战小组可以在我们需要的时候来找我们，而我则坐在解除管制的星室法庭（Star Chamber）里寻找行为研究法可以提供帮助的领域。

创建有效助推团队的关键因素——"苹果"

一些我们为之提供建议的政府和组织经常问我们，创建一个有效的助推小组或类似团体的关键因素是什么。我们用助记符号对这些因素进行了概括——一个大写的"苹果"（APPLES）。

行政支持（A—administrative support）——确保你在政府内部有高层支持。对我们来说，得到英国最资深官员——内阁大臣奥唐奈尔的支持十分关键，他同意担任行为洞察力小组指导委员会的主席。对其他政府部门来说，这是一个非常强有力的信号，在我们需要的时候他会给我们支持。

政治支持（P—political support）——政府也是政治工程。2010年，行为洞察力小组开始运作，这很大程度上得益于首相和副首相的支持和帮助。至少，你需要考虑怎么让助推方法符合政治叙事的逻辑及政府、公众的直觉。

人才（P—people）——拥有多项技能和专业知识的人才队伍，这一点非常重要。有学科专业知识的人固然重要，但同样重要的是那些在政府和大型组织中有实战经验和良好人际关系的人。

位置（L—location）——政府和生活一样，都需要正确的时间、正确的位置。不要依赖运气，人们经常碰面的地方就有可能临时谈成业务，包括唐宁街10号、议会和白厅附近的街道等。选择一个距离政府办公室20分钟路程以内的办公位置。

实验（E—experimentation）——支持实证方法。你需要向持怀疑态度的人证明你的新方法并量化其影响。但更重要的是，你应该遵循测试、学习、适应的逻辑——行为科学十分契合实证方法。人的反应很复杂，而且很难完全预测。

学识（S—scholarship）——了解行为学及其面临挑战的细节。每个人都有一些心理学知识。你需要一个真正明白人们的谈论内容的团队，并与最新的思想和结果联系起来。确定当地和相关的学术专家，并形成一个专家咨询小组。

2010年7月，这些团队还在运行中。行为洞察力小组（或者大家不久后开始叫的助推小组）是世界上第一个系统地把行为科学应用到一系列政府核心政策之中的团队。行为洞察力小组有来自首相和副首相高级政治顾问、英国最高行政官员古斯·奥唐奈尔的支持和经济学家理查德·塞勒的明智建议，以及来自其他学术领域的美好祝愿。但站在团队对立面——或者至少对团队漠不关心、不了解或者持怀疑态度的则是议会、白厅内7万名公务员、英国境内的45万名公务员、500万名公职人员，当然还有媒体和大众。在美国，经过卡斯·桑斯坦的努力，行为科学政策正在悄无声息地扩大规模。但即便在美国，运用行为经济学政策的想法还是会在公共场合遇到一些难题。把人类行为的更好模式应用到政策中是一个好想法，但历史书上到处都是没有奏效的好想法。

第二部分

助推框架

在政府中工作就像在日常生活中一样，你得先学会走路，然后才能学会跑。行为洞察力小组成立的目的是要做出改变——如果成功了，会最终改变各领域的政策和实践。如果你说要改变事情的发展方向，或者改变一个企业或部门的运作方式，这听起来不错，但要说服那些真正运作的人，却不一定是一个好策略。

　　大型政府部门和企业都有许多运营机构。告诉一个大型政府部门或组织的负责人，说你要对他们的运作方式做一些改变，这可不是一个小问题。例如，一个中等大小国家的税收办公室的负责人手下会有5万~10万名员工，他们负责征收其他部门所依赖的数百亿英镑的财政税款。对那些给国家机器上油、调试的人来说，那些在你看来很巧妙的改变对他们来说就像是把沙子扔到机器齿轮里一样危险。他们很清楚，如果行为洞察力小组所做的改变失败，没有征收到税款，或者征税出现问题，来自政府部门首脑的支持就会人间蒸发，残局还得他们来收拾。

　　有鉴于此，行为洞察力小组于是先从较小和相对温和的改变开始。我们选择在信件措辞和沟通中做出改变，验证这些行为科学方法是否能发挥更好的作用，或者能在改变的内部进程中奏效，比如首相承诺减少政府部门的能源消耗。

　　在早期，行为洞察力小组过度依赖"思维空间"框架来指导工作，并以此为基础在主要的政府机构举办了许多研讨会和讲习班，希望用这种方法来普及行为科学方法并加深理解。这种能力建设对于团队获得支持，在部门内寻找特定的机会进行干预，并培养部门采纳这些方法的能力十分重要。经过一年的实践应用以及开设工作坊和沟通交流，我们开发了一套可以每天使用的简化框架。本书的架构也会用到这个框架，我希望这个框架能帮助读者，让你们更容易记住并使用自己所学到的东西。

2011年，这个简化框架在哈佛大学和美国东海岸举办的一系列研讨会上首次出现，可能是因为比较符合东部的情况，所以很快就变成了"EAST框架"。就像"思维空间"框架一样，"EAST框架"也比较好记。如果你想推广一种行为，那么这种行为必须具备以下四个特质：

（1）简化（easy）。

（2）吸引力（attractive）。

（3）社会性（social）。

（4）及时性（timely）。

"EAST框架"并不包含行为学的所有细节，但它确实提供了一个很好的起点。行为洞察力小组的成员们花费很多时间阅读最新的学术论文，并研究文献，发现类似"EAST框架"的结构能够被快速应用到新问题之中——一种能对某些简单想法进行早期检验的思维清单。

有关人类行为的研究表明，人类的许多能力都依赖心理捷径或心理启发。这些研究同样也引导我们尊重这些心理启发。"EAST框架"就是心理启发的一种。与所有启发一样，心理启发可能不会面面俱到，但会指导你走得很远。

第 3 章
简化

约翰快到 30 岁了。他在学校成绩优异，还有一份自己喜欢的工作。他已经是经理助理，而且升职很快。他的雇主是一家大零售商，公司福利很好，养老金也优厚。他记得自己是在入职的时候，以及公司前一年为员工举行的研讨会上了解的养老金细节。在养老金账户中，他每存 1 英镑，公司也要缴纳 1 英镑，政府缴的更多。他知道他根本不用考虑养老金问题。但问题是约翰没有登记。

跟许多人一样，约翰知道他应该开始存钱养老，这也是他真正想做的事情。他见到自己的祖父母晚年为钱所困。尽管他的几个朋友开玩笑说钱应该花在年轻的时候，但他知道现在存上几英镑未来就会值更多钱。但办理养老保险需要很多文书工作，有点麻烦，也不是今天就必须要做的事情。毕竟退休是许多年以后的事。他脑海里这么想："这事我明天或者下个星期再做也不迟。"毕竟，这周有点儿忙。

2012 年，发生了一件事。约翰的老板写信给他，说由于法律条文做了一个小修改，员工现在会自动加入公司提供的养老金计划，除非他明确表示自己不愿意加入。如果他不想加入这项计划，那也很简单，他只需要在一个月内提出他要退出该计划，他会在两年内收到另一个提示。默认选项改变了：原先约翰必须选择是否加入养老金计划（选择加入），现在则是选择是否自动退出公司的养老金计划（选择退出）。约翰读了信件，就这一新安排跟公司领导简短谈了一下，然后就如释重负了。他不需要做任何事，他的养老金就缴纳了。

不止约翰一个人如此。6个月内，仅大型的英国企业就有100万个新储户开始缴纳养老金。简言之，90%以上的合格工人没有选择退出养老金计划。大公司雇员的养老金储蓄比例从60%（在这里徘徊了几十年）增长到了80%（现在还不符合养老金缴纳资格的雇员拉低了百分比，比如那些还处在延长休假中的工人）。到2015年初，这次默认选项的改变使得英国多了500多万名开始缴纳养老金的工人。[1]

简单助推手段的力量——改变默认选项

这个惊人的结果说明了简单的助推手段改变行为的力量，并解决了一代又一代政策制定者没有解决的政策问题。半个多世纪以来，大西洋两岸的政策制定者们都在试图解决如何让更多人缴纳养老金的问题。尽管补贴已经超过数百亿——英国每年超过200亿英镑（约300亿美元）、美国超过1 000亿美元——然而数百万人还是不愿意缴纳养老金。这足以让许多专家得出结论：盎格鲁-撒克逊文化对待储蓄有一种根深蒂固的态度——我们只是喜欢把钱花在当下。[2]

大西洋两岸几十年来主要利用慷慨的税收减免和补贴来鼓励人们储蓄。然而，正如一位著名经济学家说的，许多人都继续"把钱留在桌子上"。[3]根据哈佛杰出经济学家拉吉·切迪最新的分析，类似税收补贴的效率非常低下。他用欧洲数据做的分析表明，每多拿出1美元的纳税人补贴用来鼓励人们缴纳养老金，只会让人们增加1美分的养老金储蓄。这些巨额补贴的主要作用就是鼓励少数精明的储户（也许有15%）把他们的投资纳入最有效的税收方案中。相比之下，改变默认选项，让储蓄者"选择退出"之后，养老金储蓄一夜之间就有了大幅增加——而且几乎不会影响其他方面的储蓄。

改变默认选项也让"金融教育"相形见绌。戴维·莱布森、什洛莫·贝纳茨和其他行为经济学家所做的大量研究表明，金融教育——尽管行业内和一些政治家经常为之呼吁——起到的作用仍旧微乎其微。比如储蓄研讨会，让与会者感觉自己的知识更丰富了，并打算储蓄更多的钱。然而，与会者高涨的储蓄意图通常无法增加实际储蓄额。相比之下，改变默认选项——让人们选择退出未来储蓄计划，而不是选择加入——却对中长期储蓄行为有着深远的影响。

不过，仅仅因为更改默认选项奏效，就认为这是人们真正想要的吗？大西洋两岸的政策制定者们非常担心很多民众会反对这个让自己自动登记缴纳养老金的想法。哈佛大学经济学教授戴维·莱布森解释说："事情不是这样的。"他是学院派经济学家中少有的特别优秀同时也很理解我们的人。他说："这种改革特别受欢迎。美国的调查数据表明，90%的工人在经历养老金改革后仍然支持改革。虽然少数人选择退出，但七成以上的人仍然认为'选择退出'比'选择加入'更合理。"[4]

改变默认选项非常有效，能让储户自动加入养老金储蓄计划。这表明如果让人们便捷地去做他们愿意做的事情，通常会取得好的结果。

如果你想推广什么，就让它简单点

"如果你想推广什么，就让它简单点。"这已经成为理查德·塞勒最喜欢的格言之一。一届又一届的部长都面临着一个又一个政策挑战——但问题还是没有得到解决。如果想让民众做些什么——纳税、回收垃圾，或者雇用额外的员工——"简单"就是一个好的开始。

如此简单明了，几乎不需要再说什么。然而，世界各国的政府和学者们在了解这个最基本行为准则的重要性时却显得非常迟缓。

可以用一个经济学术语来解释这个简单的概念：摩擦成本。这个术语是从物理学借用过来的，有助于解释为什么"完美"模型所做的预测与混乱的现实世界观察之间存在着巨大差距。对于那些学习过物理学的人来说，他们对"计算时忽略摩擦影响"这句话应该很熟悉。经济学家已做了类似的简化处理，让这个世界更容易纳入这些数学模型之中。

但对于现实世界中的各种人、事以及官僚机构，摩擦成本却不能忽略不计。这就像用力在桌面上推重物，由于摩擦力的缘故，重物会很快停止运动。人类做事的动力也会在遇到麻烦时消失。因此本章开始时的约翰真心想要缴纳养老金，拿到政府的补贴。他没有抽出时间去做是因为这件事费时费力，接下来一小时或一天的工作对他来说更有吸引力，也更紧迫。摩擦成本不是一个次要问题。相反，它经常决定事情是否会发生，比如石头是否会滚下山坡，或者政策的成败。

从偷摩托车到自杀——摩擦的力量

1980年，德意志联邦共和国（西德）对骑摩托车不戴头盔的人采取了当场罚款的措施。这么做的主要目的是防止车主头部受伤，但在完全不同的领域（盗窃）产生了意想不到且极富戏剧性的效果：实施罚款后，摩托车盗窃率下降了60%，且在之后的几年里一直在下降。[5]

你可能认为一个人如果想偷摩托车，那么上述规定对他不会有太大影响：他们只需要记得偷摩托车的时候戴着头盔或偷一只头盔就可以了。但是大多数罪犯并没有这样做。戴头盔是件麻烦事，而且偷窃还需要事先谋划。车主停车后通常会带走头盔，不会留在车上。简言之，戴头盔这一要求增加了偷摩托车过程中的摩擦力，从而带来了极富戏剧性的结果。

犯罪学家帕特·梅休和他的同事对这个影响做了研究，并对小偷们是否转向其他形式的犯罪做了调查。他们确实发现了汽车和自行车偷盗率微增的证据，但远没有 10 万起摩托车盗窃案件那么多。这也不是德国特有的现象：他们在其他地方也记录了类似案件减少的情况。1988—1990 年，政府要求戴头盔后，美国得克萨斯州的摩托车盗窃率降低了 44%；20 世纪 70 年代，英国和荷兰的盗窃率减少了 1/3。[6]

摩擦或麻烦的重大影响并不局限于小偷，还有我们在这一章开始提到的未来养老金的缴纳者。人类总是倾向于采取最省力的办法，在逛公园时走直道，在决定看什么电视、吃什么饭时同样如此。试着在办公室或在家里放一些水果，看看最后会剩下哪些水果呢？很可能剩下的是橙子。因为与苹果或香蕉相比，橙子吃起来更麻烦。

即便是人生中最重要的决定，也会受摩擦成本的影响。你可以轻易地了解为何果盘里会剩下橙子，甚至知道工人嫌填表麻烦可能永远不会去缴纳养老金。那么人生的最终决定——结束生命的方式也会受摩擦成本的影响吗？

20 世纪 60 年代初，英格兰和威尔士的自杀率开始下降。这并不像每年的利率波动那么明显，所以没有引起太多的关注。但从 1963 年开始，男性和女性的自杀率连续 7 年下降。不到 10 年，自杀率下降了 30% 左右。这是自由恋爱的美好结果吗？如果是这样，为什么同一时期其他国家没有出现这种趋势呢？到底发生了什么？

研究人员对自杀方式展开研究，之后发现了其中的原因。[7]

原来，是一种特殊的自杀方式导致了自杀率的下降：一氧化碳中毒。20世纪60年代早期，英国最常见的一种自杀方式就是一氧化碳中毒——打开煤气之后把头放在炉灶里，燃气里的一氧化碳气体就会无声无息地致人死亡。但60年代初，英国北海沿岸发现天然气之后，人们使用的燃气就发生了改变。与之前从煤炭中提取的气体相比，北海岸的天然气中一氧化碳的含量要低得多。把头放在炉灶里吸入这种看似一样的北海天然气（一氧化碳没有气味）可能会头痛——可能会让厨房爆炸——但不太可能致死。

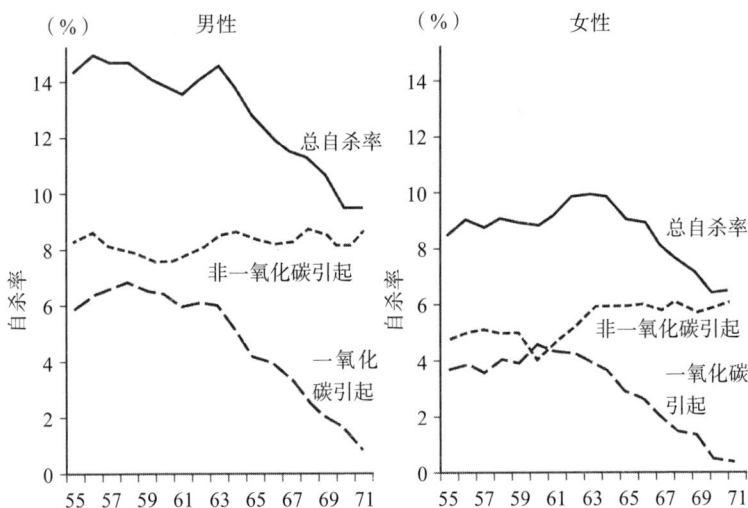

图3-1　1955—1971年英格兰和威尔士每10万人的自杀趋势

发现把头放在炉灶里闻燃气不起作用之后，那你可能还会想到跳楼及其他多种自杀方式，并没有打消继续结束生命的念

头。我们从图3-1的自杀趋势中可以清楚地看到，还有一些可
怜人——主要是女性——确实找到了结束自己生命的其他方法。
但靠一氧化碳自杀的方法失效后，带来的结果就是总体自杀率下
降了：大多数用燃气自杀的人并没有继续选择其他自杀方式。

即便付出的额外努力或麻烦很小，摩擦成本通常也要比决
策者和公民所认为的重要得多。

简化，减少麻烦，利用摩擦成本

我们已经看到，麻烦和摩擦成本对行为有重大影响。这个
简单的道理给许多政策干预提供了解决方案。不仅如此，很多
公司也在采用，甚至滥用这个办法。企业尽可能让签约过程变
得简单：客户将得到一部手机，10天内免费试用新产品，或者
把新车开出展厅。也就是说，当谈到分期付款或重新续约的时
候，他们会努力确保程序便捷简单。但如果你不确定是否满意，
想试用产品后再考虑要不要在免费试用期反悔，或者想退还产
品、终止合约，你就大错特错了，摩擦成本要比预期大得多。

作为一个现代消费者，你肯定会识别出这种促销手段，但
它们仍然奏效。例如，我的副手欧文·瑟维斯特别讨厌那种一
旦消费者购买之后就可以退还部分现金的特价优惠手段。作为
一个意志坚定、崇尚节俭的人，他对一些上述手段进行过试
验。简单来说，退钱过程的摩擦成本太大。行为学告诉我们，
很小的摩擦成本也会让我们知难而退。考虑到退钱过程中的摩
擦成本，零售商或制造商可以在票价上提供巨大折扣。事实

上，大多数人都不会要求退款，尽管退钱是说服我们购买产品的手段之一。

企业也可以以消费者认可的方式利用摩擦成本。例如，药房可以让病人买药变得更简单，可以依照医生的处方在药吃完之前给病人邮寄一批新药。这可以给病人和医生省去许多麻烦，病人不必去找医生开新处方。这样做也节省了数千万英镑的费用。

在下一章，我们会谈到代表消费者利益的政府和监管机构应该如何应对摩擦成本（无论好还是坏），现在我们先了解一下基本规则。如果你想推广某个特定行为，就简化它。反之，就让它更加复杂。

奇怪的是，许多政策干预和商业干预都在沟通这第一步，也是最基本的一步上栽了跟头。如果要颁布一项公众不了解的法律，政府可以开展公益活动或信息普及活动，以此向公众介绍该法律。如果受众接受的信息量太大且晦涩难懂，那就不要期望带来多大影响。因此，最基本的简化原则就是要保证信息、消息或要求简单易懂，一目了然。

政府或大企业在最近一次寄给你的信函上是否清楚地表达了它们要说的内容以及要求你做的事情呢？或是读了三遍之后你还是不清楚？如果它们要求你支付账单，那么支付方式清晰明了，还是被湮没在有好多地址和电话的信件背面？

许多人认为这些细节微不足道，不是高级政府官员或商业首脑应该操心的问题。但他们应该关心这些问题，因为这些细节的影响很大。实验研究表明，简单易读的信息不仅容易理解，也更可信。一个简单的例子就能解释这个问题——受众们更愿意相信字体加粗后的文字。

与收信的许多公民和企业一样，行为洞察力小组收到的许多官方信件看上去像是由律师委员会或者技术管理员写的（一般都是）。例如，有关罚款的信函经常会使用法庭语言，即便我查阅拼写检查工具也不认识"扣押"这样的词，更不用说其他人了。

我们用实验的方法测试了简化信件、短信和网站的影响。实验表明，和此前的信件相比，语言简洁、要求简单明了的征税信效果要好2~3倍。一般来说，我们认为"少即是多"。例如，我们发现政府机构减少邮件文本内容后，企业为获得更多信息而回复邮件的点击率增加了40%~60%。同样地，我们发现网站登录页面简化后，戒烟网、青年技能和就业项目网的注册量出现了大幅增加。

即便有了这些证据，我们并非总能说服有关部门进行简化和整理。在一个案例中，为了改动信上的一个字母我们游说了三年（我们始终坚持不懈），尽管这封信每年要发送给800万~1 200万人。他们给的理由显得堂而皇之——这种准法律措辞形式实际上是在立法中规定的。更为常见的问题是，陈旧的信息技术系统很难变动，且价格昂贵，有时因为与供应商的合同问题，任何变动都极其昂贵。当然，政治有时是最大的障碍，部门与政府核心的拉锯战，使得他们没心情来履行行为洞察力小组的要求。

　　人们经常拿医生的潦草字迹开玩笑，但从临床角度来看，这并不好笑。仅在英国，由于误读医生在病患资料上的潦草字迹，每年就会有成千上万起医疗事故件发生。例如，"微克"和"毫克"就有1 000倍的差距，但匆忙之中或者字迹潦草就很容易混淆。此外，之前的研究已经表明，其他医务人员通常会遵从他们所误读的指示，即使这会让病人命悬一线（这是"思维空间"报告中一个解释"信使效应"的典型例子）。

　　"思维空间"报告作者之一的多姆·金，现在是帝国理工学院的一名外科医生，他发现医院里经常会出现这类医疗失误。相比做一辈子手术，他觉得减少频发的医疗失误可以拯救更多生命。依靠行为洞察力小组的少量人力、物力支持，多姆重新设计了医院的病人资料表，让其他医务人员能更容易读懂医生的书写，特别是他们的医疗处方，从而减少医疗失误。新的资料表看上去更像是去往某个国家时在边境管制处填写的表格——一个表格框内只允许填写一个字母或数字，而且以圈出答案的形式回答标准问题（见图3-2）。资料表的每一页上都能看到病人的名字，这样就不会因为粗心而填错信息了。

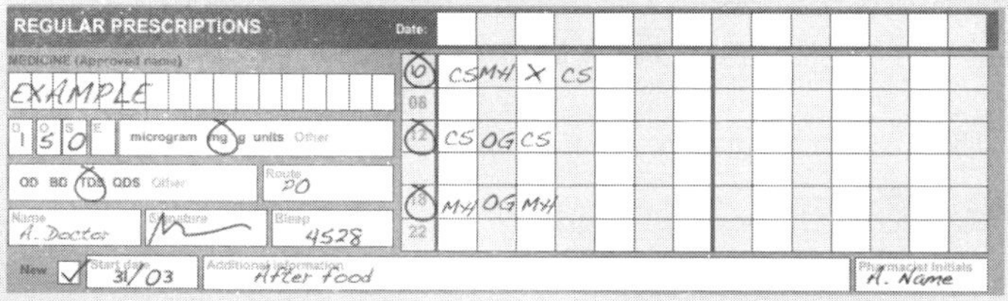

图 3–2　简化医生笔迹可以减少医疗失误

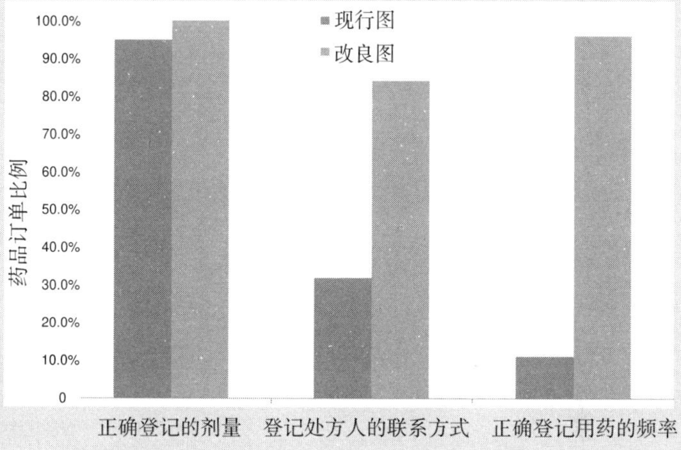

图 3–3　在对比实验中，对两家医院新旧资料表的检查内容包括误读（如误读药物或剂量）及缺失信息或不可读信息（如医生的名字，以防有人需要检查或澄清）两项内容。结果表明，新资料表对信息准确性有很大的促进

　　简化信息和交流的下一步是简化流程。改变默认选项来简化流程（就像养老金改革中的默认退出）是更广范围内干预措施的例子，其主要目的是减少行政审批和文件处理的麻烦。减少文书处理是卡斯·桑斯坦在白宫后期的核心工作，每年能为

美国人节省数十亿小时的时间。[8]行为洞察力小组和其他团队证明，减少麻烦带来的好处并不仅限于节省时间和减少愤怒。

另一个常见的干预例子就是美国大学申请预填表。[9]低收入家庭的孩子到了上大学的年龄，可以免费填写大学申请预填表，表上需要填写纳税和收入信息。研究发现，花不了几分钟和几美元就能填好的表格使得低收入家庭孩子的大学录取率提高了1/4左右（达到34%~42%），奖学金获得比例增加了1/3。研究人员还发现，政府回复提供的标准信息一点儿用处也没有。很显然，干预的性价比很高：大量表格都可以预填写，所花费的成本只相当于一份高额的新奖学金或拓展方案的成本。

我们在行为洞察力小组的工作很快就教会了我们如何利用摩擦成本。即便很小的麻烦也会带来重大影响。比如，纳税者可以在税务部门——英国税务海关总署的一封征税信上找到一个网址，登录之后可以在线填写纳税表。收信人输入网址、敲击回车键之后就进入了英国税务海关总署的网页，上面有清晰的纳税表。只需要单击一下链接进入表格，并填写完成。结果表明，只有不到1/5的收信人填写了表格，并缴纳了税款。我们针对这个小改变做了试验。试验比较了以往信件上的纳税表与网页链接的纳税表的不同效果。改变后的信件需要多打印额外的纳税表，但省了单击链接那一步。结果呢？回信人当中，填写了纳税表的人数增加了22%。[10]

当然，纳税表也能预填就更好了。只是简单地省略了"单击链接"就能让填表数量增加20%以上，你可以想象出预填大量个人信息会带来何种影响。确实，许多税务机构都在对此展开学习，发掘技术的作用。我们需要重新设计能为纳税人做更多工作的税收系统。我们与税收机构的看法不同。在我们看来，很多人之所以骗税、逃税，是因为他们认为纳税表晦涩难懂，还有更重要的事情等着他们去做呢。

除了纸面上的，还有很多其他类型的麻烦和摩擦。一个简单到不用动脑的做法就能够拯救地球，至少从能源节约方面看，能减少排放并为民众省钱。在寒冷国家鼓励民众给阁楼隔热就是一个典型的例子。未隔热的阁楼产生的热量损失约占总热量损失的25%，还有30%~45%的热量是通过无隔热层的墙壁散发掉的。给阁楼隔热，或者添加空心砖隔热材料的成本只有几百英镑或美元，但即刻就能减少供暖费用。同样地，这对户主来说也是很简单的事：阁楼隔热的投资回收期一般是1~2年，加空心砖隔热材料是1~4年，这取决于房子的类型。从财务角度来看，投资者每年会收回投资额的25%~100%，怎么看都很划算。

许多国家的政府已经花费了数十亿补贴来鼓励民众隔热。即便这样，还是有很多人没有对房屋做隔热处理，而且英国的能源部门还在继续申请更多的财政补贴，这让人很费解。财政补贴带来的回报又能有多少？在研究这个问题的时候，我们与一些家庭进行了探讨，我们认为问题的根源不在于钱，而是因为麻烦。确切地说，民众只要一想到清理阁楼杂物就觉得害怕。

为了验证是否真是这样，正如在前言中简短提到的，我们做了一个传单试验，传单上印着商家给伦敦各区的家庭所提供的三项服务：

（1）以合理价格给房屋做隔热处理。

（2）如果你的任何邻居也预订了隔热处理服务，那么您会享受大的折扣。（这样，商家来一趟能安装好几家，节省了成本；而且邻居做了隔热处理后，其他住户也更愿意这样做。）

（3）家庭隔热服务还附加了阁楼清理服务，但要额外加钱。

从方法论角度来看，这不是一个完美的试验。不同的传单在相似却不同的地方散发，因此试验不是完全随机的，且参与的总人数较少。尽管如此，效果仍然很明显。相比之下，提供额外折扣的做法几乎没什么作用。虽然人们肯定喜欢这个想法，但是隔热处理的家庭数量几乎没什么增长。从统计学角度来讲，这并没什么意义。相比之下，尽管清理阁楼需要花上几百英镑，但是接受这项服务的家庭达到了原先做隔热处理的家庭的3倍。

这不是成本的问题。后来免费提供阁楼清理后，吸引了更多人（是最初人数的5倍左右）。实验强有力地证明，对没有做隔热处理的家庭来说，价格不是障碍，而是他们无法面对清理阁楼的麻烦。这对那些未认清政策障碍、只顾申请更多财政补贴的部门，无疑是一个重要提示。

在道路上设置减速带

有时解决问题的答案就是加大摩擦——至少在我们试着鼓励人们不要做某事，或者停下来想一想以后可能会后悔的事的时候。生活中做出的许多决定都是基于我们大脑的"系统1"，或者叫大脑的自驾系统，关于这一点丹尼尔·卡尼曼早就揭示出来了。在某些情况下，"助推人"的作用可能只是通过设置道路减速带，以激活大脑的"系统2"，让他们积极反馈。[①]

事实上，设置道路减速带不仅仅是一个比喻。减速带（英国称之为"睡觉的警察"）表面高低不平，并设置在交叉路口，目的是让粗心的司机路过居民区或拥挤路口时减速或提高注意力。

类似减速带的其他例子还包括：给金融产品引入强制冷却期；在商店提供的预付信用卡和人们使用信用卡之间延迟一段时间（哪怕只有30分钟）；在赌博机用了一段时间后暂停一下，检查赌博者的行为；在一段时间内只允许香烟在柜台出售……

就连我们前面看到的自杀也受到简单行为的影响。自杀率大幅降低是一氧化碳含量偶然改变造成的，但我们可以利用这些知识去进行刻意改变，从而降低自杀率。例如，一些国家

---

① 丹尼尔·卡尼曼在其著作《思考，快与慢》中提到了快思考和慢思考的概念，心理学家基恩·斯坦诺维奇和理查德·韦斯特称之为"系统1"和"系统2"。系统1的运行是无意识且快速的，大脑处于自主控制状态；系统2则将注意力转移到需要费脑力的大脑活动上来，其运行通常与行为、选择、专注等主观体验相关联。——编者注

为了限制购买对乙酰氨酚片和每日服用的类似药剂，出台了相关法律。虽然法律不能限制买家分别进入多家药店购买更多药剂，但在英国，这种方式已经使得每天通过吞食对乙酰氨酚片自杀的案例减少了70%，吞食对乙酰氨酚片案例减少了42%，由于对乙酰氨酚片的破坏而移植肝脏的案例减少了61%。[11] 同样地，证据表明，弹出式药品包装比简单的瓶装更能降低自杀率，因为弹出式包装一次只能取出一片药片。小的摩擦成本并不总是坏事。

结论：助推的本质就是简化

奇怪的是，早期许多研究行为、普及心理学的专家都对日常生活中的麻烦和摩擦不是很感兴趣。[12] 也许是因为看起来太明显了。尽管该领域的一些领军人物早就对此有了记载，但有时我们却忽略了它们的重要性。[13]

至少，值得注意的是，我们周围的世界和我们自己的行为一直围绕着"简化"原则。成为健身房会员或订阅一份杂志是很容易的事。相反，取消会员或停止订阅则需要大费工夫，尽管"原则上"看起来很简单（至少在你加入时很简单）。同样地，你走进一家商店，签一份新的手机合同，立马就能拥有手机；但当你想要终止合同，并转让手机号码，你就不得不耽误一个小时的时间……

企业、政府和居民可以用增加摩擦成本的方法达到目的，通过强化目标显著降低犯罪率。我们可能觉得关窗户或者换大锁能减少盗窃是很不可思议的：如果盗贼想进屋，他们肯定会带打破窗户玻璃的工具，或者用一根撬棍把门撬开。这些推断很合理，但证据表明关窗户或者换大锁的作用非常明显。飞机上的耳机音频接口与生活中常用的不同——我确定你没有打算要带走耳机，但如果脑海里出现过这个想法，你看了接口后就会觉得太麻烦而打消念头。

一部分是出于演化，一部分是出于设计，商业世界要么用消除摩擦成本的方法，要么用增加摩擦成本的方法来影响我们的行为。但我们也可以把这些方法用在自己身上。你喜欢在家里放巧克力，但是又害怕会吃得太多。你可以把巧克力放在架子上的容器里，这样你必须够到架子并打开容器之后才能拿到。换句话说，你可以在家里放巧克力，但要确保故意添加一些摩擦成本。如果你想要存钱，可以考虑办理一个定期转到另一个账户的业务。你在这个账户只有一张银行卡，把钱转进来之后，取钱就没那么方便了。这样增加了摩擦成本，更有利于把钱存住。

这也适用于政策的制定。政策制定者永远不要忘记问一个问题——"我们可以更简化吗？"这对设计税收或卫生系统表格的管理人员来说可能有点难，但肯定会收到成效。彻底取消表格就更好了。简化一切，去掉摩擦。在额外支出10亿或20亿财政补贴之前，一定要先把事情简化。

第4章

吸引力

你即将走进超市。这虽然不是你最喜欢的事情，但你肯定从购物中得到过乐趣。回想一下，你进超市绝不仅仅是购买必需品。超市可能对你没有吸引力，但现代超市绝对是行为工程学的杰作，特别是行为原则。

在你进超市之前，脑海里就满是你对超市的印象——新鲜和饥饿感。虽然你自己弄不清楚，但你进门之前就能清晰地感受到新鲜果蔬弥漫的绿色。当你推起购物车朝一排排绿色商品走去，你肯定会看到那些啤酒。看上去是在比较价格，但心里早就觉得这些啤酒很划算了。购物车足以放下整箱啤酒，根本不会压到刚买的新鲜水果。你买的蔬菜和水果绿得发亮，有的甚至事先洗过（不是因为表面有泥土）；胡萝卜、黄瓜和西蓝花放在一起让你想起小时候给蔬菜分类的情景。现在，各种颜色的水果堆在一起，映衬得彼此更美了。当你把它们放进购物车的时候，你的眼睛也在发光，你感受到了健康的颜色。

沿着通道最后走到收银台，你发现购物车已经被你装满了。排队付款的人不多——前面只有一个人。一份杂志吸引了你的眼球。杂志封面上小甜甜布兰妮的照片太丑了。嗯？上面还有皇室宝宝吗？买了。呃，对了，还得买点口香糖。确实需要。讨厌午餐后说话的时候口腔有异味。其实，你本来只想买几样东西的……

"斯巴达克斯"来到了唐宁街

在唐宁街研讨会举行之前，我没见过"斯巴达克斯"。我的孩子早就在电视上看过他的节目。他穿着干练的灰色西装，看起来跟电视里的角色不太一样，但即便这样，也掩盖不住他发达的肌肉、灵活的动作——要是他参加欧洲体操比赛，夺冠肯定不止一次。

图4-1　马格努斯·谢温格扮演的"斯巴达克斯"造型（照片由丹尼尔·C.格里普斯提供）

我们的团队成员马伦·阿什福德有很强大的营销背景，他认为我们可以从"斯巴达克斯"的节目中学到一些从公共卫生资料中找不到的知识。"斯巴达克斯"的真名叫马格努斯·谢温格，他是电视节目《慵懒镇》的核心角色，这档节目是由他创作并主演的。节目主旨很简单：创办一档针对儿童的娱乐节目，让健康的生活方式变得有趣起来。

节目中的孩子们不断地运动，也带动家里坐在沙发上的孩子们活动起来，保持健康与灵活。节目中的孩子们可以从"运动糖果"（水果和蔬菜）中获得能量。你可以想象这样一个场景：孩子们跑来跑去，伸展着手臂，手里拿着胡萝卜，嘴里嚼着苹果。"斯巴达克斯"生活中的任务就是要打败那些沉浸在自己游戏中的营销人员——让健康生活方式变得有趣，有吸引力，至少看起来很自然。我不确定唐宁街的餐厅里是否播出过这类节目。

马格努斯知道自己阻力重重。在一个节目片段中，他与成年人在超市做有趣的实验。成年人有两分钟的时间用健康食品把购物车塞满，能装多少装多少，装到购物车里的健康食品可以免费拿走。他们冲出通道，往购物车里塞东西。但没过一会儿，他们就阻止了自己，然后把自己认为不健康的食物放回原处。两分钟后，购物车接受检查。只有少数人的购物车装满了，许多人的购物车里还装着一些明显不健康的食物。

然后成年人又再次完成这个任务，这次加大了难度。他们得蒙上眼睛。这次的目标是两分钟内往购物车里放不健康的食物。显然，成年人对此十分擅长，大多数购物车都满载而归，有的甚至提前就装满了。

马格努斯认为，不健康的食物对我们有很大吸引力，容易导致不健康的生活方式。从学术角度讲，我们生活在一个"致肥环境"中，这个术语的广泛使用主要归功于公共卫生专家博伊德·斯温伯恩。在下一章中，我们会看到更广泛的影响，但现在我们先对吸引力做一个简单的解析。

吸引力的两个方面

每一个超市的通道两侧摆放的商品都能体现出吸引力的两个基本因素。

首先，这个东西一定要吸引你的注意力。你的大脑每秒钟会收到成千上万个信号，比如：你要参加哪一个团体？什么重要，什么只是噪声？哪些产品、信件和邮件需要置顶，而且必须回复？认知心理学家用"注意焦点"这个术语来概括思维可以有意识地只关注或参与到大范围刺激下的狭窄领域中这种情况。在注意焦点这个小领域中，我们用大脑把一系列复杂的信息整合起来，比如你现在把页面上的这些形状变成单词、句子，并提取其意思。你这么做时，眼睛还能看到整个页面，确切地说是焦点以外的大部分空间。但对焦点以外的空间，你的眼睛只能起到"监控"的作用——你能注意到灯光闪烁或东西移动，但这不属于有意识的注意。来示范一下吧，扫视前面的一页，看看能否找到一个三角形。找到了吧？它是不是很快就吸引住了你的眼球？这是因为大脑在寻找简单属性的时候能高效地扫视整个页面。但在寻找特定词汇，比如"好"这个词的时候，你必须动用注意焦点，一段一段地找这个词。

超市已经学会把水果和蔬菜以对立色的形式放置——比如红色搭配绿色——这样会很显眼。事实上，这也体现了进化的神奇：与一个尚未成熟的绿果相比，成熟水果的鲜亮颜色更能吸引我们的注意力，这样植物得以传播种子，我们灵长类祖先也吃到了成熟的水果。同样，大多数超市都学会了确保新鲜水果和色彩鲜艳的蔬菜的"最佳果蔬搭配"在你走进商店之前就吸引你的眼球，调用大脑的无意识焦点来吸引你，这样发现好的食物时你就会往购物车里塞。如果你想影响行为，那就需要做类似的事情：在你有机会说服或鼓励他人之前，先引起他们的注意或让他们简单参与其中。

其次，如果一个信号、产品或选择成功取得突破，如何对它进行评估呢？它们会归为何类——是，否，或者可能？我喜欢它吗？我们大脑的反应非常迅速，会在不知不觉中根据几个关键维度对人和事做出评估。

苏珊·菲克斯是社会认知领域的权威专家。她记录了人们如何对事情和其他人进行即时分类，主要根据积极或消极的情绪反应（态度温和或冷淡）和能力这两个关键维度。这些反应深深根植于我们的进化发展之中，引导我们对威胁和机会做出判断。例如，你看到一位老年人，感觉他态度温和并且没什么能力。他对你来说不是威胁，你甚至可能会帮助他。无家可归且手里拿着空罐子的人可能也没什么能力，但可能会引起你消极的情绪反应。一方面，看到态度温和而且能力出众的同事，你可能会认为他能够帮助你。另一方面，看到能力出众却态度冷淡的同事，你的反应就可能完全不同，大脑会警告你他是你的竞争对手，会对你构成威胁。苏珊·菲克斯证实，相同的快速反应还出现在与不同团体、种族的接触中。

当你看到一件东西或一件产品的时候，也会出现这些反应。例如，看到一辆老式菲亚特汽车，也许你会觉得很"温暖"，觉得它很可爱，但不会觉得它特别上档次。而奔驰虽然给你一种高冷的感觉，但你可能觉得它很上档次。这些快速反应让我们对大脑如何看待世界有了初步了解。精明的广告商自

图4-2 为了激励市民运动，墨尔本市维克健康中心出资主办了一场盛大的南十字火车站楼梯刷漆活动，这里每天来来往往的乘客大约有80万名。这项活动使得上下班高峰期通过楼梯的人数增加了25%，其他时间则增加了140%。遗憾的是，这项活动只持续了一个月（2014年8月）。紧随其后的是一张广受欢迎的饮料巨幅图片（照片由墨尔本市政府提供）

然也熟知这些反应，它们努力调整产品的特性和彼此之间的联系，最终让我们认同这些产品。例如，它们会把产品与你头脑中积极的事物联系起来，比如把想要卖出的产品与一位电影明星或一张美丽的面孔联系在一起。

你甚至可以把同样的方法运用到自己身上。想让自己得到更多锻炼吗？不要只做家务，或者做你认为“应该”做的事情。你应该试着在锻炼中融入自己喜欢的东西。可以选择与朋友散步，或者选择能看到美丽风景的慢跑或骑自行车。研究表明，只要以感受外面世界和亲近自然的形式呈现（不是以身体健康为由头），孩子们就更容易参与到运动中并坚持下去。你可能会发现这对你也有用。

超市和商店的很多地方都会吸引我们的注意。有些非常明显，比如明亮的标志和标签。但有些却很微妙，比如红绿搭配、蓝黄搭配会让商品更明亮、更引人注目。味道、采光和位置都会影响我们的注意力。例如，放置在过道末端的商品会引起我们的注意。这是因为我们在转弯的时候，眼睛会自然地扫视到它们。把不含酒精的饮料放在超市过道末端会增加52%~114%的销售量，而酒精饮料则会增加23%~46%。[1]这与不含酒精饮料降价22%~62%之后增加的销售量是一样的——难怪生产商会在过道末端的关键位置支付可观的费用。这样不仅增加销售量，而且持续时间长。而临时促销只能带来持续6个月的消费增长。[2]

个性化是另一个能吸引注意力的简单方法。正如前面提到的，早在20世纪50年代，人们就倾向于听见别人提到自己的名字，即便是在一个嘈杂的房间内（这就是所谓的"鸡尾酒会效应"）。这也是营销人员要把你的名字放在他们发给你的信件和电子邮件中的原因。

注意、突出和个性化：纳税与缴罚款

政府部门也运用了这些吸引注意力的手段。你可以在两次世界大战的宣传和招募海报中看到这些手段，比如在1914年的英国海报上，基钦纳勋爵瞪着眼睛、手指正指向你，上面还写着"英国需要你"。在大西洋西岸，美国的海报上印着姿势与基钦纳勋爵几乎相同的山姆大叔的形象，并宣称："我想让你加入美国军队！"这些口号可能有语法问题，但这些形象却深入人心达一个世纪之久。这种助推手段（两张海报都在招募志愿者）或者呼吁行动要想取得成效，首先需要吸引我们的注意：两张海报里，"你"这个单词都是大写的；海报人物都在凝视并伸出手指，这些都可能吸引我们的注意。然而，我们还不清楚这些海报如何体现吸引的第二个方面（潜在条件的吸引力）的有效性。比起死板的征兵命令，大西洋两岸的当代军事宣传更关注冒险和刺激的机会，这样效果会更显著（至少在现代人看来）。

一个依赖"吸引"原则的简单例子出现在行为洞察力小组、英国税务海关总署联合进行的一项实验中。与其他国家一样，英国的医生和其他公共服务职业从业人员也有两种收入来

源。就医生而言，他们的主要工资来源于医院或诊所，但许多医生经常接私活挣外快。税款直接从他们的工资中扣除（简单！），但是，对任何职业的额外收益，当事人都应该进行纳税申报。正如大家所知，申报的人很少。

在这项实验中，我们对给样本医生寄出的不同信件所得到的回复以及后续纳税的有效性做了比较。从图4-3中可以看出，英国税务海关总署寄出的额外收益征税通用信件不是很有效，只有大约4%的人对信件做了回复。相比之下，一封专门针对医生和医护人员的额外收益征税信，却收到21%的回复。我们还用信件做了进一步测试，设计这些信件是为了吸引读者的注意并驱使他们采取具体行动。信中再次专门提到了医护人员（我们知道许多医生能赚外快），并且礼貌地指出，英国税务海关总署认为，他们未能回复之前的信件，是由于疏忽所致；如果这次再不回复，就会被视为主动逃税了。这封信的回复量增

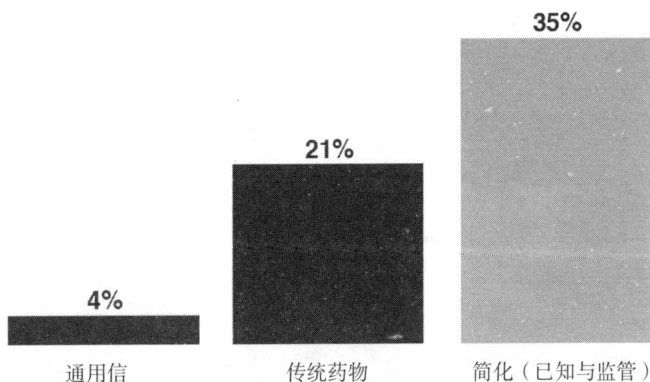

图4-3　向医生征收额外收益税的三种不同版本信件的回复率

加了9倍。我们还用相似的方法对英国税务海关总署怀疑隐瞒收入的其他职业群体做了测试。我们发现，不仅来自医生的税收增长了，其他职业群体（如大家最爱的水管工）的税收也有类似的增长。

我们发现，即便很简单的线索也可以产生重大影响。另一个实验由罗伊·加拉格尔在新南威士州的悉尼展开。他们用信件来提醒人们支付拖欠的交通罚款，信件顶部还贴上了印有红色字体的"现在支付"字样的邮票。这次实验使得税款支付率上升了14%~17%，每年多回收约1 000万美元税款。同样重要的是，这样可以每年为居民节约大概400万美元的额外罚款并使8 000份驾照免于被吊销或暂停的命运。据估计，每年还会节省大约8万美元的额外催税信的打印成本。实际上，这封信的内容并没有改变，但红色的关键字既吸引了人们的注意力，也促使他们采取行动，从而为他们自己，也为新南威士州节省了时间和金钱。

税务机构的关键任务就是让人们在第一时间打开信封。事实证明，官样的棕色信封不会总被放在公文盒内文件的最上方。我们采用了更多手段，比如一位来自爱尔兰的同事尝试在笔记上贴便利贴来吸引注意，我们打算更加系统地对这个假设进行测试。

我们寄出的5 000封英国税务海关总署信件，使用的是白色信封而不是棕色信封，而且每一个信封上都写着"戴维（或其他相关名字），你真的需要打开这个信封"这样的个性化信息。新信封提高了信件回复率，税款回收率也从21.8%提高到26.0%，增加了4.2个百分点。5 000封这样的信确实需要点成本——事实上，英国税务海关总署本来对这笔额外花销持怀疑态度——但当它计算投资回报率时，却发现投资回报率竟然高达200%。我们也许没有必要在寄出的每一封信上都写上这些话，但这是对"每一个细节都很重要"的强大解释。

然而无论你的信封多漂亮，如果被压在一大堆文件下面，它就没什么效果了。在为英国法院服务署（官方称"女王陛下的法院及法庭服务署"）效力期间，我们对法警如何征收未付罚款以及在什么地方征收做了追踪调查。这是一项悲惨的工作，但是罗伊和他的团队与追款法警回来后做的一项调查显示，人们对自己欠款的反应之一居然是惊讶。他们之中十有八九都收到了催款信，但大部分信件都被习惯性地忽略了。事实上，他们门前通常会有成堆的未开封信件。难怪他们会感到惊讶。我们想知道是否还有其他方式可以在法警登门之前就引起人们的注意——每一个与此有关的人都急切地期待这种方式。

在运用助推方法时，我们通常的做法是每次只改变一点点。我们注意到一些特立独行的官员，他们做事有点异于常人。在法院服务署内，有一位征税官员曾总结出一个吸引纳税人注意并简单提示他们纳税的好方法：告诉他们法警要上门征税。他以发短信的方式告知纳税人。除了直觉，他没有任何真实证据来证明这样做的影响效果，只是一个人用法庭服务设备发短信而已。因此，我们与法院服务署一起对这个假设做了测试。我们在法警上门催款 10 天前就给一组随机样本的欠款人发送了一条简短的警示短信：如果还不补缴罚款，法警就会上门征收。我们把收到手机短信和纸质警告信的一组欠款人补缴的罚款与对照组做比较。事实证明，短信的效果十分显著，不仅使得补缴税款翻倍，免去了法警的麻烦，而且节省了很多资金，因为法警没收的物品只有极少能卖个好价钱。

我们还对内容有细微变化的短信做了测试。加入到期金额提醒的短信比之前的短信略胜一筹，但不太可靠（我们做了两次实验来验证效果）。但是在开头添加欠款人名字的短信则明显更有效，接收短信后补缴的欠款是对照组的 3 倍。[3]

最后，我们还对图片能否吸引人们的注意做了测试。之前在商界做的实验发现，添加照片可以产生重大影响：人们更容易接受印着一张微笑女性图片的贷款邀请函上的贷款报价。比起一个月贷款利率削减一个百分点，这样的贷款邀请函对男性更有效。[4]同样，比起干瘪的事实与数据，图片不仅能吸引人们的注意，对赈灾后续捐款也能起到巨大作用。一张儿童的照片通常会使捐款金额加倍。[5]

一直没缴汽车税的欠税人确实比较难处理。在英国，电子监控会捕捉到欠税人，并自动检查车辆牌照与汽车税纳税记录。大多数人在收到提示后会缴税，但少数人即便收到提示或接连几封催税信后仍不缴税。我们的任务是帮助那些一直不缴税的欠税人。助推手段或行为研究真的能帮助这些一直不缴税的欠税人吗？

　　我们尝试了两种方法。第一种，我们采用了标准方法，用直白的英语重写了信件的标题："要么缴税，要么丢车。"标准信的意思就是这样，但语言更加委婉。这使得汽车税缴税率微微增加了2个百分点（税收增加了5%）。第二种方法中添加了交通摄像头拍摄的原始汽车照片。这种方法的效果更加明显，缴税率上升了9个百分点（税收增加了20%多）。发牌机构对此十分满意：因为纳税率几个百分点的增长可以转化成大量的税款。

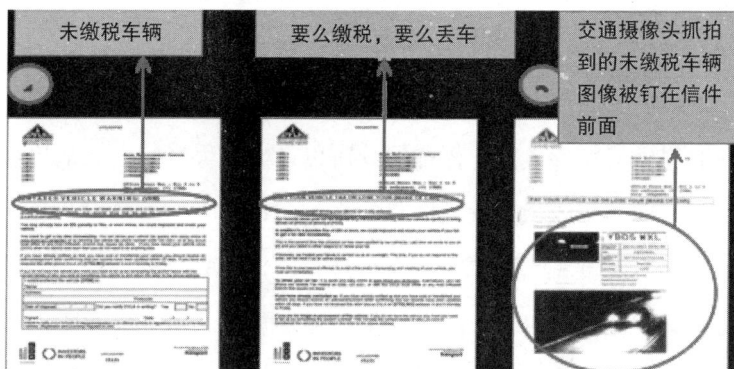

图4-4　给持续逃避汽车税者的三种不同版本的信

除了罚款和警告，还有其他东西能引起注意

　　政府有许多用于说服不情愿或健忘的公民改变行为的罚款和制裁方式。我们可能认为这些干预手段比助推手段来得粗暴。我们已经看到，助推手段搭配行为研究可以显著改善粗暴干预带来的后果。这种过于注重实用性的惩罚手段意味着，政

府在很大程度上忽视了吸引人们注意并影响行为的其他方式。

把"吸引"作为罚款或制裁的替代方法的一个典型例子就是让司机减少超速行驶。仅在美国，每年就有1万多人死于和超速有关的交通事故，撇去人类灾难及人力成本，相关经济成本约为400亿美元。多年来，警方一直专注于使用测速雷达或警车来追赶超速行驶的司机并进行罚款。[6]直到20世纪80年代后期，警方的主要策略还是用隐藏的警车和电子监控捕捉没有意识到的司机。这可能是征收罚款的好方法，但研究表明，这种隐蔽的方法并不能很好地减少超速或不安全驾驶。

一项早期研究把警察巡逻和设立限速指示牌（把不超速的司机比例反馈给司机，一周一次手动更新）的效果做了比较（在第5章社会影响的论述中也会涉及）。结果发现限速指示牌的效果是警察巡逻的10倍。[7]其他国家也采用了同样的方法，并收到了类似的效果，因而改变了策略。例如，在英国，警察巡逻时会离开隐蔽测速雷达来到司机容易看到的电子监控下，夜晚使用明黄色的反光材料以引起司机的注意，并在路边频繁发出警告信号。尽管存在争议——许多人认为这是一种惩罚——但策略焦点从捕捉与处罚司机转向引起注意并警告司机，尤其是在交通枢纽和危险的路段上。

最近几十年，技术的发展使得把驾驶速度及时反馈给司机的指示牌得到普及。研究表明，这些指示牌效果显著，车辆平均时速降低了4~8英里，也可以说速度降低了10%~15%，尽管司机通过指示牌后速度会逐渐提高。当指示牌与其他限速原因更明显的提示结合后，效果更为明显，比如提醒司机附近有学校、进入市区或靠近复杂的交通枢纽等。

限速指示牌的有效性是否会随着时间的推移而下降呢？这方面的研究一直在进行，这也是许多批评人士关心的问题。研究表明，尽管随着时间的推移，指示牌的效果不再那么明显，但它们仍然有效。例如，在美国部分学区安装限速指示牌后，最初几周内每小时平均车速降低了5.1英里，一年后每小时平均车速仍降低了3.6英里。在另一项有关限速指示牌有效性的研究中，高速公路（55英里每小时）到城区（35英里每小时）的过渡地带每小时平均车速降低了6~8英里，这一效果维持了一年多。[8]

在商业中经常使用且能让报价更加吸引人的方式就是彩票。有趣的是，政府会对晚缴税款或不遵守规定的公民罚款，却从来没有奖励按时缴税或遵守规定的公民。讨论小组认为：一方面，许多人认为奖励做正确事情的市民没有必要；另一方面，如果没有奖励，即便只是在精神层面上表示感谢，那么人们的认识也会更积极。

瑞典人优雅地把这种方法运用在汽车减速上。他们不使用测速雷达捕捉司机并罚款，而是规定车速在限定速度内的司机会被记录下来并有机会赢取彩票。彩票奖金会从一部分超速罚金里支出。据报道，在斯德哥尔摩多条道路上试验的3天里，平均车速已从32英里降到了25英里。[9]

把彩票奖励方式运用在公共服务领域仍然有很大争议。我

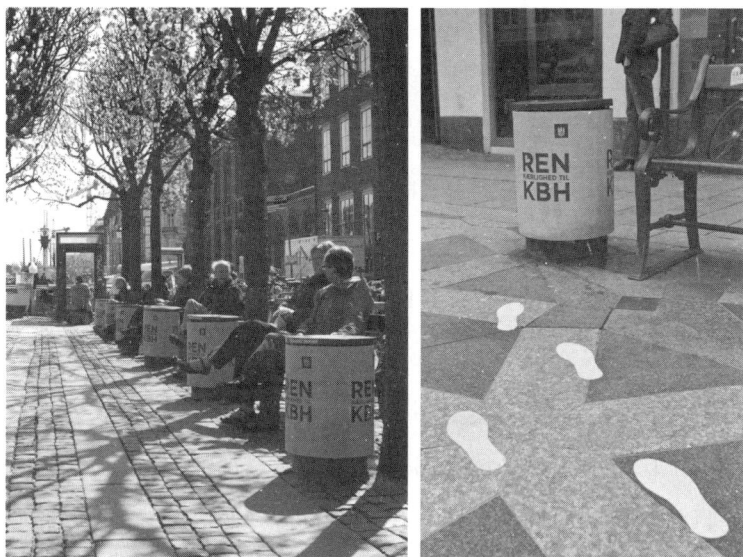

图4-5　在哥本哈根，皮尔·汉森和他的学生用一个简单却有效的"吸引"方法来减少乱扔垃圾现象。得到政府许可后，他们给垃圾箱涂上鲜亮的颜色（之前他们已经调好颜色），并用同样鲜亮的颜色在地面画上指引脚印。他的学生做了观察研究，发现这些改变使得进入垃圾箱的垃圾增加了45%。作为行为洞察力小组和澳大利亚维多利亚州联合实验的一部分，英国也在尝试画脚印的类似方式，鼓励民众走楼梯而不是乘坐自动扶梯

们曾在好几种情况下建议用彩票作为奖励，但是一次都没成功。鉴于此，我们决定尝试找到一个用彩票帮助解决公共服务需要的领域。这样罕见的例子确实存在。例如，许多伦敦议会已经联合起来，打算给那些把家庭财产税（地方税）转化为直接扣款的人25 000英镑的彩票奖励，这样会给议会节省一大笔钱并减少麻烦。据估计，直接扣款产生的储蓄利息是奖金的十多倍。[10]

我们需要一些无聊但很重要的东西，来测试彩票奖励在公共部门是否可以有效地使某种行为更具吸引力。那时，当地政府正在应对选民登记系统的改变——从"家庭"登记（一人可以给全家人登记）变为只能本人登记。选民登记系统的改变会减少投票错误，但当地选民注册登记时，这一改变却会带来额外的工作量，还存在有些选民根本不来登记的风险（比如学生或一些低收入群体）。我们利用这个机会，与伦敦大学的彼得·约翰合作，对彩票奖励进行了测试。我们对三种方法的效果做了比较：一封是议会用来提醒人们登记投票的标准信件；一封是类似的信件但承诺提供1 000英镑的彩票奖励；一封是相同的信件但承诺提供5 000英镑的彩票奖励。这三封信的效果果然不同。1 000英镑的彩票奖励使得选民登记率提高了1.5个百分点（从44.8%上升到46.3%）。有趣的是，5 000英镑的彩票奖励只比前者略微好一点，选民登记率只提高了1.9个百分点。

鉴于此，我们与英国财政部合作，看能否做一些类似于斯德哥尔摩选民登记实验的尝试，只不过规模更大，是为了征税。英国已经有逾期缴税罚款100英镑的系统设置，这种设置使得纳税申报在截止日前一天大量涌入系统，系统应付不过来而导致崩溃，并给工作人员带来困扰。我们想用温和的助推和鼓励手段，给那些较早缴税的人以彩票奖励，彩票奖金就从逾期缴税罚款中支出。我们提议给每周提早缴税的人提供额外的系统入口（作为助推手段的额外部分，我们还规定了一系列早期缴税的截止日期）。与斯德哥尔摩实验一样，这个实验的独到之处就是整体上保持财政平衡：如果取得压倒性的成功（即人们都按时缴税），那么奖金就会相应减少（但为了保证确定性以及维持吸引力，我们鼓励保留基本奖金）。

我们差一点就通过了彩票奖励的方案，但在最后一刻，高级官员们担心如果富人赢得彩票奖金，民众会觉得不公平。毕竟，在英国税收制度内并不是每个人都能完成纳税申报，只有那些收入相对较高的人才能完成。部长们在民主方面有解释的义务，他们最终做这样的决定是对的（参见第 11 章）。尽管如此，彩票奖励仍然是一个好主意，我相信某个政府会很快采用这个想法。

荣誉、震惊、好奇与欢乐

政府应该直接、诚实、公正，但不应排除考虑其他的一些更人性化的做法。

比起经济刺激，非经济激励也是驱动人类行为的强大力量。在现代社会，从个人经济角度来看，生孩子并不明智。事实上，父母养育孩子的总体费用大概需要几十万英镑。对大多数人来说，经济刺激显然不是驱使他们生孩子的原因。

一种方法是采用"目标替换"或"目标补充"。这是一种能把我们熟知的事物变得更有吸引力的技巧，相当于往药片上撒糖。心理学家丹·艾瑞里提供了一个很有说服力的个人案例：他在给病人做完困难且痛苦的治疗后，计划着晚上让病人看哪部电影。你或许觉得"拯救自己的生命"这一动机就足够了，但是完成治疗的比例很低，说明事实并非如此。丹把电影作为一种让治疗更有吸引力的方式，而且他成功了。

我最喜欢的以这种方式思考问题的一个例子，就是美国空军在居民区上空或靠近居民区飞行而遭到公众反对时的做法。有人想出了一个收集更多不同飞机的飞行信息的点子。虽然这没有降低噪声水平，但改变了公众的态度——任何认知心理学家都会告诉你，大多数感觉都是可以解释的。"看，这是新的F15战斗机！"与"又一架高空飞行杀人机"给人的感觉就完全不同。

此外，英国和其他国家都在不断扩建机场，我倾向于认为政府用新飞机跑道或机场带来的好处来说服可能受影响的居民，比如慷慨地给他们提供机场航班年度优惠券或节假日免费坐飞机周游世界。与美国空军的方法一样，这可能会极大地改变你对噪声的看法，而且比现金更有效。当一架飞机从天上飞过，你可能会想"今年假期我要坐飞机去巴巴多斯"。机场扩建让你觉得有利可图，而不是简单地将其视为烦扰。

大多数政府仍旧在以某种形式颁发"荣誉"——一种有着罕见而明显用途的非经济奖励手段。这种荣誉可以是战斗英雄奖章，或者给做了社会捐助或其他贡献的人以公民奖。如果不是人们行为本身的原因，那么这种荣誉性奖励背后则存在一个强大的额外驱动力。[11]士兵们不是为了金钱而战，他们的战斗动机包括对冒险的渴望、荣誉（为同伴、社会、家庭和国家奋斗）等。尽管荣誉背后有这样的驱动力和作用，但一般的经济学教材中却几乎只字未提。甚至在政策的制定过程中，它们很容易被当作满是灰尘的遗迹，而不是"吸引"的一种重要形式。

广告宣传是政府在非政府组织和创意机构的帮助下，偶尔会放松管制的领域。震撼人心当然是可以用来吸引注意力的工具，从鼓励人们进行安全性行为和远离毒品，到鼓励人们开车系安全带，几乎可以肯定这些活动会非常有效。但不幸的是，在评估后发现，它们很难说服财政部初级官员，更不用说意志坚强的高级官员。

有些活动是相当复杂的。例如，20世纪八九十年代那些鼓励人们安装和维护烟雾报警器的活动，它们有一个致命问题：如果广告宣传力度太温和，就无法吸引人们的注意，更不用说鼓励他们购买、安装和维护烟雾报警器了；但如果宣传活动中火灾图片太多又会让人感到震惊，人们的心理防线会开启——"那不是我和我的家人"。经过大量测试之后，他们发现了一种有效的方法，那就是保留令人震惊而强有力的信息，但删除那些一看就容易触动人们心里防线的火灾图片，"是的，那个家伙不是我"或"那不是我的孩子"。相反，图片上孩子潦草的字迹旁边放着一个烧焦的玩具，传递的信息是"爸爸忘了换电池……"。毫无疑问，广泛安装烟雾报警器拯救了许多生命，而且大大降低了火灾整体伤亡率。这与烟雾报警器的宣传活动的影响有很大关系。不过要将具体某次宣传活动的影响抽取出来却不太容易。

　　许多宣传活动已经把其他情绪与更微妙的迂回策略结合在一起，而非简单的震撼人心。一个在发展中国家鼓励人们洗手的活动就非常有效。这个活动通过触发人们一想到饭前不洗手就会恶心的心理来鼓励人们洗手，尽管很少有广告会真正关注洗手本身。同样地，图片形式的禁烟运动展示的肿瘤和香烟滴出的烟焦油沾到衣服上的图片被认为非常有效。有趣的是，滴出烟焦油的图片所触发的恶心要比死亡威胁更有震撼力（可以说我们的心理防线能抵御死亡）。最近，医生们也在倡导类似的活动，他们认为酒精饮料包装上应该添加卡路里标签，而不只是体现该饮料的酒精含量单位。这样，人们在喝酒精饮料的时候，会意识到一杯饮料的热量与一块蛋糕的热量相当。

　　还有一些宣传活动运用幽默和趣味性来吸引人们的注意，

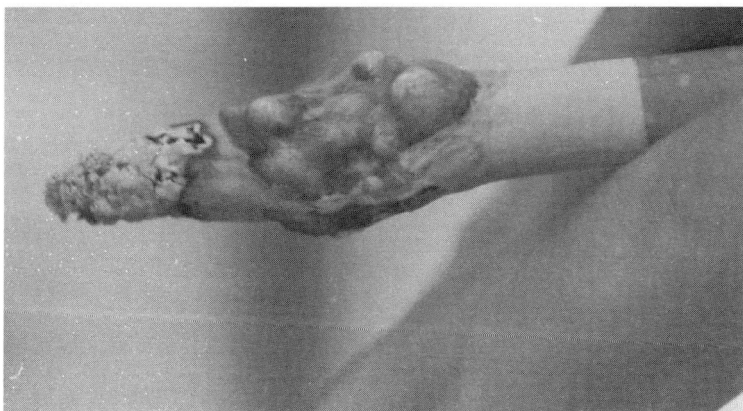

图4-6　这种"奇怪"的禁烟运动很大程度上会让人觉得恶心：92%的吸烟者注意到了这条广告，是类似运动中关注度最高的（照片由英国公共卫生署提供）

而且最好带着一句恰当的标语。澳大利亚的公共服务广告就因其幽默和率真而广为人知。例如，在一条抵制超速驾驶的广告中，一位美女翘起小拇指来讽刺超速驾驶的司机性无能。另一条旨在减少酗酒的广告则幽默地使用了"不需要找借口不再喝一杯"这个创意。

　　幽默、欢乐和好奇心是容易被忽视的推动社会变革的力量，但是这种情况已经发生了改变。美国前第一夫人米歇尔·奥巴马在抵制肥胖运动中取得的较为显著的一项成果就是一个为期两年的协议，协议允许使用《芝麻街》中的卡通人物来鼓励人们多吃蔬菜和水果。这是一个可以证明让健康食品更有趣、可以显著增加其消费的有力证据——就跟不健康食品一样有趣。克里斯汀·罗伯托和他的哈佛大学饮食和消费者健康心理学系（PEACH）的同事发现，把《芝麻街》中的卡通角色与一些水果或蔬菜联系起来能大幅增加孩子们选择吃蔬菜或水果的可能性，而且让他们觉得更美味。纯粹主义者可能不喜欢这个主意，因为他们假定孩子们"自然而然地"喜欢健康食品，但实用主义者应该庆祝这个结果。[12]你不仅找到了一种影响孩子行为的方法，而且还找到了一种可以转变消费模式，并且有能力改变整个市场的方法（详见第7章）。

　　最近在荷兰学校进行的一项研究发现，儿童食用的全麦黑面包只有普通面包的1/3，但把黑面包切成有趣的形状后，食用量几乎翻了一番。其他研究表明，这样的干预对低收入儿童来说尤其有效，他们的需求量是巨大的。[13]美国最近远离含糖饮料的消费驱动或强化趋势，是由推广其他有趣且更健康饮料的活动带动的。

这些想法已经开始真正地引起关注，但应用仍处在起步阶段。例如，正在进行的一项有趣的研究想要证实好奇心是否可以作为让人们经常去健身房或者赴医疗预约的有效动力。如果问你几个有趣的问题并且答案会在做手术时公布，你有可能会继续预约医生吗？或者你被告知之前的一位病人给你留了一条供你参考的信息。（你有可能会给别人留下一条参考建议吗？）游戏化是另一个令人感兴趣的领域，游戏和视频内容旨在鼓励人们多运动，教孩子数学，解决偏见和极端主义，协助职业选择，并在军队中减少药物滥用和酗酒。

结论

通过前面的章节，我们了解到减少摩擦成本是一种极其有效的方法，可以为人们已经打算做却没做的事清理障碍。然而对于许多行为来说，单单消除摩擦成本是不够的：如果没有额外的温和助推，石头不会滚动，人也不会移动。

依据行为科学，"吸引"涉及两个相关元素。第一，它包括突破和吸引注意。这没有什么复杂的，但有时政府和企业会忽视其重要性。如果针对的个人或实体没有注意到，那么通过法律或施加制裁就不会有什么影响。

为了吸引人们的注意，事物必须引人注目：用心理学语言来讲就是必须要突出。突出可以通过个性化、相关性或对比来实现——与背景反差大，从而达到突出的效果。改变信封的颜色，运用能在感情层面触动我们的图片，用名字称呼一个人，都可以加深沟通或强化干预的影响。通常，这种方法能使回复率上升10%~20%。这些方法组合在一起，其影响就非常巨大。比如，比起勒令补缴税款，通用征税信可以增加10倍的税款收入。同样，限速指示牌要比增加警察巡逻有效得多。而且这些"聪明的"指示牌能随着时间的推移持续发挥作用，尤其是在关键路口，司机们只知道应该放慢速度，但不会关心速度到底有多快的时候。

第二，建议或提议本身必须有吸引力，或者至少有说服力。经济刺激可能会有效，但它只是众多工具中的一种。重要的是消息、建议或邀请来自谁——这就是所谓的"信使效应"。[14]在新闻上看到政治家建议给孩子接种疫苗对你的影响可能不大，但看到穿着白大褂、脖子上戴着听诊器的首席医务官或主任医师建议给孩子接种疫苗，你就更有可能采取行动。非经济刺激，比如好奇心和乐趣，也可以成为强大的激励因素。里程奖和相关奖励效果显著的部分原因是它们不能轻易兑换成现金。我们喜欢参与到可以累积积分和成就的"游戏"中，倾向于被那些稀缺或与我们喜欢的事物相联系的其他事物所吸引。当然，为他人做正确的事也是动力之一，比如鼓励我们的孩子努力学习，发展自我并实现自我（详见第5章和第9章）。

在我们运用经济激励时，我们仍然可以使用行为研究让经济刺激带来更大影响。例如，比起小范围的少量刺激，人们可能更愿意赢得巨额的彩票奖励。因为比起未来，我们更关心现在，所以侧重现在的前载型激励（或制裁）的影响要远远超过未来相同级别的激励（或制裁）(详见第6章)。

在所有行为研究中，吸引人可能是企业和营销人员最常用的助推手段，这种做法无处不在，有时甚至到了令人生厌的地步。

尽管企业经常使用这一手段，但除了非常特殊的活动，比如鼓励人们戒烟或者多运动，很少有政府真的想"吸引人"，更不用说参与到广泛影响和指导人类行为的动机和情感之中。即便在企业，在营销以外，对于真正激励人们并吸引他们注意的微妙思考也很少见。例如，管理者们往往过于关注外在奖励，尤其是金钱，但却不怎么关注激励人们找工作或努力工作的其他因素。这本身就对行为影响做了解释：管理者们倾向于认为自己受各种因素激励，如工作满意度，但想到其他人的时候，他们往往会忽视这些内在因素，而过分关注工资和奖励。比起担心年度奖金，他们更应该经常巡视一下基层并对员工说声谢谢。

像其他助推手段一样，在你提示或提醒某人做他们应该做的事情时，吸引人的办法将会非常有效，比如靠近学校时放慢速度或补缴过期罚款。吸引人！肯定是你工具箱里的有用工具，可以帮你塑造自己的行为，比如门上的便利贴或日记里的提示词，或是当你完成一项任务时给自己一次犒劳。

第 5 章

社会性

这是一个寒冷的冬日，你走下公交车、朝办公室走去时，寒风拂过了河面。你走到办公楼入口，从这里可以穿过办公楼去你那天想去的地方。你能看到旋转门上要求你使用旋转门的告示。当你靠近旋转门，正考虑推动它时，你想知道它到底重不重，或者是否会有人从斜对面往外推，碰到你的脚。但就在这时，你前面的人在盯着门上告示的同时推开了旋转门。一股暖流扑面而来，你跟着他们进入办公楼。[1]

周围人的行为对我们的行为有着重大的影响。对我们来说，不追随人群的视线几乎是不可能的。与其他人一起看喜剧表演时，我们会比平常笑得更多。围着桌子吃饭的同伴越多，我们吃得就越多。我们更容易追随前面的人，跟着他们爬楼梯或走旋转门。

作为一个已经掌握或正在学习助推艺术的人，你需要了解影响行为的各种因素。就像你的孩子或学生一样，这些影响很有趣而且很特殊。如果要我必须从这些行为影响中选择一种，那我会选它的社会影响。这可能并不奇怪，因为我曾经在剑桥大学教授社会心理学，但也许我可以在深入讲解前普及一下社会影响的重要性。

我在第1章中讲过，人类是社会性动物。我们时常会影响彼此。以后你开会的时候，尝试着更加仔细地观察人们的肢体语言。人们确实会追随对方的动作。如果有人把身体后倾，并把手放在头后面，那么别人有可能也会这么做，尤其是在最先开始这么做的人更占主导地位或职位较高时。或者就像要抹掉什么东西似的尝试触摸或轻擦你的鼻子或嘴角，特别是你在盯着某个人之前或正盯着他时这么做。一分钟左右，他们有可能也会做同样的事情。我们会彼此真正地保持一致。这些影响或社会习惯在一个企业，甚至一个国家内处处可见。如果你想了解人类行为，你就必须明白永远存在于我们之间的影响网络。

抛开社会规范

社会影响力量的一个常见例子就是乱扔垃圾现象。想象一下你回到车旁，发现有人把一张传单压在雨刮下面。如果附近没有垃圾箱，你会拿起来放进车里，还是直接扔到地上？

想象一下这样的场景吧。像大多数人一样，你可能认为自己不会把它扔到地上。但当你环视停车场之后，发现地上已经有几十张这样的传单，这时你会怎么做？你很有可能直接把它扔到地上。

罗伯特·西奥迪尼与其团队所做的针对这种情况的实验研

究发现，如果地上早就散落了大量传单，那么人们把传单扔到地上的可能性就是地面干净情况下的 8 倍。我们可能不喜欢或不赞同乱扔垃圾，但当周围的人都这么做时，我们也会随大流。

西奥迪尼把社会影响的这种强大形式称为"描述性"或"声明式"社会规范：我们看到别人做什么或证据表明他们在做什么。这种描述性社会规范需要与"命令式"社会规范（我们应该做什么或者别人认可什么）区分开。[2] 这是一个关键区别。律师、政客和管理者们通常忙于构建和实施命令式社会规范：这就是你应该做的。西奥迪尼的研究表明，如果你遇到描述性社会规范与命令式社会规范相冲突的情况，那么描述性社会规范——其他人真正在做什么——就会胜出。

我们能了解追随他人行为是有道理的原因。如果每个人都尖叫着跑开，那么跟着效仿可能是个好主意，哪怕你之前并不知道到底发生了什么。也许是老虎、海啸或者入侵军队袭击：但不管怎样，最好随后检查一下细节。同样，到一个新地方旅游，选择一家生意红火，尤其有知识渊博的当地人在就餐的餐厅要比选择生意差的餐厅高明得多。

需要注意的一个关键点是，我们通常不是直接看到其他人的行为，而是通过推断。例如，我们并没有真正看到别人乱扔垃圾，但垃圾满地的事实告诉我们别人确实乱扔过垃圾。同样，外出散步时，弯曲的小路和山路告诉我们，许多人走过这条路，尽管我们没有亲眼看见。弯曲的小路仍然是有用的线索，这意味着我们在寻找附近河流或小镇时有可能找对了路，而且我们走的是一条安全路线。

现代世界中，这种模式的社会推理一如既往的强大，甚至更胜从前。购物网站上展示的其他人购买和浏览的推荐信息强烈影响着我们的行为。这些推荐通常也很有用。买一架相机？许多人也买了这个携带方便的三脚架。买那盘光碟吗？许多人还浏览过这个版本，价格差不多但包含全部三个系列，不只一个。显然，别人的行为包含了很多有用信息，尤其是在我们不知道该做什么的时候。

针对消费者选择所做的系统性研究证实，这些社会影响非常强大，而且往往是自我强化的。学生在网站上选择音乐时，给他们一些别人对音乐的喜好方面的信息，结果产生了戏剧性的"倾斜效应"。甚至是那些得到极少反馈的音乐也因此提高了知名度，名气超过了其他歌曲。质量确实发挥了作用：独立评级高的歌曲往往会更流行，而那些独立评级非常糟糕的歌曲就不怎么流行。尽管如此，在重复实验中，哪首歌流行在很大程度上依赖于哪首歌首先获得推荐。这些反馈，至少在这些实验条件下，创造了一种"胜者为王"的动力，赢家强烈依赖第一轮反馈中的推荐意见。[3]

在"现实世界"中，其他的信息来源通常会帮助我们对那些早期评判做出判断，比如专家评论。但社会影响——看别人的选择——会放大这些差异。难怪，作为早期社会心理学专家和社会影响普及者的罗伯特·西奥迪尼，在其著作的封面上赫然印上"此书已经售出25万册"等字样。

这样的社会影响也有黑暗的一面。每一位社会心理学家都知道基蒂·珍诺维丝这个名字。1964年的一天凌晨，基蒂·珍诺维丝在纽约郊区遭到歹徒袭击并被杀害。许多邻居被街上的尖叫声和反抗声惊醒，他们中的一些人眼睁睁看着她被杀，却没有提供帮助或报警。这起谋杀案催生出了"责任扩散"（diffusion of responsibility）这个术语，许多心理学家为了解释没人干预的原因开展了著名的心理学实验。在这些实验中，拉达内和达利展示了一群陌生人是如何看彼此做决定以及如何反应的。[4]例如，在著名的"充烟室"实验中，实验对象们在室内等候填写表格，这时烟雾开始进入室内。研究者发现，室内仅有一个人时，这个人肯定会寻找进烟原因，并进入隔壁房间告知其他人。然而，当室内有8个人时，他们就不会采取行动。相反，他们通常会偷偷地观察他人，试图弄清楚发生了什么事，但并不采取行动。就像珍诺维丝案一样，实验对象们先观察他人的反应，再决定自己应该怎么做——这真是紧急情况吗？其他人肯定已经报警了。如果没人采取行动，我想应该没什么事……

拉达内和达利的旁观者干预实验创建了虽然是人工干预却貌似合理的场景，在这里，人们不确定会发生什么，也没有明显的领导者或直接线索来告诉他们要做的"正确事情"。顺便插一句，如果你遇到这种拥挤情况并需要帮助，那么盯着某个人并对他说"我需要帮助"就是个好主意。

生活中的许多时候，情境线索和我们已经具备的知识一般会消除这些模糊情况，告知我们其他人在做什么、我们应该做什么。我们知道在图书馆应该保持安静，在聚会上应该大声说话。在伦敦，我们应该站在自动扶梯的右侧（在悉尼，应该站在左侧），到朋友家做客，就餐时应该对男主人说声谢谢。我们知道不应该在办公室内裸体走动，不应该评论别人的体形，不应该每次在别人烦我们的时候打他们。我们把这些称为社会规范——正是这些无形约束或习惯让社会和经济得以有序运转。

政策中的社会规范

社会规范和对别人行为的推断深刻影响着我们的行为。但它们也容易出错，尤其是推断。

假设你是一名大一学生，有点像拉达内和达利的实验对象，在一个陌生的环境下试图弄清楚游戏规则。这是你第一次离开家，你可以尝试许多新的行为，尤其是"性、毒品和摇滚乐"。那么你应该喝多少酒？你应该尝试毒品吗？避孕套呢？类似的问题不胜枚举。

父母告诉过你要小心、要理智。你的导师已经警告过你不要碰毒品，为了尊重别人要进行安全性行为，喝酒要适量。但多少是适量呢？实际上，对你行为影响最大的就是别人到底在做什么。但是你怎么知道别人在做什么呢？

你晚上坐在房间里，试着努力读书的时候，听到了外面院子里的喊叫声和欢笑声。你每天晚上都会听到这些声音，并由

此推断喝酒和聚会是学生生活的重要组成部分。但是你没有听
到其他像你一样的学生在房间里读书的声音。毫无疑问，你系
统性地高估了其他学生喝酒、性交和吸毒的程度。

认识到这一点很重要。这些偏差反过来又会以自我强化的
方式强烈地影响着我们的行为。例如，如果我们对犯罪行为或
同胞可信度的评价是由一些可见度高的犯罪或不良行为的例子
驱使，这很可能会改变我们的行为方式，变为我们之前不会选
择的方式（参见第9章）。如果几个引人注目的案例让我们相信
其他成年人都有恋童癖，那么我们就不会让孩子离开我们的视
线或让他们探索周围的世界。我们对风险的估计可能与现实严
重不符。我们会害怕陌生人，却忽视了更严重的危险，比如我
们邻居的游泳池、未经测试的加热器导致的一氧化碳中毒或者
社区超速行驶带来的危险。

这一研究在给学生的建议中，强调应多关注一般性活动
（相对少数活动而言）。对他人行为的错误估计往往会扭曲真实
信息。

给学生和其他人提供别人行为的更准确信息，反过来也
可以节制不健康或危险的行为。可以是简单地提供"绝大多数
学生饮酒适量"的真实信息，也可以提供更加定性的信息，比
如你的伴侣认为使用避孕套很正常。在美国大学校园进行的
一项研究表明，尝试在电梯旁张贴指示牌鼓励学生们爬楼梯
锻炼的方法并没有奏效；相比之下，写着"大多数人都爬楼
梯"的指示牌就有效得多，爬楼梯的人数增加了46%。[5]即便

后来指示牌移除了，楼梯使用率仍然保持了较高水平。

　　社会规范的运用是行为洞察力小组早期实行的一系列著名干预措施的关键。想法其实很简单：告诉逾期未缴税的人真相——90%的纳税人都按时缴税。信贷到期的想法基于罗伯特·西奥迪尼对社会规范的研究，尤其是2006年他在唐宁街的演讲。其中系列干预措施的第一个版本是由鲍勃的副手史蒂夫·马丁起草的。这个系列的第一次尝试并不是由行为洞察力小组开始的，而是一位名叫尼克·唐的公务员。他主要负责追讨英国税务海关总署高达6亿英镑的个人所得税。尼克·唐给逾期未缴税的纳税人寄出了成千上万封催税信，追着他们补缴所欠税款。受西奥迪尼研究的启发，尼克想知道基于社会规范的方法能不能植入英国税务海关总署的一些催税信当中。

　　植入后的第一个版本的信件便展示出了光明的前景，但由于这不是一个真正的随机对照试验，因而它受到了批评。因为很难区分同一时间内社会规范方法的影响与其他改变带来的影响。因此，行为洞察力小组与尼克的团队合作，看我们能否更加系统地测试社会规范信息的影响，并探索进一步的变化是否可以取得更好的效果。

　　为了确保英国税务海关总署对我们的工作满意度，以及我们能正确设计实验并分析数据，我们打算把团队的某个成员直接调派到英国税务海关总署。由于总署署长的谨慎支持，我们得以把一位才华横溢的年轻研究员迈克尔·霍尔斯沃思调派到税务部门，他是英国政府研究院"思维空间"报告的作者之一。我们的团队成员参与到实验中，税务海关总署对此十分满意，这意味着数据分析可以在部门内部不受法律约束的情况下进行。这次调派可能是实验成功的关键，对于那些尝试把新方法引入十分注重安全的征税系统的人来说，这是极为重要的一课。

在催税信里加上一句"90%的纳税人都按时缴税"（事实），使得缴税率增加了1.5个百分点，或者说提高了4.5%的缴税额。听起来可能不怎么伟大，但如果你忙于征收数亿英镑或美元的税款而干预措施的边际成本几乎为零时，这就变得非常有价值了。

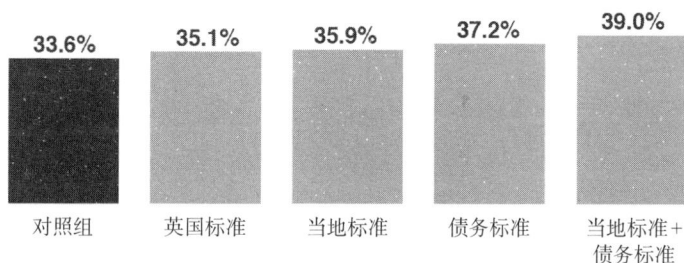

图5-1　这是在收到5封不同版本的催税信一个月（23天）后逾期补税的比例。23天是英国税务海关总署进一步寄送提醒信或执法信的期限，这也意味着征税成本进一步增加

西奥迪尼等人的研究也找出了提升实验效果的办法。他的研究表明，比起一般行为，人们更容易受那些看上去更像他们自己的人的行为的影响。例如，如果告知酒店的客人他们之前的客人都重复使用酒店的毛巾，以此减少能源损耗，他们就更

容易也这样做。在此基础上，我们对催税信上那句"当地的大多数人都按时缴税"做了测试，结果发现在可控范围内缴税率提高了2%。

一个鲜为人知的例外就是，比起没有垃圾的完美环境，你在只有一块儿垃圾的相对完美环境下乱扔垃圾的可能性更小。单块儿垃圾提醒我们，乱扔垃圾是例外现象，正确处理垃圾才是常态。这一发现帮助我们设计了"大多数像你一样有债务的人早已还清债款"这句话，这句话甚至比当地的社会规范更有效。把这两种方法结合起来，告诉他们你所在地区的大多数人早已还款，而你是少数没有还款的人。这使还款比例提高了5.4个百分点，还款数额提高了16%。寄到各处的催款信上多加一句话就能取得如此神奇的效果。

除了担心这些信件修改后的有效性，大家还担心收信人会不喜欢这些信件。事实上，行为洞察力小组修改后的信件极少收到投诉。一种可能的解释就是，比起具有威胁内容的信件，人们更喜欢简短、礼貌且提示他们同胞比他们想象的更加善良的信件。

回报

社会规范只是对行为有普遍性社会影响的一种。另一个强大影响就是回报，即便是人与人之间的请求这一简单行为，其中也蕴含着回报。

设想一下这样的场景吧。火车上有一位乘客，对你来说是一位陌生人，在他去厕所后他的包无人看管。他走了之后，别人自信地拿起他的包离开。你会上前阻止吗？

你可能认为你会干预，但如果对自己诚实一点，你知道你可能不会。实验研究表明，大多数人，至少北美人，不会干预。

然而，想象一下，如果这位乘客请你在他离开时帮忙照看一下他的包。你会干预吗？肯定会。事实上，如果这个人什么也不说，只是在他离开前与你对视并微笑，实验表明你将很有可能进行干预。

慈善机构通过直接索取，或者说回报的方式希望你给他们捐一些钱。它们已经意识到让志愿者在街角直接向人群索要捐款这种基本方式十分有效。它们学习到的另一点就是，给潜在捐赠者一些东西就能换来他们大规模的捐款冲动，这种方式更加有效。这些东西可能是一个小礼物，例如信封里与捐款请求放在一起的一支笔或一分钱。许多人，包括我自己，都觉得这个方法很讨厌，但它却十分有效。

凑巧的是，2010年的联合政府，尤其是首相都热衷于鼓励捐款。为了帮助慈善机构，我们进行了大量的实验。我们想知道是否能找到有效却不令人讨厌的鼓励捐款的方法。我们与迈克尔·桑德斯（后来在行为洞察力小组担任研究主管）一起，进行了一系列实验来研究在税收优惠这种常用方法以外如何鼓励大众捐款。我们发现鼓励捐款的有效方法通常会涉及社会影响。

我们在一个较大政府部门内部进行了一项实验，看能不能定期从员工的工资中拿出一笔钱直接给慈善机构捐款。慈善机构本身特别喜欢这种形式的捐款，因为这不仅形成了一种持续的定期捐款，而且与捐赠者也建立了一种直接联系。对于捐款者来说，捐款变得更简单，缴税效率也得到了提高，实际上这比任何礼物都更有效。我们主要想对部门内部人员发给同事的一系列替代邮件做测试。

当接收到同事发来的邮件要求他们以工资捐款的方式来支持慈善事业时，我们发现2.9%的人同意这么做，无论自己是否支持过这个慈善团体。这本身就给人深刻的印象，毕竟部门内有7万名员工。然而，当电子邮件中包含了询问者的照片时，决定支持工资捐款方式的人数就翻了一倍多，达到了6.4%。

为了验证这种方式是否真正有效并具有影响力，我们需要证明类似鼓励捐款的方法在私营企业环境中依然有效。实验在一家投资银行内部进行，迈克尔对旨在鼓励银行职员把相当于他们一天工资的钱捐给银行支持的慈善机构的多种方法进行了测试。对照组接收到一封有关该计划和其他一些相关信息的邮件，5%的人同意把一天的工资捐出来。把一位（小有名气的）名人带进办公室会让这一数字上升到7%。而简单地给员工一盒糖果以及有关计划的单页资料却更有效。银行首席执行官专门给个别员工发送电子邮件也很有效。而把给个人发送电子邮件和赠送糖果结合起来的做法会让17%的人愿意捐出一天的工资。总的来说，这项实验为慈善事业募集了50多万英镑的善款

（见图 5-2）。

糖果和个人电子邮件威力强大的原因是它们创造了一种人际联系并带来了回报。除了激发回报的活力，我们选择糖果还有其他原因：医学研究表明，糖果会让人有个好心情，而心情好的人思维会更开放。[6]这两种影响或许都发挥了作用。

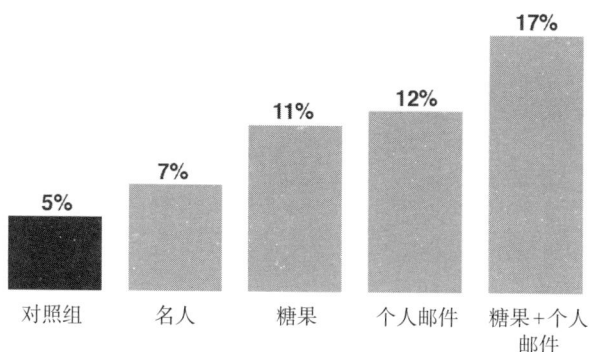

图 5-2　鼓励的方法不同，同意把一天的工资捐给慈善机构的银行职员的比例相差很大。个人电子邮件和一小盒糖果带来的捐款人数是对照组（只收到一封电子邮件和介绍传单）的 3 倍以上

承诺、眼睛与面孔

与回报密切相关的一个影响就是社会承诺。我们将在后面的章节中了解更多，但现在我们先了解一下什么是社会承诺，为什么它与社会影响密切相关。回报的部分力量就是让我们和别人共同履行一个承诺，不论这个承诺多么脆弱。例如，如果朋友邀请你吃饭，你会感觉你有义务回请他们，如果不请吃饭至少也要替对方买杯饮料。换句话说，当别人帮助我们或给我

们什么的时候，我们会感觉欠他们一个承诺。

在现代市场经济中，买卖东西、起草合同这种古老、更深层次的回报和承诺形式感觉像是我们过去的遗迹。但在更大程度上，它的逻辑和模式已经根深蒂固地存在于我们的习惯和思维中，而我们中的大多数人并没有意识到。这种回报和承诺依然是大部分现代经济形式的基础。当别人帮助我们时，我们会"自然而然地"感觉我们对帮助我们的人或机构有责任。

公共服务机构和企业经常会帮助别人。尤其是别人付出努力来帮忙时，回报的渴望使我们自然而然地做了一个承诺——允许对方提一个小请求。例如，找到如何改善服务或业务的方法就是一条非常有价值的信息：在提供服务之后，要求对方给我们的服务提供反馈是一个比较合适的时机。医生刚刚给病人做完药物治疗，这时要求病人试着戒烟或多锻炼身体就十分理想。奇怪的是，公共服务领域很少发出这样的请求，或邀请人们做出承诺。我们将在后面的章节中看到，这么做真的可以"帮助人们去帮助他们自己"。

我们是社会性动物，实验显示，即便仅仅暗示有人在身边或看着我们也能影响我们的行为。几项研究已经表明，看着我们的眼睛或面孔往往会让我们的行为表现得更加合乎道德。印有盯着我们面孔的海报已经被证明能大幅增加某些行为发生的概率，比如，餐厅内的光盘行动或者在无人监督的环境中使用诚实箱，然而其他图片和信息却几乎没什么影响。

行为洞察力小组没有用这种方法做系统性研究，但他们认为把鼓励人们公布自己的全部收入直接纳入国家活动中将是一个令人信服的想法（见图5–3）。

我们要看到未报税的收入
去政府官网看你的纳税明细，
如果你的收入全部纳税，你就没什么好怕的

图5–3　2012年，英国税务海关总署依据行为科学证据，在宣传活动中增加了一双眼睛，以期提高纳税人的诚信

人类、个人、联系

在投资银行内（前面提到过）进行的实验成功地为银行支持的慈善机构筹集到了资金，鉴于此，银行于是邀请迈克尔·桑德斯第二年到银行做后续研究。这给他提供了一个测试进一步运用社会影响来鼓励捐款的机会。我们已经证实，在政府部门内把要求与个人联系结合起来非常有效，而且我们也热衷于在商业环境下做测试。这次我们安排员工接收一封来自该员工所在部门或小组成员的邮件，邮件强调他们早就决定捐款。与政府部门的例子不同，银行员工大都认识或至少听说过这位发送邮件的人。这次干预的效果非常惊人，收到邮件的人

中，1/3以上的人把一天的工资捐给了慈善机构，是去年最好成绩的一倍多，是只收到单页和标准信件的对照组的7倍左右。

个人联系的影响并不仅限于捐款。政府活动和商业服务的许多方面都包括人际交流，经常会要求或鼓励个人做某件事，尽管在此过程中人际因素往往被挤掉了。这是一个错误，坦白地说是个耻辱。我最喜欢的几个行为洞察力小组中的一个就很好地解释了这一点。

我们已经做了很多努力让失业者更快地重返工作岗位（详见第8章）。在做这些工作时，我们注意到，帮助失业人员重返工作岗位的就业中心顾问，有时会让失业人员参加当地招聘活动，有时，顾问会给求职者发短信确认他们已经预订了位置，但只有1/10左右的求职者会真正参加。行为洞察力小组成员埃尔斯佩思·柯克曼假设更多的个人联系可能会改变这一现状。

与我们设想的一样，在短信开头添加收信人的名字使得参加招聘会的人数增加了5个百分点，或者说达到了总人数的15%，这与我们针对个性化研究预测的结果一样。如果顾问也把他们自己的名字添加进去会是什么结果呢？参加人数进一步增加，达到了18%。如果顾问这么写："我已经给你预订了一个位置……祝你好运！"会怎么样呢？现在参加人数达到了27%，增长了近3倍（见图5-4）。

我喜欢这样的实验不仅仅因为它效果显著、成本最低，还因为它的人性化特征。行为科学方法不只是提高财政税收或兑

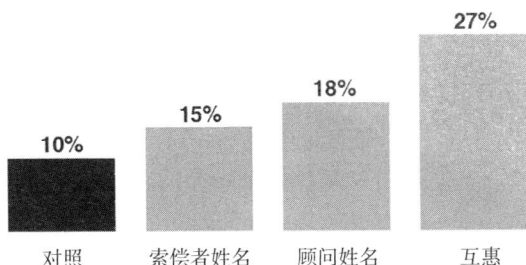

27%

18%

15%

10%

对照　　索偿者姓名　顾问姓名　互惠

图5-4　求职者在招聘会上出现的比例取决于他们收到的提醒短信

现一些虽有价值但结果很遥远的无形助推手段，它们还努力让我们了解自己，让我们与其他人更好地联系和沟通。坦白地说，它们是为人类设计服务而不是为了"经济"。[7]这么说吧，想象一下，如果是你收到招聘会的确认信息——你更愿意收到哪一条？你认为失业人员收到这样的信息会怎么想？他们去面试时头会抬得更高、更自信吗？[8]

避免"重大错误"

罗伯特·西奥迪尼在2006年唐宁街座谈会上的一番话让在场的人感到震惊，并引发了国宴厅内一阵笑声。他提到了许多政策制定者，在他看来，他们不仅无视社会规范和社会影响的力量，而且经常不经意地运用这些社会规范并造成了适得其反的结果（详见第1章）。

他认为，政策制定者们急于让同事和公众意识到某个特定问题的严重性，往往会在无意中强化他们曾经试图阻止的行为。例如，一个致力于减少持刀犯罪的活动却向公众传递出大多数年轻人携带刀具的信息；针对逃税或欺诈的活动会不经意间透露一个信息：每个人都在逃税或欺诈。这种活动或演讲在政策上就相当于把"禁止壁球运动"的指示牌钉在墙上——本意是好的，但人们肯定会立马想到这面墙很适合壁球运动。

研讨会之后的这些年，我已经记不清自己到底见过多少罗伯特·西奥迪尼提到的"重大错误"的例子了。大多数情况下，这些"重大错误"的影响还没得到评估，但我们知道描述性社会规范在解决问题方面的强大力量。这些例子包括：警告移民局官员，他们的一些同事由于售卖工作签证被抓并受到处罚的海报（"从未想过这个问题——我还想知道他们是怎么要价的"）；医生手术安排表上有关上个月爽约的病人数量（"……所以我不是唯一爽约的人"）；感叹优秀公司董事会女性数量少的国家活动（"好吧，12位董事会成员中，我们有一位女性董事，那就很好了"）。

不幸的是，某些社会机构也在不经意间犯下或放大了这种"重大错误"。媒体本身就是这种社会机构之一，虽然它传递着我们对犯罪、威胁或欺骗故事感兴趣的信息。难怪英国和其他地方的大多数公民一直认为犯罪率正在上升（至少在国家层面上），尽管有可靠记录显示，过去20年犯罪率一直在下降。同样地，福利和监管系统通常会在不经意间传递出大多数人都不可信的信号，因为这些系统是围绕对欺骗和违法人员的假设和相关检查建立起来的。社会规范的证据表明，这种信号可能会增加欺诈事件的发生。

但这些活动和影响也可以改变。以让更多女性担任公司董事为例，竞选者和首相都曾广泛地倡导过，但往往会包含着"重大错误"。提倡让更多女性担任董事这一活动主要是基于一个统计数据和问题："只有25%的董事会成员是女性难道不会让人感到震惊吗？"（有些国家的比例更低。）这确实令人震惊，但也可能传递出这样的信息：这一情境在不经意间已经变成常态。另一方面，如果此类活动的数据点改为"90%的公司有女性董事"，那么传递的信号就大不相同了。性别不平等理论专家艾丽丝·博内特与英国商务秘书艾米丽·沃尔什讨论后，英国部分地区鼓励更多女性担任董事的宣传活动的确开始以这种方式进行了重新包装。

西奥迪尼提到的"重大错误"为政府和企业可以从些许行为研究中获益提供了一个清晰的例子。即便你没有兴趣使用助推方法，至少应该想知道你在哪个地方会在无意中适得其反。

结论：他人的行为塑造并放大着我们的行为

事实证明，政策制定者们一个最强大却未充分使用的工具就是一个更准确的回声室——知道别人在干什么。因为一般情况下，政策与大多数人的做法是一致的——比如纳税与不伤害他人，因此这种工具可以广泛应用。

然而，它也有明显的局限性。当大多数人都在做"错"的事情时，反射出社会规范没有起什么作用。例如，大多数工业化国家正在全力解决肥胖问题，这就反射出这些特殊社会规范可能适得其反。事实上，有具体证据表明，肥胖具有"传染性"——当你周围的人发胖，你也会发胖，你的健康观也会跟着改变。[9]这会带来难题，包括偶尔防止情况恶化的助推诱惑。多年来，分发给美国父母作为孩子体重参考的重量分布曲线并不是美国儿童实际的重量分布曲线。相反，由于担心父母使用美国儿童的重量分布曲线会加剧肥胖问题，它们因而被用作了"健康体重"参考（详见第11章）。

但"社会性"不仅仅指社会规范，它还包括在设计服务时要培养人群和个人之间的联系。从本质上来看就是使用某个人的名字，但远不止这些。从深层次上说，我们都是社会人。理解社会影响不仅可以帮助我们取得更好的结果，比如缴税或让人们参加工作面试，而且还有更深层次的影响，尤其是对幸福的影响（在后面的章节中还会讲到）。

有人可能会问许多助推手段的影响，尤其是社会规范是否局限于特定的文化背景。我们也考虑过这个问题。最近，世界银行请行为洞察力小组解决中美洲国家税收低的问题。我们不确定在英国发展起来的方法在其他国家是否行得通。由西蒙·鲁达和斯图尔特·凯特尔领导，我们尝试了一系列不同于前面章节的信件实验，一些是基于民族自豪感，另一些则基于审计威胁等。但出乎大家意料的是，最有效的版本是基于社会规范——你猜对了。

虽然世界各地的文化和习惯不同，但本质上我们都是社会人。我们受周围人行为的影响（声明式社会规范），特别是那些我们了解或感觉像我们的人的行为；我们还受回报欲的影响；甚至有人在观察我们时，我们也会受影响。至少政策制定者们需要了解这些影响。他们不一定会主动运用这些影响，但至少应该避免制造违背他们本意的助推手段。

最后，作为公民，我们不应该低估社会影响对自己行为的作用。它可以帮助我们从他人的所作所为中得到反馈，比如决定留在哪里或者买什么东西的时候。但我们也应该注意，对别人行为的推断也有可能是错的，或者会让我们忽略我们所关心的其他因素。我的两个孩子几年后就要上大学了，我不希望他们过量饮酒或开车速度太快，仅仅因为他们认为这些都是同龄人正在做的事情。

第6章
及时性

　　零售商们想知道你是否有宝宝，就会梳理你的采购数据来进行确认。它们这么做是有原因的。有一个刚出生的宝宝确实很幸福，但这也意味着你要买很多以前从未买过的东西，而且不可避免地要打乱你的生活和习惯。对于零售商来说，这就太完美了。你需要购物，正常生活习惯被打乱后，你可能要更换产品、品牌甚至零售商——你要买好多东西，不仅仅是婴儿用品。这对你经常光顾的商店来说是个很大的机会，如果这家商店的竞争对手在正确的时机用产品吸引你，它的机会甚至更大。[1]

　　政府对你更换购买地点不感兴趣，但对改变你的行为却十分感兴趣，包括生孩子，而且它们有正当理由。公共卫生专业人士知道怀孕期间吸烟和饮酒能极大地影响孩子的健康。不仅如此，上述行为还对后期受教育程度、青少年犯罪和就业有影响。整个社区不仅想把最好的留给母亲和孩子，而且最终还得忍受孩子因为遭受胎儿酒精综合征而产生的代价。

图6-1 许多国家现在给酒和其他产品加上了警示标签,旨在以警示降低风险行为

　　什么时候是干预的最佳时间呢? 在这种情况下,等孩子出生后显然就太迟了。应该在学校,早在年轻人成为父母之前吗? 然而在这些十几岁的孩子考虑生孩子之前几年就给他们建议,效果似乎不是最好的。对于大多数即将为人父母的年轻人来说,怀孕头几个月的初始医疗期似乎是提建议的最佳时机。但即便在这个时期,还是有局限性。一些年轻妈妈可能在孩子出生前不久才接触到医疗卫生专业人士。

　　另一种方法是进行更广泛的健康教育,并给潜在的有害产品打上标签,比如香烟和酒精,告诫年轻孕妇不要抽烟酗酒。但即便这样做,还是有很大的局限性,因为大多数人都不看标签;有些情况下,年轻孕妇可能没有意识到自己怀孕了。还有一个问题,他们中的大多数,比如老烟枪会系统地低估吸烟给自己带来的风险——他们知道吸烟危害健康,却认为其他吸烟者会因吸烟死去,而自己不会(详见第4章)。

正确时机是什么时候

　　及时性尤为重要,在我们继续讨论之前,值得就此分析一下。

第一，相比简单随意的方式，及时性很重要。尽早干预的效果通常比较好。"一针不缝，九针难补"虽是一句老话，但很有道理。

第二，虽然一种习惯或行为已经养成，但事实证明，在某些关键时刻加以干预更容易影响行为变化。这就是零售商想知道你是否将有宝宝的原因。因为它们知道在这段时间内，你特别容易被说服去买新产品，并有可能改变之前的习惯。

第三，还涉及一些心理学家以及越来越多的经济学家称为"时间不一致性偏好"的问题。例如，你真的想健身并减掉几磅——但现在你有点饿了，而厨房里有一块蛋糕……我们都知道这个故事的结局。还有吸引人的时间知觉的问题，以及未来和过去如何被分解成心理学上有意义的组块，而不是时钟上的一段时间。幸运的是，我们可以设计出更符合他们潜在偏好的行动干预措施，从而避免掉入当下欲望的陷阱。

我们将利用这个松散的框架把这一章整合起来，但正如我们将看到的，时机的三个方面结合在一起可以帮助构成一个更有效的干预手段。

在习惯或方法养成前进行干预

心理学上最著名的关于时机重要性的描述来自"铭记"现象。一些物种（最著名的是鸟类）在出生后最初一段时间内会抓住任何它们第一次看到的大型动物。康拉德·劳伦兹展示了小鹅如何以这种"铭记"方式追随人类，甚至追随一个无生命

的对象，而不是追随另一只鹅（见图6-2）。这种附着或偏好会
一直持续到它们成年。

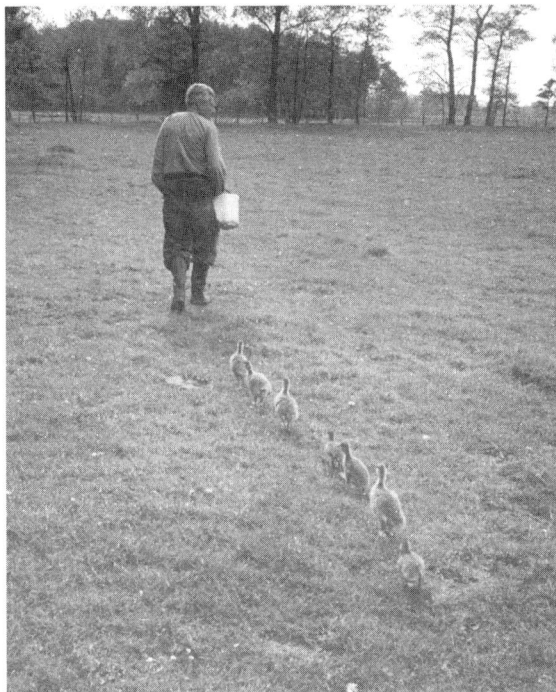

图6-2 康拉德·劳伦兹记录了许多有学习特定关系关键期的物种，一旦
这个关键期过去，学习的内容就被永久地"烙印"或"铭记"。1973年，
因为在该领域的贡献，他被授予了诺贝尔奖（照片由华盖图片社提供）

现代研究普遍认为，人类在学习中能展现更多可塑性，尽
管如此，人们原有的一些影响会一直持续下去。例如，纵向研
究表明，怀孕前6个月时母亲有孕产妇抑郁症的，孩子智商会
在11岁时显著降低。人们认为，怀孕早期破坏母婴互动或交流
会阻碍婴儿社交技能的发展，并会在其身上留下永久的烙印。

同样，幼儿时期多接触几种语言，即便效果不能立即显现，之后他们也会在语言上有着出色的表现。

这样的"关键期"在童年时期和成年以后都很重要。大多数人都有养成坏习惯的经验，比如在运动、开车时，后来发现我们很难摆脱这些坏习惯。从这个意义上说，在习惯、重复性的行为模式及关联养成前进行干预就显得十分重要。

在政策世界里，护士家庭合作计划（NFP）就是一个很好的例子，这一计划最初是由戴维·奥尔兹在美国发起并测试的。在该计划中，一位护理从业者将帮助和支持一位年轻的高危产妇从产前阶段过渡到孩子的第二个生日。这项计划十分有效，已经证实与情况类似但未参与该计划的孩子相比（至少在美国），能减少暴力和虐待儿童事件的发生，提高孩子的受教育程度，甚至在孩子15岁时减少犯罪率。

在我们把该计划引入英国时，奥尔兹透露了一个不为人所知但很吸引人的细节：母亲生育第一个孩子时该计划的效果更好。事实上，目前还不清楚母亲生第二个、第三个孩子时这项计划是否有效。从本质上讲，习惯已经在生育第一个孩子时养成。这个细节十分重要。这项计划耗资巨大，所以要确保计划在正确的时机针对正确的人，这一点是相当重要的，只有针对那些年轻且第一次当妈妈的人才会产生良好的效果。

总而言之，我们会把类似"开始学就要学对"作为开场语。与许多政策制定者（以及父母）有关的一个例子就是，在不良行为发展形成过程中，尽早给出正确反馈是很重要的。如果一个人打破规则或是做了"错事"而没有得到反馈，那么这种行为可能很快就会根深蒂固。之后，对这些行为的处罚很难带来任何影响。

　　为了解释这一点，我们假设某个人开始第一次做生意。在众多事情中，他必须学会管理企业的账户和纳税申报工作（如果是自己创业就是管理自己的账户和纳税申报）。创业后将会有很多事情，但他的主要焦点是业务本身而不是按时提交纳税申报表。许多纳税服务机构发现，如果一个新企业第一年按时纳税，那么之后也会如此。如果它从一开始就没有养成按时纳税的习惯，那么它们以后就很难按时提交纳税申报表。税务稽查员和会计师对那些几天前刚来见过他们，或者一年结束时带着一包收据和一摞纸、表情沉重的小企业员工非常熟悉。因此，许多明智的税务机构愿意在第一年花费精力帮助并鼓励新企业完成纳税申报表并按时提交。随着时间的推移，这些付出会带来巨大的回报。

　　我们在实验中看到过这种影响的清晰证据。我们在前面的章节中看到，简单的助推手段在一般情况下能有效地鼓励人们按时纳税。但仔细分析数据后我们发现，这样的助推手段在全国的影响是不均匀的。和那些前几年就逾期缴税的人相比，助推手段对那些之前就按时纳税的人更有效，效果是它的2~3倍。助推手段对之前逾期缴税的人仍然有一些影响，但效果始终不明显——尤其是那些言辞比较温和的助推手段。

　　这里的问题是（至少对税务机构而言），一旦人们养成逾期缴税或干脆不缴税的习惯，就很难让他们改变。他们已经习惯了收到大量的信件和罚款提醒，而非助推手段。无论语言多么优雅礼貌，额外打一个电话或使用助推手段都没什么效果，这并不奇怪。

我们给内政部建议在签证到期之前给人们写信的背后逻辑是，让人们在签证到期之前采取行动而不是等到过期后才促使他们采取行动。当这个建议被当作随机对照实验运行时，确实有效，记录显示签证到期前离开英国的人数提高了20%左右。[2]最好在人们养成无视法律的习惯之前就让他们采取行动——事实上，在他们发现法律的许多执法机制远称不上完美之前更好。这样执行成本也会变低。

最后，同样的教训也适用于日常行为的微观层面。我们在第5章中看到，人们在陌生的环境下经常通过观察其他人来决定何为"正确"的行为方式。这一观点对干预的时机，尤其是群众行为有实际影响。正如许多警察机构、学校老师和家长学到的经验那样，早期养成好习惯十分重要。因此，如果警察在挤满了醉酒狂欢者的小镇中心，在发生暴力事件的晚上早点进行干预，效果会更好。在攻击行为根深蒂固之前或在人群中传播之前，阻止式的挥手或点头通常会比等到打架斗殴爆发时才进行阻止要有效得多。同样，许多老师和领导很快了解到他们最好遵循"紧松"规则：早期严格执行你们想要的正确行为，你通常会发现后面就可以更轻松。

提示或重塑已形成行为的关键时刻

在生活中，对于如何表现或做什么事我们有很多选择。有时这些选择是有意识的，但在某些情况下，有些事情会促使我们遵循这个或那个"剧本"来行事。

我们来看一个有关诚实的简单例子吧。在很多情况下，健忘、善意的谎言，甚至是直白的欺骗，会在短期内使我们获得最佳利益。设立官僚机构和系统来检查我们是否说真话是相当复杂而且昂贵的。典型的应对措施就是加大不诚实成本，可以通过数额更大的罚款和更大力度的处罚来实现，但效果却不怎么明显。更大力度的惩罚可能会提高诚信度，但也需要复杂昂贵的司法机制来确保我们不会惩罚无辜者。即便这些系统已经建成，但经常感觉系统好像给诚实的人带来很多麻烦，而对抓骗子却做不到万无一失。要是我们能助推人们变诚实就好了……

想象一下证人在法庭上做证时的情景吧。在法庭上，证人被要求做的第一件事就是举手宣誓讲真话，然后才会被问到自己目睹的事情。

从其他研究中我们知道，人们喜欢保持一致，这强烈表明让人们在提供证据前承诺说实话是个好主意。但也要注意那些我们没有做的事情——我们不会在一开始就传召证人提供证据，也不会在他们说完后问他们是否说了实话。

可笑的是，在许多政府部门（和企业）中，就存在证人提供完证据后才要求他们说真话这种情况，比如在人们填写完表格之后，还要让他们署名确认表格填写属实。

坦白地说，我们要求人们在表格末尾署名有许多不同的原因。第一个重要原因是确认你的身份，以及确认你已阅读、同意并认可表格内容。第二个重要原因是证实你填写的内容是真实的。那么为什么要把签名放在最后呢？如果填表前就要求你署名来声明填写内容的真实性，而不是填完表之后，结果会怎么样呢？

丹·艾瑞里、麦克斯·贝瑟曼和同事对这个想法进行了一系列测试，发现人们先签署诚信声明比起之后签署，欺骗的可能性要小得多。[3]他们还在现实生活中对汽车保险做了测试。司机被要求估计未来一年的行驶里程，行驶里程越多，汽车保险越高，因此司机确实有"低估"的动机。当签名放在表格顶部时，司机估计的平均里程为 2 428 英里，比对照组多10%。这样一来，司机平均要多交97美元的汽车保险，这可是很大一笔钱。在填写里程数前，签署诚信声明会让他们更加诚实。[4]

决策者们常常专注于手头的干预措施，但很少在意关键的时机（和地点）问题。例如，假设你想鼓励更多的人步行、骑自行车或乘坐公共交通工具上班，有很多方法可以实现，比如设置自行车道（简化），强调许多人步行上班（社会性），或让公共交通更舒适快捷（吸引人）。一些政府甚至对上班族进行一对一的交通资助，以鼓励更多人把车留在家里。不幸的是，这些策略只对一部分人非常有效，就是那些刚刚搬家的人，对别人并不是很有效。你一定能理解背后的原因。如果你刚搬了家，对上班路线还不熟悉，就会比那些过去5年内一直开车上班的人更容易接受选择其他交通工具的建议。

及时干预的一个日常例子就是在消费者即将购买的时候向他们提供信息。大多数人都愿意买耗能少、成本低的电器。大多数国家的电器都有能耗评级，但如何在能耗评级（A+、A++ 甚至A+++）与电器成本之间做权衡却不是很明显（参见第7章中的讨论，如此一来这些评级就更容易理解）。以挪威绿色助推组织的早期工作为基础，在英国，由环境组组长马科斯·皮里诺领导，行为洞察力小组进行了一项实验。实验围绕一家英国大型零售商进行，根据零售商为产品运行寿命花费的成本来揭示电器的能源效率（产品寿命通常为9年）。[5]果然，当标签上有评级信息时，消费者倾向于购买略贵但更节能的产品，比如洗衣烘干两用机。显然，干预的有效性取决于是否在消费者决定买什么的时候提供上述信息。

另一个重要例子来自福利国家：人们收到款项的时间重要吗？对日常形式的支出来说，这可能并不十分重要，但很多支出不是日常形式，而是大块支出。房租必须在月底支付，但外出喝酒吃饭的欲望可能每天都有。有些形式的支出就更没有规律，比如汽车维修费或缴税。福利制度中日益流行的创新就是通过所谓的"有条件的现金转移"（CCTs），用利益来鼓励某些行为。例如，一些国家已经根据学校出勤率对孩子和家长实行奖励，如果你的出勤率太低，就会失去这些奖励。

潜意识启动：助推很遥远吗？

　　20世纪七八十年代，心理学家们发现他们可以潜意识地"启动"人们对词或想法的反应。实验对象在他们面前的屏幕上会"看到"一个快速闪过的词，紧接着就是诸如随机模式的"掩蔽"刺激。剑桥大学心理学家安东尼·马塞尔等人发现，他们可以调整单词出现的时机，使实验对象不记得这个词是什么，甚至不确定是否看到过这个词，但这个词仍然可以影响他们的行为。例如，如果一闪而过的词是"面包"（bread），那么比起一个毫不相干的词如"护士"（nurse），实验对象随后会对"黄油"（butter）这个词反应更快。[6]

　　这些结果吸引了极大的关注和争议，因为这些结果表明人的行为可能在无意识中受到影响，比如添加到电影里的画面会促使我们购买特定产品。同样地，最近的实验表明，实验室电脑屏保的图片不同（美元或中性图片），人们在看后的行为也会有所不同，看完美元的图片后会不太乐意帮助别人。[7]因为美元符号激发的是自傲、时间就是金钱或者自私等感觉，会让人们更不愿意帮助别人。

　　这样的启动效应会在很多我们还没完全意识到的方面影响我们的行为。我们在谈话中听到的一个词可能会让我们产生一个想法；或者在大街上闻到的面包味儿可能会使我们产生饥饿感，然后停下来买食物，否则我们就会省掉这顿饭。那么政府是否应该在政策中运用潜意识启动呢？这是一个重要的问题（详见第11章）。

哥伦比亚首都波哥大市实行了这样一项计划，如果孩子上中学的出勤率保持在80%或以上，政府每两个月就会给这些家庭提供额外的奖励。分析表明，这个计划有效地提高了学生的出勤率，但让人失望的是，许多孩子仍然会在年底辍学，不能完成学业或被高中录取。对这种现象的一种解释是，尽管有额外收入，但许多家庭没有在12月份开学时让孩子去学校报到。这项计划因此进行了调整，1/3的出勤率奖金放在银行账户里，在12月份开学报到时一次性发放。这使得学生的报到率和升学率均有了显著提高。[8]

最近的一项值得注意的实验结果表明，我们所招聘的工作岗位有及时干预的力量。我们的任务就是看看怎样才能缩小白人与少数族裔员工进入主要公共服务领域——警察署——的差距。多年来，英国警察署一直热衷于增加少数族裔成员的数量，使其接近更大范围的社区工作人员中少数族裔的数量。然而，尽管采取了许多措施，包括引入在线集中考试（这样可以隐藏种族信息）等，但种族之间的录用率仍存在相当大的差距。尤其引人注目的是，少数族裔在线考试通过率要比白人低

1/3左右，尽管这一考试的初衷是缩小录取差距。

　　行为洞察力小组中领导犯罪研究的西蒙·鲁达与团队中研究组织心理学的伊丽莎白·利诺斯一起，对这个问题做了更详细的研究。这种差距产生的原因有很多理论解释。有人认为这与掌握英语的程度有关，这听起来有点道理。其他人则认为这是认知能力问题，需要降低测试标准来提高某些少数族裔的录取数量。西蒙和伊丽莎白认为动机和期望可能是原因之一，所以我们做了一个测试，在当地警察的帮助下，给申请人的邮件上添加了一句话。在考试入口的点击链接前我们也添加了一句话，请应考者思考他们为什么想加入警察署以及为什么这对他

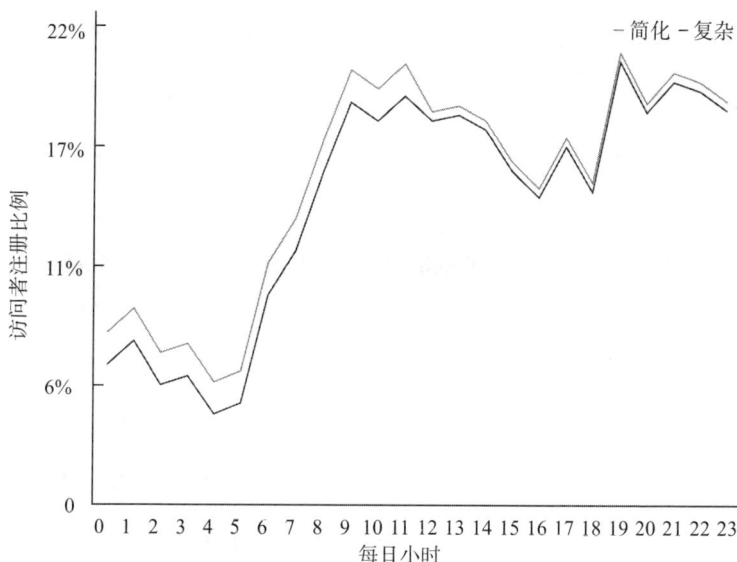

图6-3　时间和网站的复杂程度影响着人们浏览戒烟网页、注册戒烟网站的比例。人们更有可能在上午和晚上注册；简化的网页更有效，尤其在早上（行为洞察力小组数据）

们的社区很重要。其他我们没做改变。

这种及时提醒对白人应考者没什么作用。然而，对少数族裔应考者来说，这极大地改善了他们在考试中的表现。少数族裔通过率从40%左右提高到了60%，完全消除了与白人之间的差距。

我们没有在其他时间给警察署应考者做测试，但是非常怀疑如果我们在考试一周前寄出的信件中有类似的激励信息，是否会出现同样可观的结果。显而易见，及时提醒可以产生很大的影响。

给未来的我们做选择——时间非连续性偏好

一系列研究表明，给未来的我们做选择与给现在的我们做选择往往有很大的不同。如果奖金在下一周发放，大约3/4的工人会选择水果而不是巧克力，但在奖金发放的时候大多数人会选择巧克力。[9]同样，大多数人会在一天的晚些时候选择健康的零食——特别是他们刚刚吃过饭以后——但在零食拿来前问他们，他们会选择不健康的零食。其他消费形式也存在类似情况：大多数人在决定下周看什么电影的时候会选择"高端"的电影（比如《辛德勒的名单》）而不会选择"低端"的电影（比如《四个婚礼一个葬礼》），但到了那天晚上就会改变想法。[10]

根据丹尼·吉尔伯特的观点，我们容易为现在所困。当我们刚刚吃完丰盛的圣诞午餐后，我们会推开盘子一本正经地说："我不会再吃了。"然而，我们很有可能会在这天结束前又开始吃零食。行为经济学家把这种行为与"双曲贴现"（hyperbolic discounting）联系起来，未来的成本或收益越遥远，相比现在它们的价值就越低。我们也知道递减曲线不平滑，但曲线在我们用来划分未来的边界处的下降幅度更大。从周一往后看3~4天，你会觉得时间挨得很近，但从周五往后看，3~4天就是另一个世界——它们属于下一周。[11]

我们的偏好不一致性也适用于过去。当要求人们给一个纪念杯或一支钢笔估价时，他们通常会在实物出现前低估它的价格，这被称为"禀赋效应"（endowment effect），但这并不仅仅是一种谈判策略。相反，一旦我们在精神上认为某些东西属于我们，那么我们给它们的估价就要比之前高很多。这就是为什么许多人家里塞满了早就应该扔掉的零碎小东西，如果我们看到别人家里也有同样的东西，我们肯定认为他们应该把这些东西扔出去。

自控能力被耗尽这一事实加剧了时间不一致性。实验室研究表明，在参加完一项需要自我控制的任务后，人们更倾向于选择巧克力蛋糕而非健康的零食。[12]类似效应也会影响专业判断。在一项著名的研究中，丹齐格等人发现，早上刚开始的时候法官的假释判决率为65%，中午时候几乎为零。午饭后，积极的判决又飙升到65%，一天快要结束时会再一次下降。[13]最近的研究表明，其他专业团体也有相似的情况。我们已经发现，护工们12小时换班时洗手频率会下降，工作压力越大，洗手频率越低。而且，换班前的休息时间越短，洗手频率下降的速度越快。[14] 同样，医生会在一天结束时开出更多抗生素。午饭后开始减少，下午又会逐渐增加，一天结束时要比一天开始时高出20%左右。[15] 医生要努力做到对不需要抗生素的病人说不，护工们要努力保持洗手频率。心理学家所谓的决策疲劳（decision fatigue）有着非常广泛的影响，往往比我们意识到的更强大，而且无处不在。

但在面对直接欲望或缓慢的决策疲劳时，我们并不是无能为力的。研究表明，大多数人都意识到自己的"时间不一致性"，当机会来临时，往往会故意逼自己"做正确的事"。例如，实验表明，储户通常会选择那些限制高储蓄账户访问权限的金融产品，而不是那些允许随时提款的金融产品。同样地，烟民试图戒烟，人们希望减肥，往往会寻找能避开与他们的习惯有关或引诱他们的环境。就像希腊神话中奥德修斯听到塞壬的歌声一样，我们会选择把自己绑在虚拟的桅杆上。

实际上，通过提供产品和服务的方式，政策制定者和公司可以帮助人们为未来做自我选择，并帮助他们抵御可能会屈服的诱惑。例如，美国许多州和赌场允许赌徒自由退出（而其他没有硬性约束的赌场和公司可能是觉得招揽这些赌徒的诱惑是不可抗拒的）。主要工具通常就是给个人提供"承诺机制"（commitment device）。本质上，承诺机制以合同形式呈现，或者称作"契约"（因为它不具有法律约束力），即个人可以约束自己的未来选择。

承诺机制的一个常见例子就是婚姻：两个人承诺忠诚于彼此，并一辈子照顾彼此，或至少一段时间内会如此。另一个简单的承诺机制就是许诺或打赌，比如，"如果你明年抓到我吸烟，我就把你想要的签名足球衬衫给你。"stickk.com（一个可以让用户做出承诺，并监督用户实现承诺的网络平台）主要就是承担这种类型的承诺，已经有25万多人在这个网站上做出了承诺。人们用这个网站帮助自己戒烟、戒毒以及戒掉色情片，并且致力于积极地自我完善，比如健康、减肥，或者学习一门新语言。在写作本书时，网站声称已经帮助人们完成了30多万次锻炼，并让人们少吸了250多万支烟。

在唐宁街的一次研讨会上，网站创始人之一的伊恩·艾尔斯说道，网站的构思就是建立一个有效的承诺机制。他觉得目标明确非常重要，并且自虐式惩罚一定要能起到真正"伤害"的作用，比如给你非常讨厌的政党捐款。他还强调了选择一个较亲近的合作伙伴来监督承诺实施的重要性，这样他/她就能知道你是否成功了，但也不能太亲近，否则会让他们抛弃承诺。因此，他认为与妻子或丈夫一起签署承诺戒烟或健身的合同可能没什么效果，因为他们会在你没去健身房或累了一天偷偷溜出去吸烟时让你抛弃承诺。相反，选择一位同事或朋友（但不要太亲近）可能会在你食言时逮到你，并且监督你执行诺言或接受惩罚。

帮助人们解决时间不一致性提供了多种可能的政策干预手段。英国首相戴维·卡梅伦对建设"大社会"感兴趣的一件事，就是我们会如何鼓励更多捐赠和相互支持，尤其是慈善捐赠。

为此，行为洞察力小组指导研究团队并领导慈善捐赠的迈克尔·桑德斯进行了一系列实验，表明人们在收到现金之前被要求捐款，他们把收入或奖金的一部分捐给慈善团体的可能性更大。把这个方法进行微调后，我们想知道它是否能够帮助首相实现他的目标——人们会在遗嘱中把10%的财富捐给慈善机构。

把遗产的10%捐赠给慈善团体的承诺需要花费很大一笔税收补贴，你可以感觉到财政部的资金紧张情况。如果我们对需要让人们存养老金的传统税收补贴规模的估计是对的，那么财政部的资金就是真的很紧张。因此在这种情况下，我们着手开始一项实验来检验及时干预措施是否能在没有税收补贴的情况下实现首相的目标。

那么，什么时候才是开展实验正确的时机呢？毫无疑问，是在人们写遗嘱的时候。有鉴于此，迈克尔在实验中发动了英国一个最大律师团的律师来帮助人们写遗嘱。我们询问律师团是否可以在遗嘱手稿中加入一些有关慈善捐赠意愿的问题时，他们同意了。

对照组收到的只是标准的遗嘱手稿。在这种情况下，大约5%的人同意把遗产捐赠给慈善机构。在第二个随机分配组中，客户会被特别问到是否愿意把遗产捐赠慈善机构。询问这个问题使得愿意给慈善团体捐赠遗产的人数增加了一倍多（见图6–4）。在第三组，客户会被问到一个更加感同身受的问题，这也运用了社会规范（详见第5章）。原问题是："我们的许多客户都愿意在遗嘱中捐钱给慈善机构。你是不是也非常热爱慈

善事业呢？"被问到这个问题时，给慈善团体捐赠遗产的人数
上升到15%，是对照组的3倍。更显著的效果是，平均捐赠数

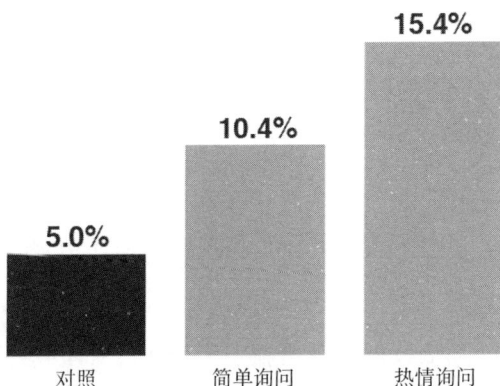

图6-4 三种情况下，客户在遗嘱中同意给慈善团体捐赠的比例相差很
大。在询问客户是否愿意在遗嘱中给慈善团体捐赠时，捐赠人数增长了
1倍，当以一种感同身受的方式询问时，捐赠人数增长了2倍

额也翻了一番（从3 300英镑上升到了6 700英镑），这样为慈
善机构捐赠遗产的平均数额就增加了5倍。

当然，许多人仍然不愿意捐赠，因为这是他们的权利。在
接下来的章节中，我们会回归到这些任务的道德问题、捐赠的
幸福影响和更详细的结果分析上来。但是现在我们注意到，在
人们做决定时添加几个问题只会占用几秒钟的时间，而且人们
不会觉得受到了冒犯，这样就能使捐赠金额大幅提升，而且
无须耗费大量的税收补贴。事实上，这强烈证明如果每个人
在起草遗嘱时都被问到类似的问题，那么让10%的人在遗嘱中
给慈善机构捐款这一目标很快就能实现，慈善部门就能做更多

善事。

另一个减少时间不一致性的方法就是在人们做某件事情之前，提示他们考虑细节。例如，在写信通知人们接种流感疫苗时，我们发现在信的顶部添加一个文本框，鼓励他们写下打算接种的日期，他们就很有可能接种流感疫苗。添加另外一个文本框鼓励他们写下具体的时间，这会使得他们更有可能接种疫苗。

这种方法在行为学文献中被称为"执行意图法"（implementation intention）：不仅鼓励人们思考他们想做什么，还包括时间及方式，这样他们就更容易看清自己的意图。这种方法已经被用来鼓励许多行为，比如选举和找工作（详见第 8 章）。

把时机的方方面面整合在一起

有效的干预措施通常会把时机的3个方面整合起来。在行为习惯固化之前有针对性地选择干预措施；在行为表现最突出或现有行为被打乱时采取干预措施；干预措施的设计会克服自己的时间不一致性——帮助他们去做未来自己想做的事。

前面提到的波哥大市将有条件的汇款奖励进行重新组合的例子，就对所有这些方面做了解释。虽然这个例子的重点是要在决定是否继续接受教育前的关键时刻发放奖金，但这样的干预措施也帮助父母和孩子解决了自己的时间不一致性问题。

同样，在收获后给购买化肥的农民提供免费配送的干预措施——这时他们手中有现金——被证明是提高产量的有效方法。这种简单廉价的干预措施使得农民的化肥使用量从26%增长到42.5%，增加了2/3。另一种经过测试的方法就是在农民使用化肥前提供免费配送。这也提高了化肥使用量，但只有35.6%——这种方法仍然有效，但不如在农民手头现金最多时免费配送的方法有效。[16]我们再一次看到，有效的干预措施会把对时间不一致性的分析和及时干预结合起来。研究人员还比较了这些及时干预措施与更大力度补贴的有效性。他们发现，从干预成本上看，在收获后给农户免费配送比打5折更有效——给化肥打5折的成本太高了。

及时干预措施把这些方面结合在一起的好处就在于，干预措施本身或强化现有干预措施的方法变得非常简单、有效并且受欢迎。我以行为洞察力小组最近在教育领域的几个例子来做一下总结。

行为洞察力小组的拉杰·钱德、埃尔斯佩思·柯卡姆和迈克尔·桑德斯与哈佛大学的托德·罗杰斯一起展开研究，他们想知道及时提醒学生或家长是否能提高教育成果。

在第一系列的研究中，团队只是简单地在孩子数学测试几天前给父母发短信，让他们警告孩子测试快要开始了。就这么做——非常简单。他们发现，这条短信取得的效果就相当于平均一个月的额外教学，对于成绩排名在后1/4的学生来说，相当于平均2个月的额外教学。从本质上看，这鼓励了父母跟孩子聊更多关于数学的话题，也鼓励了孩子多学习数学。

另外，研究小组随后还询问父母和孩子，是否还愿意在以后收到更多类似的短信。毫不奇怪，绝大多数父母说他们在以后还想收到这样的短信，但孩子们呢？ 80%以上的孩子表示他们希望父母在未来收到这样的短信。他们可能觉得短信会带来一点小麻烦，但就像奥德修斯一样，他们想要把自己绑在桅杆上接受提示并鼓励自己努力学习。

在第二系列的研究中，我们想知道是否能够在继续教育课程中降低成年人的退学率。团队分析了退学的模式和时机，然后设计了一系列简短的短信，在退学高峰期发给学生，鼓励他们继续学习。例如，学生可能会收到这样一条短信，说许多人觉得这个时候的课程很难，但一两个星期后就发现自己走出了低谷。注意信息本身如何利用短信来避开现在的难题，并从未来看待过去。结果呢？退学率下降了36%。成本呢？每个学生大约只需要2英镑（3美元）。[17]

结论：时机很重要

企业和政府的许多政策都很少注意时机问题。法律和激励手段都应该均匀地分配时间：上午偷窃和下午偷窃都是不对的。但人类行为却不是这样的。比起其他时期，我们更有可能在特定的时期改变自己的行为。在圣诞节前我们更有可能给慈善机构捐赠，但在圣诞节后我们更有可能想储蓄养老金。

有一些政府就是根据时机来实施惩罚或鼓励的。澳大利亚对超速行驶有不同的惩罚措施，某一天超速会扣掉"双倍分数"——路边的信息牌上清楚地写着。同样地，大多数政府都敏锐地意识到在到期前提醒公民填写纳税申报表是明智的，法院会给在限定日期内交罚款的人提供折扣。

但总的来说，商家更了解时机的重要性，总会在我们最有可能对商品感兴趣的时候给我们提示。商家会在一年的不同时间调整商品的价格，某些网站甚至会在一天之内几次调整价格。最有经验的企业能积极地识别我们正常习惯被打乱的关键时期，以此来扩大其产品或服务的接受度，这个时候我们更有可能购买或更换产品或服务（详见第11章）。

具有讽刺意味的是，公共服务通常在生活中的关键时刻出现，在这个时刻人们会服从建议并做出改变，并可能积极地欢迎别人帮助他们改变自己的行为。例如，有心脏病史的人可能真心想得到建议，看看其他人在家庭中是如何拥有更健康的生活方式的；技能较差的成年人可能会在他们的孩子开始上学后对学习产生兴趣；摆脱了失业和救济金的人可能乐于鼓励其他人就业；帮助别人提前计划和预测有时能极大地完善政策、产品和结果（鼓励我们的执行意图）。

当与"EAST框架"的其他元素——简化、吸引人以及社会性——结合在一起时，及时干预措施就会更高效。就像用球棒打球或用手接球一样，干预的时机既可以让我们失败也可以让我们取得成功。如果可以，尽量在行为养成前进行干预，或行为因其他原因被打乱的时机，并努力帮助人们克服自己的时间不一致性。把这些方面整合到一起，你就可能会取得巨大成功。

表6-1 对EAST框架和第二部分的总结

	标题	需要考虑的事情	例子
简化	把事情简化。人们更有可能做那些简单的事	▲简化 ▲摩擦成本：去掉，或添加起到抑制作用 ▲默认选项：把捷径作为最健康、最安全的选择	▲养老金：数百万人自动登记储蓄养老金 ▲自杀：当简便自杀的方法失效后自杀率降低 ▲大学录取：预先填表后贫困学子大学入学人数增加了25%
吸引力	人们容易被对他们有吸引力的东西所吸引	▲个性化：使用收信人的名字；产生关联性 ▲强调：突出关键点 ▲信使：专家和个人要比匿名或不可信的资源可靠得多 ▲彩票奖励：让激励措施更有吸引力 ▲情感：与理由一样重要	▲税收：收到突出关键信息的征税信之后，公开收入的医生人数增长了9倍多 ▲捐款：以儿童悲惨故事而不是百万人受灾的数据呈现会使捐款数额增加1倍多 ▲法院：针对个人的短信会使缴罚款人数增加2倍多
社会性	人们深受其他人行为的影响	▲准则：其他人做的事情 ▲人际关系网：朋友或同事推荐 ▲互惠和积极的约定：承诺 ▲其他人的提示物：眼睛和面孔	▲垃圾：如果地上有垃圾，那么人们扔传单的可能性就是地面干净情况下的8倍 ▲税收：如果告知纳税人大多数人都"按时纳税"，纳税人数提高了5.4个百分点 ▲捐赠：当知道同事早就捐赠后，自己捐赠的可能性是只收到标准信件的职员的7倍
及时性	习惯养成前或行为被某种原因打乱时的干扰措施更有效	▲习惯：习惯养成前进行干预 ▲关键时刻：行为被打乱时 ▲启动和锁定：之前的力量 ▲时间不一致性：低估未来	▲发展：2/3以上的农民在收获后手里有现金的时候接受化肥免费配送 ▲健康：在奖金发放前一周选择健康食品的人数是在奖金发放前一天选择健康食品人数的3倍多 ▲税收：和前几年逾期缴税的人相比，助推手段对之前按时缴税的人产生的效果是前者的2~3倍

每一次改变世界的
助推

第三部分

有时人们说行为洞察力小组的工作，也就是助推工作，就是做些微调。"难道你所做的不就是要取得更好的沟通效果吗？"我经常问。我们在前一部分中已经看到，行为洞察力小组和行为科学家做的很多工作都围绕着沟通展开。行为洞察力小组完善并测试了许多能收回未缴纳税款的有效信件。我们对网站进行了测试和调整，让戒烟者或者登记器官捐献者的数量有了增加。而且，行为洞察力小组还给媒体宣传提供了更有效的建议。

然而从一开始，行为洞察力小组的大部分工作就是调整政府政策并提供建议。政府和首相面临着无穷无尽的挑战与抉择，许多都是受外部驱动的。有时候，危机出现时需要快速行动，比如抗议托尼·布莱尔政府早期执政偏离正轨的示威和堵街活动，这些示威者后来还一度威胁卡梅伦政府要故伎重施。针对这种情况，政府需要采取快速行动，内阁人员要做出最佳预测。其他政策挑战有着深刻的根源和巨大弊端，比如肥胖、失业率、经济增长或气候变化。这些都是公众和个人反复探讨和争论的话题。内行们都会得出"根本没有灵丹妙药"这样的结论，并在多次尝试失败以后，对新的解决方案和想法产生了怀疑。

政策决议是政府和许多企业的生命线。它关乎应该投资什么项目，砍掉什么项目；它关乎延续使用、颁布或者废除哪些规章制度；它关乎应该朝哪些方面努力，在哪些方面撤退。如果行为科学或任何其他新方法只是为了证明自己，那么它的支持者必须在政策和战略建议上带来影响，否则只会成为历史上的一个注脚。此外，要想在历史上留下浓墨重彩的一笔而不只是墙上的一点污渍，那么给出的建议就必须"正确"：建议必须是以前采用过的，而且影响深远、效果显著。这一部分就是在这样的大背景下展开的。

第7章

大数据与透明度

在许多国家，民众可以通过更换电力或天然气供应商来节省开支。2010年，英国大多数人通过更换供应商可以节省大约200英镑或更多的开支。但在这一年里，只有1/10的人这么做。

对于民众的态度，设计新型私有化电力和天然气市场的经济学家和律师们都非常吃惊。他们无意中对人的行为做了假设——消费者会抓住机会更换能源供应商，并在市场中不断寻找最好的供应商。但现实中并没有发生这种情况。更换设备供应商确实比较麻烦，我们都知道应该换，但很多人却不会去换。这样的日常决策已经成为近年来一些最热门政治问题的核心：将竞争引入"普通人"的生活中，包括生活成本以及市场公平。

在英国，即便民众最终真的到网站上搜索或者给中介打电话，大批人仍然不会更换。很多人不知道他们的供应商是谁，也不知道收费标准，并且需要努力寻找更换供应商所需的关键客服号。如果你还没有更换，也不用觉得很糟糕，很多人和你一样也没有更换。

但情况在2015年年中发生了变化。在行为洞察力小组的推动下，能源公司被要求为客户了解信息提供方便。特别是，他们被要求在账单上印上二维码，这样客户扫描之后就能知道细节，比如使用形式以及目前的收费标准（见图7-1）。从技术方面看，这使客户的数据具有了机器可读性。从日常生活角度来看，这意味着所有顾客如果想省钱，用手机扫描二维码、更换应用程序就可以在市场内搜到最优价目。这样一来，更换供应商就不需要花上几个小时，几秒钟之内就能完成。

扫描你的账单　　　　　　　　　转换与保存

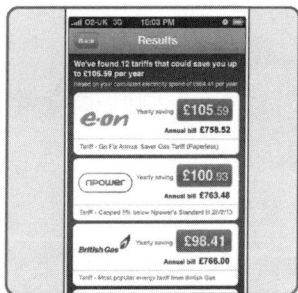

图7-1　这幅图详细地解释了账单上既有二维码是如何让更换供应商变得更加容易的。这幅图与早期一个更换网站开发的模型在2012年给政府部门的首长们展示过，英国及其他国家进行的市场调节使得更换过程从行为学角度上发生了改变

并不是只有高级经济学家才能理解这一看似微小，却能推动行业变革的原因。在改变之前，更换供应商的手续复杂，时间耗费也多，设备供应商就通过这样的方式来悄然获取巨大利

润。供应商向不喜欢货比三家的数以百万计的顾客按较高费率收费。因为它们的收费标准还与多年前一样，所以企业的利润十分可观。喜欢货比三家的顾客（他们有时被直接称为"费率至上者"）确实能找到性价比更高的供应商。

但消除摩擦成本之后，消费者更换供应商就变得容易了，企业于是需要在其他方面展开竞争。

这一章讲述数据和透明度的范围扩大是如何让生活更美好、市场更有活力的。但数据再大也不能保证世界会变得更美好。如果最终结果是一些人、政府或企业预测他人行为的能力高于那些预测自己行为的人，那么这就不是我们喜欢的世界。数据的透明度和民主化是部分解决方案，这只是第一步。人类处理信息的能力有限，因此我们需要把这个因素考虑在内。更多数据可能只会带来更多的干扰。为了享受丰富的数据资源带来的益处，我们必须在人的心智能力和行为研究上建立数据库。

"米数据计划"——去掉市场中的摩擦成本

更换供应商就能省钱这件事还无法（或有时候无法）提供一个观察现代经济工作机制的窗口。许多能源供应商从现有的忠诚客户身上赚到的钱比从新客户或在开放市场上出售能源所赚的钱要多得多。因此，它们就热衷于让更换供应商这一行为变得既无聊又麻烦。

这很好地解释了摩擦成本在众多市场中的重要性（详见第3章），以及许多公司如何利用摩擦成本获得了更多利润。这不仅适用于电力和天然气市场，也适用于许多日常服务，比如手机和银行产品。直到最近，英国最主要的六大能源供应商已经有500多条收费项目。不同的网络、资费和手机使得消费者面对的选择达到数百万个。大量的选择使消费者很难找出最适合自己的。

从古典经济学角度来看，这不是特别重要。即便没有"完全信息"（perfect information），消费者应该也能够甄别好坏，市场会随着时间的推移淘汰劣质产品并降低产品价格，而好的产品和企业会繁荣发展。

但是在人的世界而非经济学家的世界里，消费者会使用心理捷径来做这样的决定。与所有捷径一样，这也很容易出错，而且错误非常普遍，因为我们都是人类。例如，研究表明，消费者在对如何使用新手机和手机设备的预测中会犯很多系统性错误。这说明我们中的许多人并没有选择最适合自己的资费。

反过来，这些问题几乎能影响所有的消费者，比如对我们手里的钱或对企业服务的影响，尤其对弱势的一方影响格外大。近年来，大企业越来越擅长预测消费者的购买和使用方面的动向了。例如，移动公司比你更了解你会使用新手机的哪些功能。在更换新的手机资费时，数百万条手机网络资费选择会让你处于被动地位。

幸运的是，政府和企业可以做很多事情来帮助消费者，这样做也会使市场秩序更完善。监管机构和政府的传统应对政策就是对过度推广的公司实施惩罚，或者直接控制价格，冷却市场。然而，行为研究会带来一些不同的解决方案，识别监管中看似细微的变化是如何让消费者夺回主动权的。简言之，行为研究能帮助我们理解传统的经济学所忽视的市场和社会的运作机制。

这种方法的核心就是以更有用的形式让消费者接触与自己有关的数据。这种想法不是指消费者自己要开始分析数据，尽管一些人会这么做。相反，接触这些数据会有利于在以消费者利益为重的前提下更换网站与其他中介机构。这意味着数据会帮助消费者找到性价比更高的产品，避开导致过敏的食物，改善饮食，以及采取更直接的措施来控制行为。

在《助推》一书中，理查德·塞勒和卡斯·桑斯坦在缩略词"RECAP"中也表达了类似的观点，RECAP即：记录（record）、评估（evaluate）和比较可选价格（compare alternative prices）。基本观点就是要求企业提供机器可读的产品价格以及独特的产品属性，消费者就可以更简单地做出有效的比较。在理查德和桑斯坦的推动下，美国人以"智能信息披露"（smart disclosure）的方式运用这种方法，在苏菲·瑞斯曼担任美国财政部智能信息披露主管后，这种方法获得了支持。[1]

在英国，我们首先需要推广这个方法，让消费者在自愿的基础上接触数据，因为我们为首相做的大部分工作就是消除而不是增加对企业的监管负担。在商务大臣爱德华·戴维的大力支持下，我们与商务部一起成立了一个特别工作组来探讨米数据计划（the Midata Discussions）的进展（该计划致力于让民

众接触数据，让他们做比较，从而做出最佳选择）。我们邀请
奈杰尔·沙德博尔特爵士（万维网发明者之一）来领导工作组
讨论，并与商务部和主管消费事务的团队一起创建了一个通用
数据结构，从而使消费者更好地接触企业提供的大量数据。奈
杰尔爵士在工作组的得力助手就是行为洞察力小组的罗伊·加
拉格尔，之后由他领导行为洞察力小组处理消费者事务以及米
数据计划的日常工作。

　　我们想让消费者更容易接触的数据主要有两种形式。首
先，我们想让人们更方便地比较相似产品，包括它们的属性和
价格。例如，如果你正试图更换抵押贷款供应商或信用卡，你
不仅要对总体价格和利率做快速比较，而且也要比较逾期付
款和提早还款的代价。这是RECAP早期的主要关注点。其次，
我们想让人们更容易获得自己的消费数据。这可能包括使用手
机的频率及功能、耗电量和待机时间，以及透支现金的频率。

　　我们用来表达这个概念的词是"米数据"（midata）。[2]我们
希望至少有一些公司能自愿决定为消费者提供消费数据，而不
单单因为这样可以帮助他们创建新功能和服务。举个例子，如
果你是信用卡公司员工，你可能要重新调整角色，不仅仅要提
供信贷，还要积极地帮助消费者做消费选择。有了更好的数据
流，信用卡公司可以给消费者指出其在能源方面花费较大，可
以通过更换供应商来省钱；或者向消费者提供一家价格更便宜
而且离家不远的超市。

　　大约一年之后，我们得出结论：只要多努力一点，就能

让大多数领域的数据到达消费者手中。多数大公司并不想让客户或竞争对手拥有它们的数据——如果客户比较这些数据之后，会在其他地方找到更好的选择，它们就更不会提供这些数据了。所以我们和首相一起开了一个会，并同时拜访了理查德·塞勒，从而为更有力的行动做推广。

罗翰·席尔瓦和史蒂夫·希尔顿所赞成的更广泛程度上的数据透明得到大家的强烈支持。首相对要求企业无限制地共享消费者数据这一做法感到不安，但他被这个手段更温和的行动说服了。这是个愉快的巧合，我们在见完首相后碰见了财政大臣，他也很赞同这个方法，原因之一是它看上去很符合即将出台的企业法案。[3]

2013 年通过的企业法案添加了米数据条款。商务部国务大臣因此有权力要求企业允许客户以机器可读的形式访问自己的消费数据。机器可读这一条非常有用。在许多国家，包括英国，都有相关立法让消费者以书面或清晰易读的形式获得企业（或公共服务部门）的数据。例如，在英国你可以给超市巨头乐购（Tesco）写信，要求它提供你在购物卡上的购物数据。哪怕只有 10 英镑，稍作等待，乐购就会给你寄送机打数据。对大多数人来说，这堆纸没什么大用处。想象一下如果你可以以机器可读的形式更快速地获得这些数据会是一种什么情形——如果你有过敏症，可以把这些数据输入过敏网（allergies.com），这样你就不会吃到有花生的曲奇饼干；在类似的购物省钱网（saveonyourshopping.com）能够找到最符合你购物习惯的超市；碳网（carbon.com）可以告诉你购物篮的碳足迹（是指产品从原材料取得、制造、配送运输到使用乃至最终废弃等阶段，直接与间接产生的二氧化碳排放量）。简言之，让消费者以机器可读的形式获得数据会让他们成为选择引擎（choice engines）的主人，但繁忙的生活和有限的认知能力却使得这些做起来非常困难。

米数据条款并没有立即要求所有公司执行。从专业角度讲，初级立法如果想要行业或部门遵守，它就得是一项主要立法，需要进行次级立法。但这把达摩克利斯剑立竿见影，至少一些公司在法律实施前就开始遵守了。

但几大能源公司仍在拖后腿，尽管公众对火箭般上升、羽毛般下降的价格越来越不满。其中一些企业允许下载消费者数据，但仍然相当麻烦。第3章中提到，每一个摩擦成本都能产生重大影响。最后，首相失去了耐心。我们要求大公司在账单上以二维码的形式呈现数据并开启常见应用程序接口（APIs），这样在更换网站时消费者更容易做比较，也更容易进行更换。这为消费者选择"自动更换"打开了大门，这样网站可以在合同到期时自动检测市场上的最佳收费标准，如果找到合适的就会自动更换。

米数据计划改变了游戏规则，具有颠覆市场的潜力。它使得公司把客户管理模式转变为消费者供应商管理模式成为可能。我们仍有很长的路要走，但米数据计划已经开始改变市场的运作方式——这个改变的确是由行为科学研究驱动的。

"我要和她那份一样的食物"

每个人都记得电影《当哈利碰上莎莉》中那个著名场景：在一个小餐馆，莎莉为表明自己的观点，假装性高潮，并在过程中羞辱哈利；不理解笑点的一位用餐者告诉女服务员"我要和她那份一样的食物"。

我们在第5章中提到，人类是高度社会化的动物，深受别人行为的影响。有时这会被蔑称为"群居本能"（herd instinct），这通常是可供使用的一种非常理性、快速而且有效的探索方法。如果我们能了解别人的经验，那么这些经验的信息量可能很大，或具有心理上的凸显性。

一些市场已经发生改变，有些甚至是围绕方便消费者了解其他消费者的经验而建立的。欧洲人和北美人几乎全都借鉴过其他消费者在易贝、猫途鹰或亚马逊等网站上的反馈意见。这显然有助于特色平台吸引访问量，但这从根本上改变了市场吗？

迈克尔·卢卡可能是一位最棒的极客①，也是哈佛商学院的助理教授。与别人对冰激凌或艺术感兴趣不同，他对大数据比较感兴趣。真正让我们对他感兴趣的，是他对消费者间的反馈在现实中如何影响市场运作所做的一系列独创性研究。这一领域的现有观点主要是消费者的反馈如何重要以及反馈如何影响消费者行为，但好的实证研究却很少见。

① 极客指对计算机和网络技术有狂热兴趣的人，一般都是高智商人群。——译者注

在一项针Yelp.com（美国的一家点评网站）的详细研究中，卢卡记录了客户满意度评级多一颗星的餐厅，一年营业额会增加5%~7%。他的独创之处就在于证实餐厅营业额的上升，实际上是由顾客好评带来的，并非说明好评和营业额增加反映餐厅变好了。

他采用的方法被称为"断点设计"（discontinuity design）。想象一个给餐厅评级的网站吧。评级背后就是所有反馈的精确平均值，但用户是看不到的——他们只会看评价星级。但是假设两家餐厅，一家的平均星级是3.49，而另一家是3.51。四舍五入后，第一家的结果是三星级，第二家却是四星级，尽管它们的基本数据几乎一样。卢卡运用数据中隐藏的差异来剖析评级本身真正的影响因果链。他发现餐厅的评级越高，营业额越高。

迈克尔·卢卡的研究证实了评级是如何以更微妙的方式改变市场性质的。随着网站Yelp.com在特定区域报道量的增加，小型的独立餐厅迅猛发展，但大型连锁餐厅却几乎不受影响。回想一下，我们就能明白原因。假设你要为明天的午餐选择一家餐厅。你十分了解必胜客这种连锁店内的食物和服务，但对街角小型的比萨店却知之甚少。小店里的食物值得尝试吗？如果对它一无所知，也许你不会去尝试。但是如果你发现其他人尝试过而且非常喜欢，那你也可能会去尝试。

虽然你不是行为经济学家，但你也会相信掌握更多的市场信息是有益的。但行为学能解释有关别人选择的信息会特别有效的原因，以及信息的收集和呈现方式非常重要的原因：

- 我们深受别人行为的影响。
- 我们有着强烈的互惠倾向，非常想把自己的经验分享给别人（而一种典型观点认为，我们只是搭个顺风车而已：阅读别人的评论，但不会分享自己的经验）。
- 我们不会马上涉及多个角度（只会简单地评星级，但不擅长短时间内对大量的不同信息做比较）。

那么，我们还能在哪些地方运用个人反馈的善意和力量呢？下面这几个地方就特别合适：（1）许多人需要选择供应商的领域和部门；（2）服务的主观质量非常重要的地方；（3）目前很难获取到相关信息的地方。有几个行业比较适合这种方法，其中包括大部分公共部门。

把透明的客户反馈引入公共部门"市场"

我年轻时在剑桥大学担任过讲师，那时候我们学院常常在讲座结束后给学生发反馈表。一位慈祥的老同事就表格做了说明。

"我试着快速浏览表格，你可能也会这么做，"他说，"你会有奇怪的想法，却不怎么理解。"

发了几次表格后，我理解了他的意思。

这个表格包括一系列被间隔开的对立陈述或描述，学生对讲座的看法会通过他们的标记展现出来。例如，有的对立陈述是"阅读清单太短、不完整"以及"阅读清单太长、过于详细"，学生们会在两者中选择一个做标记，如果觉得阅读清单长短适中就在中间做标记。

到目前为止一切顺利。但我看着总觉得哪儿不对劲儿：

（1）量表没有用数字表示，所以我们很难把这些标记转变成平均值或者做量化比较（今天的在线滑条标度很容易量化，但20世纪90年代中期用纸笔做的标记却很难实现量化）。

（2）没有要求学生们给出总体评价，比如：你对讲座的总体满意程度如何？

（3）这些信息没有反馈给后来的学生，也没有录入表格中让教师们在内部比较授课效果。

考虑到我的一些课程涉及心理测验学，我觉得我们做得会比这更好。因此，我找到相关委员会并重新设计了表格。过程并不复杂，我用简单的李克特量表[①]（例如：数字1~7）取代了实线，将问题进行了简化并且减少了数量，同时加入了总体评价问题。我还删掉了问卷中的双重问题，比如让学生在"讲座非常详细"和"讲座提供了一个很好的概要"当中做选择（即一个问题中涉及两个不同方面）。

新表格在两个方面产生了重大影响。首先，一夜之间大量学生开始填写表格。其次，这也在老师中引起了轰动。有了新表格，计算不同课程和授课老师的分数就非常容易，对分数进行比较后暴露出学生在很多方面的不满。这招致了不少抱怨，但也带

---

① 李克特量表（Likert scale）属于评分加总式量表的一种，把属于同一概念的项目用加总方式来计分，单独或个别项目是没有意义的。——编者注

来了一些明显的变化。多年没有改变阅读清单的老师们居然更新了阅读清单。说话声音太小的老师开始大声说话或者使用麦克风。但表格仍有局限性，因此委员会并没有急于公布评级结果。

各部门的专业人士经常对满意度评级和表现评级的公布感到不安。事实上，学生无法获知教师满意度评级的现象不仅仅存在于我们学院和大学。在英国乃至全世界，很多大学（比如哈佛大学）收集完学生满意度的详细数据之后，多数情况下都不会公布，老师们只是利用这些数据来完善和改进他们的课程。不对外公布这些数据有时也有合理的理由。例如，一些拥有持续课程评估的美国大学担心学生为换取老师给高分而在满意度上给老师打高分。同样地，一些人担心有挑战性的课程得分很低，而简单课程会得高分。

在英国大学与科学国务大臣戴维·威利茨和他的特别顾问尼克·希尔曼的支持下，2010 年 11 月，我们设法让英国所有大学收集并公布学生的满意度数据。一共有两种方法。第一种就是让所有大学在它们的内部反馈问卷中询问类似问题。这种方法的优势是收集的大量数据可以追踪到单个模块或某位老师。但不足之处在于，收集方式与游戏相似，并且一些问题已经在美国大学中提到过。幸运的是，我们还有另外一种数据收集方式：在全英国向刚毕业的大学生收集数据。这场调研被称为"第一目的地调查"（the First Destination Survey）。这个调查几年前就已经设计好，以人力规划为依据，致力于收集不同专业毕业生的就业情况以及被录用情况。本来我不觉得这种方法在实现其初衷方面有多了不起——调查在学生毕业 6 个月后进行，所以调查的经常是走出校门一年的优秀毕业生，不过要想知道他们最终落脚在哪儿还为时过早。然而，这种方法非常适合衡量学生对课程的满意度。

今天，任何高中毕业生都可以在几秒钟之内根据学生满意度给英国的大学和课程排名。对于多数大学申请者来说，这不是影响择校的最重要因素，但他们仍会对这个话题、课程内容和分数要求感兴趣。

然而在其他领域，他人的建议和主观经验对你的选择和行为的影响可能会更重要。假设你要为母亲找一家养老院。得知住在 A 养老院内的居民和亲属热烈推荐 A，而住在 B 养老院内的居民不推荐 B 后，你会觉得这些信息重要吗？同样，如果一家产科医院和全科医生诊所离你家都很近，其中一家有之前病人的推荐而另一家没有，这些信息对你来说重要吗？

在布莱尔政府的公共服务改革中，我们为记录和公布病人满意度数据做了推动，但没取得多大进展。在拥有行为科学证据，尤其是迈克尔·卢卡的研究成果后，我们打算在 2010 年新政府上台后重新启动这项调查。

2013 年年初，我们的申请通过了审批。病人会在各种临床情况下被问到一个简单的问题："如果你的朋友或家人需要类似的护理或治疗，你向他们推荐我们服务的可能性是多少？"可能性会按照程度从 1 到 6 记录下来。到 2014 年年底，500 多万名民众给英国国家医疗服务系统做出了反馈。同样，全科医生治疗的大约140万名病人现在每两年接受一次调查，他们会被问"你会向刚搬到此地的居民推荐全科医生做手术吗？"以及有关经验的更多详细问题。

　　如果你要搬到一个新城市并需要选择当地医生，现有病人的满意度评级可能不会是影响你选择的唯一因素，但至少会影响一些人的选择。假设我是一名剑桥大学新生，正在找医生进行医疗信息注册。我现在可以把邮政编码输入英国国家医疗服务系统中选择全科医生，然后点击病人经历来查看现有病人对医生服务的评级（见图7–2）。

图7–2　我的剑桥老公寓—英里范围内病人选择全科医生诊所的经验数据（2015年3月由英国国家医疗服务系统提供）

网站通过默认情况下输入的位置给诊所排名，这非常有帮助。我的老住所2英里范围内共有22家全科医生诊所，最近的一家距离住所只有0.3英里，病人的整体满意度为88%，而且有5个"OK"的标志。看起来相当不错。得分同样取决于一系列其他因素，比如病人来看医生是否出于自己的选择，是否满意诊所的开放时间以及预约难易程度。

向下拖动，主干路上距离住所0.6英里处有一家诊所，靠近商店并且有停车场，但病人满意度却相当糟糕，其中3项还标着红色的感叹号。病人整体满意度得分是74%（距离更近的一家诊所为88%），只有不到42%的病人说他们会去这家诊室找自己喜欢的医生看病（距离更近的那一家为75%）。

继续向下拖动，我看到有一家诊所的整体病人满意度评级上有两个大的绿色对钩。在这家诊所里，98%的病人认为他们在这家诊所的体验相当好。这家诊所的其他评级也很不错，比如83%的病人说他们会选择去找喜欢的医生看病（高于前两家的75%和42%）。这家诊所距离住所只有0.85英里，而且在大学阶梯教室的方向。你会选择哪一家？[4]

单独的回归分析表明，影响病人对诊所满意度的关键因素就是你是否感觉受到了尊重，是否有尊严。一些人认为，诊所最重要的是临床结果，比如存活率，而且有的病人满意度评级会导致医疗服务专注于更肤浅的问题（比如医生花更多时间与病人及其亲属聊天）。但临床结果也可以作为评价的依据。对一些病人来说，最重要的标准就是等待手术所需的时间，而不是临床结果或满意度。

满意度评级与其他措施从两个方面推动了服务的完善。首先，有些病人会参考评级来选择诊所，从而推动得分高的诊所快速发展。其次，或许从整体上看更重要的就是评级会直接改变医疗人员的行为和设施管理。英国国家医疗服务系统不仅要求询问"朋友和家人"方面的问题，还要展示病房或相关设施。这会直接给医疗人员反馈，就像我提到十多年前在剑桥担任讲师的情况那样，得分低的老师会考虑如何提高他们的分数。事实上，现在有几家公司免费提供"朋友和家人"这样的测试问题，在此基础上，医院和诊所得到反馈数据后，往往想知道更多病人不满意的原因以及它们还能如何改进。

助推我也就是助推你

英国汽车盗窃率自 1995 年以来已经下降了 80% 多。[5] 其他形式的犯罪率也下降了，尤其是汽车相关产品的盗窃率下降格外明显。原因很简单：汽车比以前更难偷了。并不是人们锁车的技术更好了，而且数据显示现在司机对锁车越来越马虎了。这是因为制造商添加了汽车防盗系统和其他设备，添加之后偷车就变得更困难了。

那么制造商为什么要这么做呢？在英国和其他一些国家，主要动力来自公布的不同汽车相关盗窃率的数据。行为科学家表示，大多数人不会考虑隐私和安全问题，只有得到提示后才会这样做。[6] 许多消费者对于偷车如此简单感到很震惊，相关盗窃率数据的公布意味着，偷车难易程度成为选择车型和汽车投保数额的关键因素。公布的数据影响着消费者，他们的实际选择又促使制造商做得更好。

汽车盗窃率的减少也让其他犯罪减少了。偷车，尤其是偷车后驾车兜风已经成为犯罪学家口中的"犯罪的开始"。你可能14岁时与其他朋友一起尝试过这种"有趣"的犯罪，对许多成年人来说，这成为他们走向更严重犯罪的垫脚石。

这是一个助推形式的极好例子：推动制造商或生产者来影响消费者。其独到之处就在于它不需要很多消费者改变他们的行为就能达到效果（或者让制造商认为，消费者会改变他们的行为）。同时，如果制造商做出回应就意味着很多消费者根本不需要改变他们的行为——他们可以和以前一样买车，但是新车更难被盗。

这种"双重推动"还极有可能改变我们所面临的一些最重大的社会挑战，包括解决一些"棘手问题"——由来已久的政策挑战，如肥胖和气候变化。事实上，犯罪在过去也被认为是其中一个无法克服的棘手问题。自从30多年前开始采取可靠措施之后，现在犯罪率正处于最低水平。

肥胖

我们来分析一下肥胖问题吧。几十年来，经合组织国家的肥胖率节节攀升。自1980年以来，全球的肥胖率几乎翻了一番，全世界大约有2亿名男性和3亿名女性肥胖者。美国现在大约有 1/3 的成年人肥胖，一些人估计这个数字到 2030 年会变成 1/2。肥胖情况还存在着分布不均的问题，例如低收入群体和某些少数族裔的肥胖率更高（比如非洲裔美国人和西班牙裔女性）。[7]一些高收入国家的肥胖率较低，例如法国。但法国人的肥胖曲线与肥胖率高的国家（比如美国、英国和德国）大致相同，只不过晚 20 年。

行为改变通常会被视作进步，但坚持节食的人会告诉你，个体层面行为改变取得的成功是不完整的。世界顶级饮食行为专家布莱恩·文森克指出，肥胖问题的核心是无意识地多吃。文森克的实验证明，人们通过各种各样的外在暗示来决定食物的摄入量，而且人们一般会疏忽实际吃掉的食物量。在他的一个最著名的实验中，实验对象可以按照自己的意愿喝掉一碗汤，想喝多少就喝多少。但他们不知道实验用的碗可以秘密地从碗底往碗里加汤。果然，这些实验对象要比对照组喝得多。同样，盛食物的盘子越大，实验对象们吃得就越多。

注意力分散的时候我们就真的迷失了。回想一下你上次边看电视边吃薯片和饼干的情形吧，你可能会把你眼前的薯片和饼干全部吃掉。如果你在盘子里放两片饼干，那么你就会只吃两片；但是如果盘子里有一整包，你仍旧会全部吃掉。

对低收入人群吃的食物所做的追踪研究发现，吃东西是无意识的。实验对象一直低估了自己的食量，即便要求他们做详细记录也是如此。我们仿佛进入神游状态，竟然神奇地忘记了下午在电视上看拳击比赛时吃掉的零食。不过还是希望：我们可以影响被影响者，让他们来影响我们——"三重助推"（也许我们应该叫它"助推三明治"）。

你会在购物车里放高热量、高盐或高糖食物吗？我不会，而且很多人也不会。如果超市帮我们做会发生什么情况呢？如果你的钱或网上购物收据告诉你购物车里的食物脂肪、盐、糖的含量都非常高，在与普通的健康购物者比较后，你会改变自己的选择吗？证据表明你会，特别是当被问到"你希望我们给您提示健康食物吗？"你会说："愿意。"

零售商和生产商与汽车制造商一样，很快就会对这样的选择做出回应。如果消费者开始喜欢稍微健康或更小的甜点，零售商就会开始提供更多这样的产品，并且减少其他不健康的产品。作为消费者，反过来我们会发现自己的健康选择是由生产商做出的。许多消费者不会注意到变化。我们还是会买比萨和甜点，但是现在这些产品含盐和糖都少了，变得更健康了，而且分量也有可能减少了。

问题就是触发这种循环的助推物是什么？是政府、消费者团体，还有开明的企业。在这一章的开始，我们看到启动这种循环的米数据计划、信息披露计划和助推手段——只是一闪而过。伴随着网上购物的兴起，消费者接收到的信息要比之前多得多。重要的是，购物时这些信息变得更具个性化、内容更简洁（详见第6章）。

在线下世界，完善标签也可以带来巨大影响。交通信号灯和其他视觉提示比传统的数显热量信息要有效得多，行为洞察力小组正在进行的实验室研究已经证实能进一步提高它们的影响。例如，四灯交通信号系统要比三灯系统显著减少热量，增加一个人形图标同样能扩大影响。对大多数人来说，他们不会因为这些有效的标签放弃冰激凌而选择胡萝卜，但在产品选择等级之内会使得一大批消费者转向更健康的饮食，比如用冷冻酸奶或低脂酸奶代替冰激凌。反过来，这些改变又会推动产品升级。

这不是科幻小说，这是已经确实发生的事情。有证据表明，美国和英国的儿童肥胖率第一次出现不再上升的情况，甚至开始下降，至少最小的年龄组是这样的。在美国第一夫人的推动下，一些大型零售商已经把更健康的食品放在显眼位置，尤其是在贫穷的社区；卡路里标签的使用范围越来越广，快餐连锁店也包括在内；供应商扩大了低糖产品供应量。消费模式的适度改变，比如远离含糖饮料使得生产商转而生产低糖食品，这反过来使消费者吃得更健康，虽然消费者并没有注意到这一点。

个人盗窃：手机

我们来接着讨论犯罪问题。2014 年，行为洞察力小组与伦敦大都会区警察局公布了手机的"盗窃指数"（theft index）。在 20 年来大多数类型犯罪率下降的背景下，手机盗窃是少数几种犯罪率上升的犯罪类型中的一种。仅在英国，每年大约有 75 万人的手机被盗。与之前的盗车案件一样，不同型号手机的偷窃率有显著差异，这既反映了手机的相对价值，也能反映出手机的安全系统很容易被破坏。小偷、警察和手机制造商们都知道这些差异。唯一不知道的人，就是实际购买手机的消费者。

基本想法还是很简单：分析与市场份额相对应的盗窃数据，并以一种简单易懂的方式向消费者公布。当我们试着建立一个衡量标准时，大批手机制造商都对此表示不满，就像之前的汽车制造商一样，它们努力保护着还未公布的数据。它们的理由是这些数据还不完美。这种说法也不无道理。例如，有时小偷抢走手提包时并不知道他们包里手机的型号。然而，我们能够辨别哪些盗窃是基于型号的，哪些盗窃与型号无关，这就清晰地证明了小偷更喜欢偷窃哪些型号的手机。同样，一些制造商认为，数字只能部分反映不同型号手机的价值和吸引力。当然，确实是这样，但是这并不会削弱手机价值会影响盗窃率的事实。这些原因使得数据公布举步维艰，但在内政大臣的支持下，数据终于得以公布（见图7–3）。

我们知道有两件事情非常重要。第一，消费者不会考虑太多安全问题，除非提示他们这么做。数据公布后的头条新闻可能在一定程度上增加了消费者对盗窃的风险意识（制造商的担忧尤其能证明这一点）。如果你打算给12岁的孩子买一部手机，目前正在比较两款手机。一旦你发现其中一款被偷的可能性是另一款的两倍，你会怎么选择？

第二，我们能够证明制造商让手机更安全的创新手段对手机被盗的可能性有明显的影响。看起来小偷能很快判断出新手机的安全系统是否很难破坏，转而选择偷盗那些比较容易破坏的——或者不再偷手机（摩托车盗窃率下降是因为法律要求摩

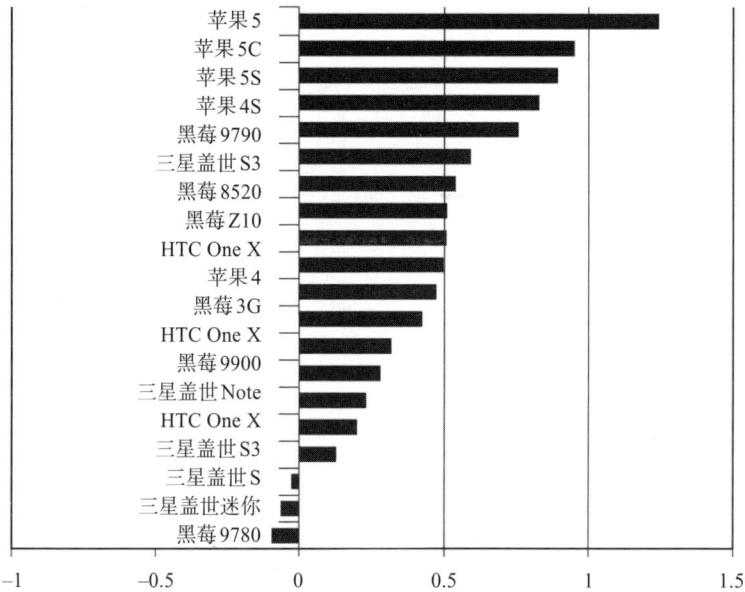

图 7–3　不同品牌的智能手机的相对盗窃率与2013—2014年英国人手机平均盗窃率。数值为0.5的手机被盗的可能性比其他手机高出50%

托车车主佩戴头盔，详见第3章）。我们能看到这些效果：2013年苹果采用更安全的iOS 7系统之后，盗窃率出现了明显下降（推出后盗窃率出现过短暂飙升，见图7–4，主要是因为小偷发现这个安全系统很难破坏。

　　以一种简单可查询的形式公布数据会强化这种趋势。这些数据推动消费者花更多的钱购买更安全的手机。这种手机被盗的可能性比较小，即便被盗，他们的个人数据也是安全的（1次助推）。消费者购买模式的转变，推动生产商生产更安全的产品（2次助推）。然后，零售商和制造商会强调这些安全特性，并鼓励消费者购买更安全的机型（3次助推）。[8]

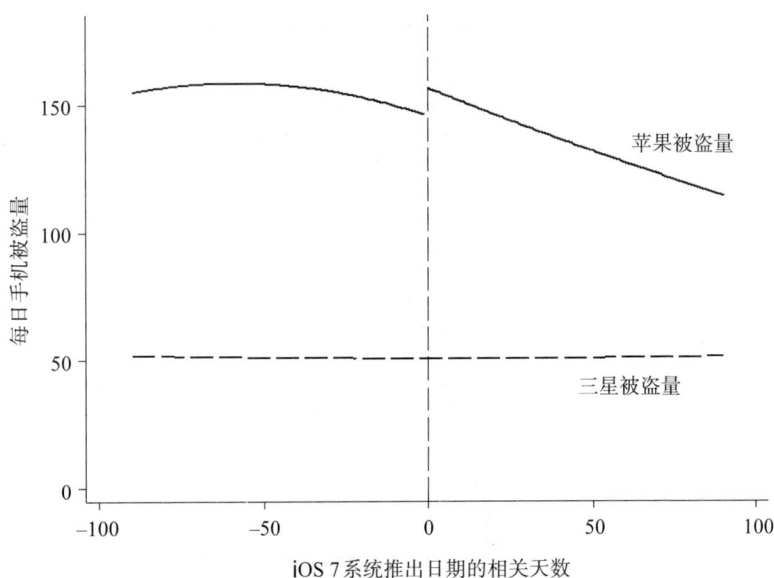

图7-4　苹果推出操作系统iOS 7之前100天与之后100天，苹果和三星的被盗量

　　与汽车盗窃和其他罪行一样，三重助推可能会对犯罪产生更广泛的影响。手机更安全和盗窃率降低切断了其他犯罪途经，比如盗窃身份，也减少了潜在罪犯的犯罪途经。当手机功能从通话机器变成钱包和身份象征时，手机安全就显得尤为重要。这种助推手段不仅降低了犯罪率，而且为经济和社会发展创造了良好的环境。

你能理解的信息

　　现代世界充斥着各种信息：数据让消费者和公民福利变得透明化；食品标签的使用越来越广泛；汽车广告和汽车展厅内

有标准形式的性能和能耗信息；金融产品，比如抵押贷款和信用卡需要显示成本和收费标准。

监管机构和政府通常要求这些行业信息必须呈现在交易当中，但表面上的妥协起不了什么作用，既保护不了消费者的利益，也不能对价格或产品进行直接监管。这既是行业的潜在负担，也抑制了创新。通常情况下，监管机构对信息呈现的准确形式关注则太少。

在金融产品领域，我们可以看到不少例子，告诉我们什么是不该做的。在许多国家，监管机构和行业协会坚称产品需要有广泛的"警告"。比如，广告上"市场价值上升或下降"的措辞，以及抵押贷款和其他金融产品那些厚厚资料上对风险的说明和警告。然而我们发现，许多消费者认为这些警告或说明正意味着产品一定是安全的，因为金融监管机构会检查。

复杂性是阻碍消费者采取有效行动的一个特殊敌人。标准年利率（APRs）被引入金融领域来帮助消费者比较金融产品，它们是由欧盟监管实施的。然而，只添加初始利率和费用会让消费者难以理解。在某组织最近的一项研究中，只有不到一半的消费者能够识别出最便宜的5年期抵押贷款。去掉监管的标准年利率数据而改用展示头两年抵押贷款成本的数据，就会使消费者识别比例从48%上升到70%。能够给5种贷款准确排名的人数比例从3%增加到了36%。[9]

与复杂的金融信息和法定的消费者警告信息相比，我们发现简单的星级评价对消费者选择和生产商决策有重大影响，正如迈克尔·卢卡对餐厅评级的研究中提到的那样。同样地，对汽车安全的简单评级，比如许多人发现早期SUV（多功能城市运动车）的性能不如其他类型的汽车，这会导致消费者改变选择，从而使汽车制造商快速适应市场并改进汽车性能。新车评估计划（NCAPs）会对汽车做一系列单独测试，但真正影响消费者的是头版新闻公布的那些简单的汽车整体星级数据，最好的可评五颗星。

信息呈现的方式也很重要。绿色的食品标签（就像许多美国产品那样）会给人健康的印象，但是会忽视食品中糖、脂肪和盐的含量。快餐店中有关卡路里信息的海报和传单可以说比较真实，但从另一方面来说，几乎没有人会看这些海报和传单。哈佛大学公共卫生学院的克里斯汀·罗伯托所做的实地研究发现，只有不到2‰的客户会真正看海报，而且看海报或拿单页传单的时间只有3秒多。一般来说，这些信息如果以一种简单而直接的形式呈现，就会产生更大的影响，比如彩色交通灯而不是热量数字（红色意味着不健康），或者简单的星级评价系统。[10]

以一种普通人而非经济学家能理解的形式来呈现复杂的信息或数学信息，这确实是一个困难的挑战，即便最终的结果看起来像"常识"。例如，歌德·吉仁泽和他的同事们花了大量的时间和精力来寻找概率呈现方式——看似简单的数字却经常会让专业人士和公众误解。他们能够证明专家和普通人更容易理解以"自然频率"（natural frequencies）而非概率的形式呈现的信息。自然频率——比如用图像来表示接受癌症检查的人当中有多少最后发展为癌症、临床干预手段帮助了多少病人——看起来更符合多数人对这个世界的认知。使用这种方法，能够将正确解释乳腺癌风险和筛查数据的临床医生数量从10%提高到46%。[11]

在第3章中，这个基本影响已经呈现给大家了。行为洞察力小组的一些实验表明，如果产品标签上清晰地展示出产品的终生使用成本，消费者会购买更昂贵但价值更高的电器。对于大多数人来说，他们购买的最昂贵的东西不是一台家用电器，也不是一辆车，而是他们住的房子。鉴于此，行为洞察力小组的早期干预措施之一，就是重塑英国最近推出的能效表现证书（EPC）。遵循上述原则，能效表现证书被极大地简化，呈现在潜在购买者面前的第一页资料就是房子3年的估计运营成本（以及提高家庭能源效率可能会采取的行动）。

最近对30万笔交易所做的一项分析得出的结论表明，新的能效表现证书对房价有重大影响。与能效表现为G的房子相比，能效表现为F或E的房子大约能多售出6%，能效表现为D的房子大约能多售出8%，能效表现为C的房子大约能多售出10%，能效表现为A或B的房子大约能多售出14%。作者估计，英国平均能效表现从G升到E或者从D升到B的房子意味着价格要上涨1.6万英镑。[12]这是新能效表现证书奏效的强有力证据。信息透明度不仅能帮助许多购房者计算给房屋做隔热处理是否划算，同时也会影响到房价。信息透明度已经巧妙地改变了市场，甚至可能敦促我们拯救地球。

用更好的数据重塑更好的助推手段

我们已经看到行为科学如何通过改变数据呈现的形式和时机来产生强大推动力——我们可称之为"行为塑造信息"。但是这种关系是双向的。数据科学也会塑造和强化助推力量。我们将在第10章对这个问题做深入探讨，但现在我们先了解一下这个世界。

许多企业已经开始尝试为人群分类，政府偶尔也会这么做。广告机构和政治学者经常把人分成不同群体，有时为了便于记忆会起一个好记的名字，比如"足球妈妈"（这被看作克林顿竞选的一个关键部分）、"被遗忘的一代"或者"有野心的工人阶级"。这些划分通常是以社会经济群体、年龄或态度的基础数据为依据的，了解关键的人口划分依据可能会为更多竞选活动或推广活动服务。在人种学家和营销人员的帮助下，可以专为不同的人群开发产品和服务，客户会为这些听起来很不错的建议付一笔巨款。"这个品牌已经吸引了被遗忘的一代男性"就是敏锐的首席执行官期待听到的话。

但许多让人印象深刻的划分都存在一个问题：它们很难用于预测。它们通常是由具有创造性的目标小组发展而来，而不是对数据进行硬性分析得来的。划分听起来似乎很有道理并令人信服——所谓的表面效度（surface validity）——比起严肃的预测模型，它更像是星相学。即便它们基于真实数据，比如社会经济概况和态度集群（attitudinal clusters）调查数据，但这并不意味着在面临真实产品选择或是否按时缴税时，它们会对人们的未来行为做出相应的预测。正是这种低预测效度——态度集群通常很难对行为做出预测——导致20世纪70年代的许多心理学家对性格研究失去了兴趣。相比之下，人们发现行为能预测行为。换句话说，一个人上一周上班迟到，那么下一周还会迟到，不管他们读什么报纸、支持哪一个政党，或者喜欢什么口味的茶。

这意味着最有价值的数据就是行为数据：不是人说的话，而是人做的事。例如，美国总统竞选团队会对美国成年人做合理划分，并花费数百万美元来鉴别谁会给他们投票或给他们捐钱。但往往最有力的数据却出自偶然行为，比如人们是否会打开电子邮件、点开一个链接，他们的反应速度也不一样。同样，鉴别人们是否会给你投票或捐钱的一个好方法就是看他们过去的行为——之前是否这样做过。

有了这些知识，构建基于行为的分类就成为可能，也就是以行为而非态度或标准社会经济变量为基础。此外，在这样一个充斥着数据的世界里，看这些基于行为的划分对不同信息和助推手段如何做出反应也成为可能。

让我们来做一下回顾。在第5章，我们了解到了基于我们受他人行为影响的某些信息（社会性）是如何提高税收的。简言之，告知逾期的纳税人"大多数人按时缴税，而你是那些少数人中的一员"，此外不再做进一步提示，这样会使得缴税额提高15%左右（大约增长了5个百分点）。这种助推手段的推

动作用在许多传统地区仍然有效，尤其对男性来说效果更明显
（他们往往会逾期缴税）；但对那些前一年就没有按时缴税的人
就不怎么管用，尽管它仍有显著的影响（详见第6章）。不过，
事实证明，对一个特殊群体来说，这些对他人来说非常有效的信
息不仅对他们没效果，反而适得其反。而且，这些人对税收服务
来说是一个特别重要的群体：他们欠了大量的税。这种助推手段
导致欠税排名前5%的欠税人的缴税率下降了25%左右（没有进
一步提示，从42.4%下降到31.9%），排名前1%的欠税人的缴税
率下降了35%左右（没有进一步提示，从39.3%下降到25.7%）。

幸运的是，我们可以使用系统测试来确定其他在更重要的
人群中奏效的信息和助推手段。事实证明，强调不缴税意味着
将失去重要的公共服务——比如英国国家医疗服务系统、道路
和学校——这一事实，对这部分人十分有效，尽管不如社会规
范对大多数人的推动效果那么明显。与英国税务海关总署一起
进行的研究发现，以损失为框架的公共服务请求（即不支付意
味着……）会使排在前5%的欠税人的缴税率增加8%，排在前
1%的欠税人的缴税率增加43%（没有进一步提示，从39.3%上
升到56.3%）。换句话说，排在前1%的欠税人的个体欠税额通常
超过了3万英镑，将催税信上运用社会规范来征税的话语改为公共
服务损失，会使缴税率翻一番，而无须做进一步提示。

回想起来，讲述这样一个具有非凡意义的故事并不难。如
果你是排在前1%的欠税人，而且非常富有，那么大多数人按
时缴税对你来说并不意味着什么——你以为你很特别，就欠税

而言你确实很特别！同时，当你拖欠的额度超过教师或护士的
平均工资，那么你的拖欠行为就会真正影响到公共服务，这就
是事实。但这一发现在结果出来之前并不明显。只能在对成千
上万人（有时可能是数十万人）做随机对照试验的基础上，通
过仔细描绘所有人对不同特征或部分的行为反应，才能改进和
调整这些信息。

这种特定的推动只有在大数据和收集分析数据的背景下才
有可能。这种方法正成为数字化商业世界的一部分。一些国家
的政府也开始开发这种特定的方法，尽管公共部门的信息通信
技术还不够智能或数据还不够丰富。的确，一些国家和公共服
务部门还存在几乎能完全阻止这种特定方法的法定障碍。

我们会在第 11 章探讨数据塑造行为助推的伦理问题。你可
能觉得它们让人害怕，也可能认为它们是个性化服务的良好发
展。但无论如何，对一件事你应该毫无疑问：用"大的"行为
数据来定制和塑造的助推手段可能是非常强大的。这就是为什
么确保权力在正确位置上是如此重要，对我来说这就意味着权
力应掌握在公民或消费者的手中。

结论：数据透明与行为科学可以重塑市场，比传统监管更有效

用数据来帮助消费者选择是一项长期的政策工具。在某种
意义上，这是最基本的"助推手段"——告知人们却不约束或
强制他们做选择。行为研究从三个方向做了进一步推动。

第一，行为研究表明，商业投资人和监管者提出的许多信

息会深深地迷惑消费者。因为这个原因，行为研究成为为消费团体服务的主战场，而且还把一些政府拉入行为科学世界，不管它们是否愿意。

第二，人们日益认识到信息呈现的内容和方式对信息的影响至关重要。更好的信息——以及时和人性化的形式呈现——可以产生重大影响。这类干预措施可以触发"双重"或"三重"推动，促使制造商和生产商改变它们的产品，反过来又进一步促进消费者做出改变。有趣的是，一些最有用的强大信息来自市民在各领域的经历，从医疗保健到耐用消费品等。在这个新的世界，更换网站和新形式的选择引擎非常关键。

第三，我们已经看到，大数据使用与大规模实验方法的结合可以反过来重塑政府和企业的助推手段，从而更具个性化、更强大。

大数据与行为研究结合是一股强大的力量。在掌握消费者和公民数据的同时，它可以为我们已经开始了解的个性化服务和产品打开大门。如果这些数据掌握在没有道德的企业或腐败的政府手中，就会损害和操纵消费者。这就是智能信息披露如此重要的原因。对监管机构而言，政府和企业的智能信息披露可以提高生产力和质量，降低监管负担，市场能更好地为公民和消费者服务。

恰逢我的大儿子刚刚申请大学。他缩小选择范围的标准之一就是学生满意度。无论正确与否，这绝对会影响他的选择。他不会想到10年前，他根本不可能接触到这些信息。

第 8 章
助力重大政策实施的不同方法

在唐宁街 10 号锃亮的黑色大门背后，以及白宫雄伟的廊柱之间，毫无疑问，危机像医院急诊室的病号一样络绎不绝。这里有时候相对安静，但在大部分日子里，危机似乎像潮水一样涌进大门，电子邮件也滚滚而来。这些危机下至敬老院经营不善的报道，上至国际事件，包罗万象。它们往往是由当天的媒体报道触发——与隐匿在二楼的政策小组不同，唐宁街 10 号新闻办公室的一大屋子办公桌和工作人员在一楼随处蔓延。这些事件还包括部门之间，以及组成政府的政治元素和执政理念之间的相互碰撞，无论是否在联合执政时期。

抛开媒体界 24 小时的狂轰滥炸，许多需要首相和主要部门亲自做出的决定，才是深层次的挑战。无数的文档、幻灯片和笔记在白厅飞进飞出，塞满了部长的红色公文匣[1]，到了周末多数时候甚至会溢出来。尽管公众对政客们的普遍看法是他们自私自利，甚至懒惰松懈，然而实际上，大多数政府官员都要面对繁重的工作量。[2] 虽然大多数政府官员星期五晚上都要回家，然而部长们却要用整个周末的时间来处理文件和意见。他们的办公室和部门将在周一上午等待"公文匣回复"——关于所有的政策选择的潦草意见和批注。他们就靠着这些开展工作呢。对于首相来说，情况更甚。著名的"红色公文匣"放在首相书房外的首席私人秘书的办公桌上，它每天都被私人办公室的工作人员和重要政治顾问的便条塞得满满当当。

通过文件空白处的潦草批注，加上便条上那些具有独特引申义的标题，首相支持的选择一目了然，这些意见也会通过政府体系有所回应。在某些场合，我们和其他工作人员能亲自见到首相。有时是聚集在首相那令人好奇的现代书房里，里面的椅子不断增加，杂七杂八（著名的"沙发政府"所在地）；有时如果其他部长和各部门也参与，我们就在隔壁的内阁会议室，里面摆着著名的棺材桌，历史氛围浓厚。最重要的是，我们在这里与唐宁街10号内部及周围的同事们开了无数的会议：他们穿过连接门进进出出，去往内阁秘书的豪华办公室（比首相的书房气派得多），去往我自己位于唐宁街10号的小办公室，并且也非常频繁地去往走廊、唐宁街10号的休息室，或者白厅。

在这样的一个世界里，我们往往没有时间，也没有耐心斟酌那些"尚需更多研究"的答案，更不要说是一个随机试验了——尽管我们或许应该这么做。其中一些决定需要大家互相沟通，但多数时候并没有。这个是议题，那些是选项；部长A同意X，内阁大臣同意Y，我们同意Z——你同意我们的观点

吗？正是诸如此类的问题，与无数的便条一起，填满了首相的
公文匣和他的大部分生活。

行为洞察力小组或者世界各地类似组织的工作，就是对这
些需要尽快答复的便条以及决策施加影响。诸如此类的政策建
议一直是我们工作的中心。行为洞察力小组更深层次的任务，
绝不仅仅是在措辞上花拳绣腿以鼓励人们及时缴纳税款，虽然
这可能很重要。相反，它对人们的实际生活、行为方式、决策
方式及其对政策的影响进行了更加复杂而真实的阐述。如果助
推小组打算在风云变幻的唐宁街10号生存下来，它必须向首相
和部长们提出独特、有价值，能从无数会议以及填满了白厅和
首相的红色公文匣的一大堆意见之中脱颖而出的意见或者解决
方案。

令人好奇的电子香烟事件

罗里·萨瑟兰是一个超凡脱俗的人。他行事古怪，常常满
眼放光地推动一个事件或一种想法，而你都无法确定他是不是认
真的。在组织心理学中，他有时也被称为"工厂"（plant）——是
那种你有意识地围着他转，以便产生疯狂想法的人。这些想法
多数可能完全行不通，但偶尔一个会非常棒，或者至少能闪烁
点儿火花。这就是为什么广告业——他的大本营——要想方设
法留住他。但另一方面，你可能要听一大堆胡言乱语。

事实上，我曾与罗里一起上大学，但是在开始组建行为
洞察力小组之前，我们多年都没有见面了。一天，他一早便来

拜访我们，当时我们还在正对着白金汉宫、宏伟的海军拱门上班。在女王陛下的政府里建立一个助推小组，这等疯狂举措正符合罗里的胃口，他对我们从天而降，来到这个一贯沉闷的政府之中感到非常高兴。我记得我一直盯着他，试着琢磨为什么他如此面熟，还有他是不是真的很疯狂，之后我记起了我们在剑桥大学基督学院那遥远的岁月。我并不是很了解他。他附庸风雅、奢侈时髦，而我是一个自然科学家，比较朴素。他只是偶尔迎着飞扬的尘土去一趟图书馆，而我在实验室里一待就是30个小时。我们是不同世界的两个人。

在某个时刻，罗里制造出了电子香烟。放在2010年，这还是很少见的。我想他是从最近去日本的旅行中得到了灵感。顺便说一句，他挥舞着他的电子香烟，大声宣布这也许是个好东西。

管他之前还说过什么呢，我认为罗里在电子香烟上可能是正确的。一般情况下，通过引入一种替代行为来打破一种习惯，或改变一种行为，要比单纯地消灭这种习惯或行为容易得多，以实验室为基础的几代心理学家的发现也印证了这一点。对于上瘾或强迫行为更是如此。不要只是尝试戒烟，一般情况下你最好识别出诱因，然后引入一种新的与之相关的配对行为，有效地把一种习惯转换成另一种危害较小的习惯。如果电子香烟实际上更安全呢？这是一个重要的假设。考虑到与吸烟有类似的感觉、动作，甚至是生理效应，它似乎更有可能成为香烟的有效替代品。

　　鉴于此，团队开始进行深入挖掘。关于电子香烟的研究并不多，但早期的实验室成果似乎表明，至少好品牌的电子香烟在为期两周的实验中对于消除烟民对吸烟的渴望是足够有效的。事实上，对电子香烟也有一些好奇的倡导者。约翰·布里顿是一位热情且一流的研究吸烟的医疗专家，他是我们能找到的最为严格的循证专家。他向我们保证，当时在世界范围内只有一起死亡事件与电子香烟有关——那是一个有多年烟龄的老烟枪的家庭自制设备。也许更令人惊讶的是，显然——在唐宁街 10 号喝咖啡时看到——甚至连英国反吸烟组织 ASH 也支持电子香烟。

　　然而，并非所有人都赞成。公共卫生部门，或至少是那些曾见过电子香烟的部门，感到极度不安。与烟草公司斗争的记忆长久地萦绕心头。人们对于与烟草公司进行的关于吸烟危害的长期争辩，以及它们的矢口否认记忆犹新。关于过滤嘴的有效性，以及对开发"低焦油"和"清淡"卷烟的空洞指责，进一步加剧了这种怀疑。甚至到了 2010 年，许多国家的政府已经禁止（或开始禁止）这些新型电子烟，把它当作烟草行业的又一伎俩。

　　这并不是一个明确的指示。政策决定往往是这样的。首相和大臣们在顾问的协助下，往往要在证据不足的情况下做出决定。我们痛苦地看着这些证据并给首相打了一个电话：我们对此已经向您做了汇报，强烈要求英国政府反对禁止电子香烟。事实上，我们的要求远不止这些。我们认为应该竭力推广电子香烟，并且运用法规提高其质量和可靠性，而不是禁止它们。

凑巧的是，年轻的助推小组将于2011年新年发行的首个出版物，是关于健康行为的——史蒂夫·希尔顿的想法是，文章本身就可以利用公众自己下定的新年里生活得更健康的决心来扩大影响。该出版物实际上有一节是关于电子香烟的，但在最后一轮商谈中，大家认为文本应该体现政策发展和白厅出版物的特点，因此卫生部坚持认为我们应当删掉这一节。我们同意了，前提是它应该在政府关于减少吸烟危害的策略上有所提及。

战争真正开始

我们认为虽然尼古丁让人上瘾，但有证据表明，吸烟最大的危险来自烟雾中的致癌物质。当然了，如果你可以让人们远离尼古丁那自然更好：举例来说，尼古丁被认为能激发其他药物的导癌性，例如可卡因。从表面上看，电子烟可以减少吸烟者与致癌物的接触，也可以作为一种可行的替代品以帮助他们彻底戒烟。

然而，即便我们顺着这条路走，我们仍然需要确保这些产品尽可能安全。这些从世界的另一端运过来的产品出现在了大街小巷。烟民们怎么知道里面的成分，特别是里面是否有足量的尼古丁让他们过瘾呢？毕竟，如果那些努力戒烟的烟民试用过电子烟以后，因为不能摆脱烟瘾继续吸烟的话，这可能比根本没有试图戒烟的情况更糟。与此同时，我们应该采取什么方式避免它们被当作最新潮的东西卖给 11 岁的孩子呢？

我们考虑过是否能像食品或电子产品那样对电子香烟进行管制，但最终得出的结论是：通过"轻度监管"的医疗渠道对其实行监管是我们的最佳选择。引号放在这里很合适，因为任何与监管打过交道的人都知道，"轻度监管"并不一定是监管机构的默认职责。尽管如此，我们还是找到英国的药监机构，药品和健康产品管理局（MHRA），请求对其以尽可能宽松的方式进行监管——这足以确保电子烟没有其他有毒物质，同时含有足量的尼古丁。他们的负责人愿意帮忙，我也深受鼓舞，认为这一步我们走对了。药品和健康产品管理局有信心可以做到这一点：在保持低监管成本的同时，确保电子香烟不仅在药房（与尼古丁贴剂不同），而且在超市和汽车修理厂也能买到。这是 2010 年 11 月发生的事情。

在政府中心的生活就是这样的——也许多数大型组织都是如此。你真的很忙。你以为你已经有了一个决定和一套计划。事情已经开始启动，你将注意力转移到其他问题上。但其他人有其他的计划。

2010 年的时候，公共卫生部门可能并没有察觉到电子香烟以及我们的迅速行动。但到了 2011—2012 年，政策层面的重要部门，特别是公共卫生部门，开始激烈反对电子香烟。首席医疗官也从支持的一方转向坚决反对的一方了。生产尼古丁贴剂和戒烟口香糖的制药公司对这一新的竞争对手极度不满，并开始游说反对电子香烟。大型烟草公司更是让这场争论雪上加霜，它们从一个困惑的、略带敌意的观察者，摇身一变，对电子香烟产品产生了浓厚的兴趣，甚至有传言称，它们还收购了一些电子香烟公司。此外，一些电子香烟公司在一些国家所做的略为可疑的行为，以及那些称它们在校园外出售产品的传言，也给它们的事业造成了不利影响。

等这些提案从药品和健康产品管理局返回的时候，它们看起来与我们脑子里构想的宽松监管完全不是一回事。这个问题也成为整个欧洲的焦点，许多国家主张禁止，或者至少对电子香烟实行非常严格的监管。在公共卫生部门的强烈反对下，英国最大的零售商之一将电子香烟从货架上撤了下来。尽管我们之前很努力，但仍旧处于下风。我们面临着在欧洲对电子香烟实行严格限制的窘境，它们很可能会作为处方药，只在药店出售。有些人甚至变本加厉，想效仿澳大利亚，彻底禁止电子香烟，或仅可在严格的医务监督下销售。即便是药品和健康产品管理局也担心欧洲的做法过了头。

有些行为科学文献对专家判断进行了解读，但可读性不高。菲利普·泰洛克在文章中证明，政治和政策专家们通常不善于改正问题。[3]特别是那些持坚定看法的专家们，他们有清晰僵化的理论，往往会做出结果证明是错误的预测。相反，那些做出更准确预测的专家们往往对世界的看法更多元。一旦有了新证据，他们就会改变想法。他们往往满腹狐疑，因此他们很难成为电视评论节目上的权威人士。但他们更有可能改正错误，因为世界说到底就是个复杂的地方。现在的问题是，在这场讨论中谁扮演了什么角色？或许在这场讨论中，我们才是那些自以为是、头脑简单的人——借用泰洛克的比喻：倔强的"刺猬"。

考虑到泰洛克的警告，我们重新审视了所有能找到的资料，特别是自从2010—2011年电子香烟首次在市场上大获成功以来，英国戒烟率这一实际的行为依据。这个证据让人非常震惊。烟民的成功戒烟率下降了一段时期后，从2011年的4.6%又上升到2014年的7.2%。在这些醒目的数字背后我们看到了吸烟者是如何戒烟的——效果显而易见（见图8-1）。而靠着非处方药或处方药，或者尼古丁替代贴片和口香糖戒烟的烟民比例变化不大。事实上，就比例而言，吸烟者使用非处方的尼古丁替代疗法便戒烟的比例从大约30%缓慢下降到了25%，而那些使用尼古丁替代疗法处方药戒烟的比例已经从10%左右下降到了5%。相比之下，烟民靠使用电子香烟戒烟的比例从2011年不到5%上升到了2013年年中的30%左右，电子香烟成为戒烟的最有效方式。这个证据足以令人信服。简单地说，电子香烟为戒烟者创造了一种崭新且有吸引力的戒烟方式，并且成千上万的人都在这样做，让它变得简单而有吸引力……

人们担心电子香烟可能会吸引那些不吸烟的人，但在数据上并没有体现这一点。有一小部分不吸烟的人使用过电子香烟，但人数与那些不吸烟，但有时使用尼古丁替代疗法的人数差不多，这也许有点令人吃惊。还有一种担忧，特别是在美国，许多烟民抽电子香烟不是为了戒烟。在英国有200万名电子香烟使用者，在美国大约有 1 200 万，很明显，同时使用电子香烟并吸烟的烟民的数量也在不断增长。但证据仍然显示，这要比单纯吸烟好得多，更重要的是，不断上升的戒烟率很大程度上证明使用电子香烟的整体效果非常好。

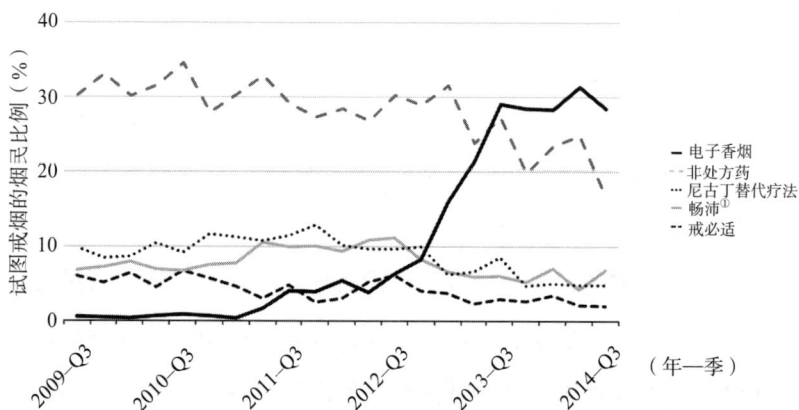

图 8–1　近年来用于戒烟的援助措施：英国的数据时间是 2007— 2014 年。2013 年，电子香烟超过非处方尼古丁替代疗法，成为最受欢迎的戒烟方法，同时戒烟成功的比例也更高[4]

我们拿着证据回去找首相和内阁大臣。巧的是，戴维·卡梅伦是唐宁街 10 号里面唯一一个有吸烟史的人，他甚至尝试过一次电子香烟（没有什么特别的印象）。我们决定坚持原则，至少在当下要确保电子香烟的广泛使用程度，同时推动监管宽松化，确保电子香烟在不含其他毒素的前提下含有足量尼古丁以满足吸烟者的烟瘾。另外还要通过立法确保它们不会被卖给

① 　畅沛（Champix）是由美国辉瑞制药公司研制的戒烟药。——编者注

18 岁以下的未成年人。易于购买，但是安全，这是我们的原则。

基于行为研究和其他证据，在新任卫生部长以及欧洲和全球问题秘书处（EGIS）的帮助下，我们采取措施，不断推进，并在英国和欧洲或多或少获得了支持。我们继续关注事态的发展。按照我们的假设，仅仅在英国，估计一年就有额外的 2 万~20 万的烟民因为使用了电子香烟而戒烟。对此我们难以确定确切的影响，因为还有其他变化，比如在此期间烟草产品在商店的出售遭到限制，但是估计这种变化带来的影响要比电子香烟的影响小得多。我们也无法确定电子香烟在那些控烟不如英国严格的国家的影响。但是电子香烟最大的好处是它让人们更愿意尝试戒烟，同时也更可能成功。

证据同时还表明，与传统的鼓励戒烟的宣传活动不同，电子香烟似乎是在鼓励社会各个经济群体戒烟。对于较高层次的社会经济群体，吸烟率从 2008 年 9 月至 2014 年下降了 2 个百分点（大约从 15% 降至 13%）；对于较低层次的社会经济群体，吸烟率下降了 4 个百分点（大约从 29% 降至 25%）——从绝对值上看后者比前者下降得更多，但比例上还是相似的。考虑到吸烟引发的广泛危害，最终的结果是，电子香烟将会降低健康的不平等性。电子香烟似乎能够帮助社会各个层面的人成功戒烟，这也许是因为它依靠的是改变行为和习惯，而不是"健康教育"或有意识的说服。

据粗略统计，吸烟使人的平均寿命减少 10 年，但如果在

40岁前戒烟，这种风险能消除将近90%。我们可以用这个数据来粗略估计，由于使用电子香烟，不断上升的戒烟率能挽救多少年的寿命。我们粗略地估算了上述额外戒烟的烟民数量以及对个体吸烟者的影响，得出一个数字：当前仅在英国，电子香烟每年能挽救大约10万年的寿命。[5]健康咨询机构英国国家卫生与临床优化研究所（NIHCE）每年要投入3万英镑（5万美元）以引进新药物。换句话说，假设电子香烟是一种新药物的话，我们必须每年支付约30亿英镑，或者50亿美元，才能获得如此大的成效。这个数量是相当可观的。

和大多数政策一样，这件事并没有结束。2014年7月，世界卫生组织发布了一份报告，指出各国应奉行"双管齐下的管制策略——既要把电子香烟当作一种烟草产品进行管制，遵守世界卫生组织框架公约对烟草的控制，也要把它当作一种医疗产品"。[6]他们不推荐使用禁令，但对许多国家而言，用这种方式管制电子香烟将大大削减其可用性。在另一方面，该报告指出：电子烟是履行职责还是造成威胁，这取决于营销电子烟的行业（独立制造商和烟草公司）、消费者、监管机构、政策制定者、从业者、科学家和倡导者之间复杂而又动态的相互作用。因此，该报告中提出的证据和建议也会迅速发生变化。

我们可能注意到，市场如何运作以及如何发挥作用，从根本上取决于整本书中探讨的行为因素。事实上，进一步完善对电子香烟的限制可能很有必要，例如，生产商是否会把营销的范围扩大到年轻人身上。（带有泡泡糖味道的电子香烟，真的只是针对成年人吗？）同样，如果有证据开始表明电子香烟比目前认为的更有害，那么进一步的监管可能就很有必要：至少目前我们要在它们的含量和效果上进行监测。

然而，关于电子香烟最有趣的转折可能还在后头。电子香烟也许是有史以来第一次为人们带来了完全消除（甚至禁止）香烟的希望。作为一个看似合理，貌似更安全的替代品，公共卫生界可能也在考虑电子香烟是否可能使全社会永远摆脱吸烟，尽管对它又爱又恨。如今，美国和世界上其他国家把吸烟作为可预防性死亡的头号因素，鉴于此，这将是一项了不起的成就。

有一个相对中立的政策观点认为，电子香烟之所以很容易购买——至少在英国——是由于一场基于行为科学原理的争辩。在英国目前的记录中，当前戒烟的成功率是最高的。但是放眼世界，目前每年仍有48万以上的人死于与吸烟有关的疾病。尽管时间会证明一切，但最初的迹象表明，通过帮助人们戒烟——在未来可能会实现完全禁烟——电子香烟可能是这一代人推动公众健康的最大助力。更了不起的是，许多公共卫生机构本来是要阻止它的。

重返工作岗位

年轻人点点头，"好的，可以。"就业中心的顾问确认他不介意开会时我坐在一边。事实上，在这间偌大的开放式办公室里，他似乎并没有注意到我正坐在顾问办公桌的一侧。他们的谈话似乎都遵照一个熟悉的流程。她问他自从上次见面以来，他寻找了什么工作，并提醒他有一个新的培训机会他可能想申请。顾问在前面领路，他跟在后面，除了有一次顾问忘记让他在一份表格上签字，他提醒了顾问。

这是一个让人有些郁闷的体验。这间办公室很现代化，也讨人喜欢，20世纪七八十年代那种玻璃屏障和非人性化的一排排就业中心都不见了。这个顾问努力活跃气氛，但她行程紧凑，还要履行职责。这个年轻人，看上去不过十八九岁，彬彬有礼，但是也无精打采，消极被动。他只比我的儿子大一两岁，这提醒我生活在多大程度上取决于命运。

到就业中心访问是为了帮助我们更好地了解作为这个国家的重要组成部分，它在日常是如何运转的。行为洞察力小组的一些成员——罗里·加拉格尔、萨姆·哈尼斯和亚历克斯·贾尼已经被派到就业中心待过一段时间，调查行为洞察力小组是否有可能帮助人们更快找到工作。这一任务十分艰巨。在不考虑人们的专业技能或劳动力市场现状的前提下，仅仅靠一些行为研究激发的助推措施，我们真的能让人们更快地找到工作吗？

我们团队之前从人种学那里学过一剂良方——一种对政策的"体验派表演法"（method acting），这是把行为研究激发的观点转化到现实世界的一个基本要素。就业中心的工作就是证明其重要性的一个例子，我们大多数人在此之前没有进过就业中心。

我追求的想法之一，便是我们是否可以对这种"弱联系"

（weak ties）和多数人陷入失业状态时表现出的萎靡不振做点什么。这不仅仅要参考行为研究的文献，也要参考社会资本的文献（人们的社交网络和行为准则）。回到白厅办公室，我们开始考虑就业中心如何才能将几个就业小组与找到工作的人聚集起来。这样做的用意就是提升那些还在找工作的人的士气，同时加强与那些在职人员的联系。因为根据预测，80%的工作空缺就是通过口耳相传得到填补的。

一两个星期后，罗里解释说这样行不通。显然，安排这样的会面很困难，多数就业中心也没有合适的房间。

通常看似不错的政策构思会因为某些实际问题而流产。一些就业中心确实有房间可供培训或用于别的用途，但并非总是如此。同样，就业中心的顾问行程都很满。挤出时间把以前的求职者聚集起来可能需要一个小时或更多的时间，顾问没有这么多时间。要知道，时间可是宝贵的财富啊。

引起我们注意的一个问题是求职者如何表现出他们在找工作。近几十年来，福利政策背后的一个中心思想是，申请人必须表现出他们正在积极寻找工作，这种想法源于北欧国家的"积极福利国家"（active welfare state），美国的克林顿政府，还有英国和其他许多国家的政府都在大力推行这种做法。事实上，"积极福利"是指我们要求失业者证明他们真的在找工作。在英国，这意味着求职者需表明，在过去的1~2周，他们已经寻找了至少3个空缺职位。所以，求职者进来时手里通常抓着一份并排印有3份工作的当地报纸，以证明他们曾经找过工作。

　　尽管从整体上来看，这对于积极福利政策是个好兆头——人们找的工作越多，就能越快回去工作，整体失业率就越低——但是我们对细节仍有疑虑。从心理学的角度来看，至少找过3份工作的要求产生了一个强大的"锚"，大多数专家都认为这个要求太低了。如果你打算找工作，每两周申请3个职位空缺这种要求非常低——大多数求职者应该考虑申请50份甚至更多工作。我们认为，更成问题的是把重点放在了过去的一周，而不是接下来的一周。

　　越来越多的研究显示，如果鼓励人们提前思考他们在何时、何地会做何事，他们更可能真正做到这一点。例如，如果你想鼓励别人投票，鼓励他们计划何时以及以何种方式去投票站要比简单地呼吁他们的公民责任更有效（详见第6章）。

　　我们决定测试这种"执行意图法"，看它是否能够帮助人们更快找到工作。顾问不询问求职者他们上星期做了什么，相反，我们鼓励顾问询问求职者他们下周会做什么，鼓励他们将其具体化，例如：哪天的什么时间最利于你求职？你打算找什么类型的工作？你打算怎么找呢——上网、看报纸，还是通过朋友？

　　我们同时要求顾问让求职者把他们的计划写在一个如日记本一样的小册子里，让他们保留着，下次见面时带回来。（顾问们担心许多求职者会扔掉小册子，但几乎没有人这样做。）我们还在干预措施中嵌入了一些我们认为可能会有帮助的其他变化。我们减少了求职者首次来到就业中心时必须阅读并签字的表格数量，从一开始就把更多的时间锁定在找工作上。我们试图为求职者营造一种强烈的进行感，我们给他们一份从现阶段到找到工作之间的所有步骤的任务表，甚至是在第一次见面时，就有许多工作需要完成。[7]

表8-1　就业中心如何帮助人们更快找到工作

简化	减少首个环节的书面工作，确保将焦点放在帮助人们重返工作岗位上
吸引力	让求职者完成任务后在清单上打钩，以此营造一种进行感，在第一环节就能有所成就； 通过（自选）训练提高求职者信心，确定他们的强项
社会性	将电脑屏幕移到一边，将注意力集中到这个人身上； 鼓励求职者把他们的个人计划写下来，以此作为一种自我承诺
及时性	鼓励求职者提前计划，向他们提出建议，鼓励他们提前一周就思考他们寻找工作的具体内容、时间和方式

为了让一些变化落到实处，我们必须获得"打破规则"的许可。这并不简单，尽管我们是从唐宁街10号出来的，但得到这个权限有助于激励和说服那些顾问们，让他们相信我们提出的新方法可能值得一试。最初的实验是在伦敦郊区埃塞克斯的劳顿的一处就业中心开展的，选择这里的部分原因是这个中心是在一栋两层楼上。两个楼层的求职者是随机的，一层楼采用新的方法，另一层沿用旧的。我们的实验结果是测算在实验开始的13周后不再领取政府福利费的新申请人的数量，这是整个英国就业中心的主要测算方式。

在几个月内我们测试了几千名求职者，之后便紧张地等待结果（我们依靠就业及退休保障部独立收集数据并进行分析）。

令我们喜出望外的是，干预措施似乎已经奏效：有60%采用新方法的求职者在13周之内不再领取政府福利费，对照组的比例是51%（见图8–2）。

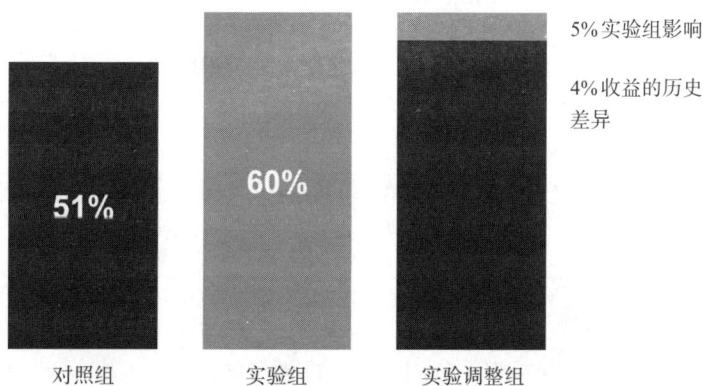

图8–2　13周之内对照组与实验组中不再领取政府福利的求职者的百分比

注：第三个柱体是第二个柱体的调整，它们的差别是由于个体差异造成的。

　　尽管如此，我们仍旧怀疑和担心是否两组中暗含的其他差异可能影响了测试结果。就业及退休保障部的分析员可以获得详细的数据，在他们的帮助下，我们采用了多种统计控制手段，以消除可能导致实验组更快地找到工作的任何个体差异。得出的结论是，这些控制可以解释一些影响，但仍然有约5个百分点的实质性的显著影响，换句话说大约有额外10%的人更快地不再领取政府福利费。

　　这个结果很有前景。就业及退休保障部部长当然十分高兴，即便他的部门此前对这项实验不支持。在参观劳顿中心的过程中，他注意到了重新设计后的过程似乎促进了与顾问之间更自然更积极的对话。他向媒体表示，干预措施"把个人交给个人顾问"。该部门从敌对到热衷，转而将新方法推广到了全国。

我们得记住，许多结果都是无法复制的，这一点非常重要。事实上，正如一组研究人员曾说过的那样（不太受欢迎），多达一半的结果随后都显示是"错误的"。[8] 考虑到这一点，我们热衷于在新方法作为国家政策被完全采纳之前，对其进行第二次、更大规模的测试。

为了做到这一点，我们采用了（极客）贸易所熟知的"阶梯式楔形"（stepped wedge）的设计。我们决定在英国的埃塞克斯地区试用新方法。然而，我们没有在同一时间将这种方法引入该地区的所有就业中心，相反，我们与管理人员一道，在每个月月初，把它逐步引入随机选中的不同就业中心。这种逐步引入意味着，几个月以后，每个中心都会在新旧方法上各花费一些时间，在它们的控制下有效地发挥作用。如果你展开想象，就可以看到一开始没有哪一个中心完全按照新的方法，但它们一次前进一步，直到全部转变了做法（让上面的"楔"形成控制）。

当他们已经集中注意力于更广泛的新产品发布会以及系统中的无穷变化时，运行阶梯式楔形试验以及保持各个部门的兴趣难度很大。随机化并不完全是完美的，因为引入变化的一些就业中心被认为在行政方面准备不足，不得不给予额外的时间来进行改变，因此我们必须加上统计控制（statistical control）

以去掉任何可能对就业中心造成的影响。这是在现实世界做实证工作必须付出的代价之一。实地试验有别于实验室实验，实地试验有时要务实妥协，研究者必须使用统计控制以消除不完善的地方，就像是工程师必须调整哈勃太空望远镜上的模糊镜头一样。

幸运的是，结果最终出来时，它的效果与最初劳顿的随机对照试验的结果非常接近。而我们所预估的最好结果是即便采用了所有的数据控制，修订后的做法仍然使得13周内不再领取政府福利费的求职者比例上涨了约2个百分点（参见劳顿的5个百分点）。[9]

到2014年初，新方法已经在全国范围内展开。与更改一个字母不同，改变就业中心25 000名顾问的方法和习惯是一项艰巨的任务。要做到这一点，我们得采用"培训教员"的方法，与行为洞察力小组的成员们一道（尤其是与亚历克斯·贾尼一起）培养第一代顾问，并与他们一起继续培训他们的同事。新方法的工作重心是编写求职者需要填写和保存的工作计划手册，在运用"执行意图法"的过程中，建立旅途感和进步感，以及求职者完成计划的隐形自我责任感，尽管这些都是在顾问的支持下完成的。

从2013年中期到2014年底，英国的失业人口下降了50多万，从250万人下降到了不足200万人。这几乎完全是因为领取求职津贴的人数减少了，从大约150万人下降到大约95万人，是2008年以来的最低水平。与此同时，欧洲其他国家的失业率却一直高居不下。

导致英国失业率急剧下降的因素很多,其中很多并不是行为洞察力小组的功劳。由于劳顿随机对照试验和埃塞克斯阶梯式楔形设计的成功,我们对行为洞察力小组/英国就业及退休保障部的干预确实会有所作为这一点很有信心。我们估计,仅在第一年,新办法就将申请者领取政府福利费的时间缩短了500万~1 000万天,让领取求职津贴的人比平均值早了2~4天回到工作岗位。在现金方面,这相当于约5 000万~1亿欧元的直接收益[10]。对人而言,益处就更多了:能更快回归正轨让人们十分骄傲,生机勃勃,顾问也有理由认为他们确实帮上了忙。

有趣的是,详细的分析表明,从新方法受益最多的是那些"破罐子破摔"的求职者。顾问以前发现这类人特别难以返回工作岗位。对于那些技艺高超、自我管理良好的人而言,新方法对他们意义不是很大。但是对于那些之前曾努力规划时间的人,对于那些最有可能被经济大潮抛弃的人而言,它能够产生巨大而且持久的影响。

自把这种"规划"的方法引入英国的就业中心开始,行为洞察力小组已与澳大利亚和新加坡合作测试了类似的干预措施。在澳大利亚,罗里和亚历克斯与新南威尔士州政府合作,考察我们是否能使受伤的工人更快回到工作岗位。他们采用了之前在英国用过的办法,发现受伤的工人回来上班的速度提高了27%——在90天内回到工作岗位。在新加坡,行为洞察力小组与人力部合作开发了干预措施的增强版本。这使得3个月内回去工作的人从32%增长到了49%——比我们之前的实验产生了更大的作用。

如果我必须从行为洞察力小组的工作中选一个我觉得最自豪的方面，它很可能就是让人们更快地回到工作岗位这件事。这比更换一封缴税提醒函、鼓励人们按时缴税要难操作得多，但可以说它对人们的生活产生了更重要、更直接的影响。我们知道，不断上涨的失业率极具破坏性，它产生了经济"疤痕"，即便在人们重返工作后，它仍然以低收入的形式呈现出来，给整整几代人打上烙印。我们也知道，失业对幸福感产生了巨大影响，这远远超过了收入损失所导致的影响（详见第9章）。

他们对顾问的影响也同样有趣。许多就业中心的顾问已经从事这份工作很多年了：我们遇到的许多人已经在这个岗位上工作了20多年。在对工作人员进行的调查中我们发现，与公务员相比，他们往往参与度较低，满意度也较差。但是在劳顿，在采用干预措施之后，员工的满意度急剧增长。我们不确定这增长的满意度是因为结果还是方法，或者仅仅是因为霍桑效应（Hawthorne Effect）①，但这并不重要。

通过使用这个更现实的人类行为和动机模型，我们与英国各地就业中心的工作人员一起（现在还有其他国家），已经能够让成千上万的人更快重返工作岗位。它不仅有助于更迅速地治愈经济，也治愈了生活。

---

① 所谓霍桑效应，是指那些意识到自己正在被别人观察的个人具有改变自己行为的倾向。——编者注

启动经济

在2010年，经营小型企业是十分艰难的。罗伯特是一个小型建筑商，他的多数工作已经停滞。在他订货簿上的多数大型房屋建筑商已经停止盖房了。从私人客户那里赚到的佣金也很少。人们担心工作保障，一直在拖延着他们本来计划好的建房计划。萧条的价格和破产的房屋建造商意味着小型地产有利可图，万事俱备，但没有一家银行打算给他贷款，以资助他购买所需要的建材。他很不情愿地解雇了一个员工，并让其他员工变成了兼职。

到2009年底，英国经济已经萎缩了7.2%。这是人们记忆中最严重的经济衰退。同时，大多数欧洲国家也身陷其中，或临近衰退的边缘。顾客不太愿意购买，银行不愿意放贷，而政府则在致力于削减开支、减少赤字。经济恐慌在整个欧洲大陆蔓延。这至少是10年来的第一次，关门的企业比开张的多。2009年，倒闭的企业比开张的多出41 000多家。

对于2010年的联合政府而言，工作的重中之重——除了遏制预算——就是刺激经济增长。事实上，如果没有经济增长，就不太可能解决国家巨大的财政赤字问题。我们认为行为研究能增加其价值的一个方面，就是金融产品和市场。我们能够帮助企业重获足够的资金和信心，让它们开始投资并再次实现增长吗？

让资金流动起来

2008年金融系统濒临倒闭的这股冲击波揭露了经济中存在的顽疾，并给经济留下了危险的裂缝。它波及了很多方面，从企业缺乏资金和流动性这类经济领域的问题，到人们对个人债务水平的持续恐慌。对于前者，2010—2012年的工作重点就是为小企业筹措资金。矛盾的是，虽然许多企业抱怨它们无法获得融资，大型企业持有的现金却达到了前所未有的水平，多达几千亿英镑。尽管英国央行通过大型银行将额外的巨额现金注入经济中，这些现金和流动性在某种程度上却无法进入中小型企业。

行为洞察力小组被要求与商务部和财政部合作，看看是否可以从其他的、行为研究特点更明显的角度解决这个问题。这个问题的部分原因是结构性的（大型银行在自己的分类账差额簿上修补漏洞），还有一部分是"动物精神"（animal spirits）[11]问题——整个国家经济人士的多愁善感和恐惧加剧了对风险的恐惧和否定。

一种方法便是开辟融资新渠道。我们注意到，小型企业，如小型建筑商和零售商的关键部门，极度不信任也不喜欢大型银行，同样，大型银行也不怎么喜欢它们。秉承"简单"和"吸引人"的原则，我们寻找除了银行以外这类小型零售商还可以去的地方。一种选择就是支持新兴的点对点借贷，通过释放额外的资金以及建立一个宽松的监管框架，这应该能落实到位。另一种方法，也是更为独特的行为洞察力小组的方法，则是去寻找小型零售商以及企业通常会去且信任的地方，看我们是否能把这些参与者作为融资渠道。例如，我们注意到，大多数零售商会定期光顾五金器具店、木材场以及租用中心。因此，我们联系了这些行业中几个较大的连锁店，利用它们已有的与这些零售商打交道的知识和关系，看看我们是否能说服它们也成为贷款人。

最初，他们的反应相当消极。"我们不希望成为银行！"英国最大的一家贸易公司的一位高级主管说，当时我们正围坐在唐宁街 10 号一楼的会议室里。我们知道，单这家公司就持有约 10 亿英镑的现金储备。"我们为什么要这样使用我们的现金，而不是到中欧投资？"我们花了一些时间说服它们这样做的重要意义，包括帮助它们计算出它们可能在这些贷款上获得的收益。关键是它们往往比银行更加了解它们的客户。它们更熟悉客户的业务，并且更重要的是，这些在柜台后面的家伙往往私下里也认识他们。最具说服力的是，它们已经在"贷款"给这些小企业，既然这能让它们卖掉仓库中的一堆建材，那么为什么不借钱给它们呢，特别是多数钱最终还是会进入它们的账户？

在国际清偿银行的帮助下，我们修改了程序，让这样的公司更容易将它们多余的现金借给小型企业，让它们的现金流动起来，以获得丰厚的回报。我们向它们展示，将这些贷款投放给小型企业所获得的收益至少和去中欧投资一样可观。但要做出改变，很大程度上要靠主要管理者思维模式的转变，因为对于国家资金而言，这种转变是结构性的。

同样，我们不遗余力地鼓励大型企业从事供应链金融。劳斯莱斯凭借它的品牌和库存现金，或许以2%的利息就可以向银行贷款，但如果它的供应商从银行贷款，利率可能很难低于10%。如果劳斯莱斯给这些贷款提供担保，并告知银行它将在指定的时间内支付小企业工钱，那么小企业也可以以劳斯莱斯的利率向银行贷款。

通过这些计划得以流转的现金数量，与在主流银行里流转的100亿英镑相比，的确是小巫见大巫，但是对于在关键时期的许多小型企业而言，却是生与死的巨大差别。另一个重要的方面是，这能对常规银行构成压力，从而改善它们的行为。因为这使它们意识到，除了它们，还有其他选择。事实上，在这一时期开始的一些替代性融资计划正在持续发展，现在已经成为这个更加多样化的融资市场中的重要一员，成了这一时期的一个传奇。

行为研究也能够，并且持续对个人理财市场产生影响。对行为金融学的研究有助于塑造消费者信息思维，包括以标准条款解释贷款（例如年利率），以及探讨这种方法的局限性（请参阅之前章节关于数据和透明度的内容）。行为研究工作推进的一个关键战场，是冷静时期的增长，尤其是那些针对不断涌现的商店专用赊购卡的冷静期。而在金融监管机构内部，特别是在行为经济学家斯特凡·亨特等人的推动下，监管机构在发薪日贷款和个人银行业务上进行了关键变革，这在很大程度上依赖于对行为科学影响精心设计研究的结果。

提振信心和接受方案

行为研究思维对增长策略的其他方面也有影响。为了推动增长，政府出台了一系列新计划来支持商业发展，但这些计划往往并没有被采纳。极少有企业接受新形式的资助，虽然它们也在抱怨缺乏资金或支持。首相和其他高层人物对此既恼怒又疑惑。我们行为洞察力小组得出的结论是，至少部分原因是企业并没有真正了解这些方案，甚至从来没有听说过。这不仅对企业产生了直接影响——这些计划的目标是帮助这些企业，但它们没有采纳——而且也在更大范围内影响到了商业界，它影响了企业的信心，或者是凯恩斯所说的"动物精神"。即便你的生意看起来一切都好，钱存在银行，订单源源不断，如果你感觉到周围的其他企业都陷入困境却束手无策，那么你也会退缩。如果你觉得其他企业陷入麻烦，你就不会雇用新员工，或投资新设备。

考虑到这个更大的疑虑，我们试图寻找各种方法说服更多的企业参与相关增长的计划，同时让更多企业知道这些计划。行为洞察力小组认为，我们可以在其他政府部门向公司发出的、已有的大容量邮件和信件中添加信息，而不是为每一个新方案进行独立的设计。我们认为，能大幅度传递商业信息的最大传播者，不是金融部门（国际清偿银行），而是税务部门——英国税务海关总署每年都会发出数亿封信件。我们认为，应该利用这些通信渠道，以提高公众对增长相关方案的了解程度和接受率。

有一个主要问题：英国税务海关总署担心它的渠道被用到与税收无关的用途中。它的官员写信给署长和常务秘书长，警告说这样做有偏离其法定职权范围的风险。常务秘书长以及部门负责人林·霍默也有一些实际的担忧。如果他们允许其他政府部门将信息添加到税务海关总署的通信中，会不会影响到与税收有关的核心信息呢？如果企业不知道应该联系谁，打爆了税务海关总署的热线可怎么办？当你运营一个负责统筹数千亿英镑的庞大部门时，你就有理由警惕唐宁街10号一些自以为是的家伙的主意，他们会给你们的工作添乱。当工作停滞时，可没有人会感谢你。

幸运的是，霍默和她的署长们允许我们进行了一些试验以检验这一假设。英国税务海关总署新成立了内部的行为洞察力小组，由洛汗·格鲁夫带领，我们与他们一道设计了一系列简短的邮件，附在税收信息之后，告知有关企业这种特殊的增长计划。这样做的效果非常好，这种电子邮件不仅提高了经济增长计划的访问量和申请量，也提高了英国税务海关总署税务信息的访问量。经过一系列的试验测试，结果显而易见。重要的是，这一结果说服了税务海关总署，它因而允许我们更广泛地利用它的渠道，以提高其他政府计划的利用率。

接下来政府的增长相关计划的成功，如鼓励企业投资宽带从而扩大它们的线上规模以及在世界各地的贸易能力，很大程度上要归功于这些新渠道的使用。每封电子邮件都带来了应用率的飙升。我们也能像在前面的章节中展示的例子一样，展示哪些消息相比其他更加有效，例如那些暗示企业在某些方面被"选择"或者确认适用于经济计划的信息更有效，而人们不太可能打开某些添加了政府或营销"品牌"的电子邮件。我们不能量化的是它对更广泛人群的商业信心的影响，包括对那些实际上没有使用这些额外支持，但注意到它们的运作方式的人。这是后面的工作需要解决的问题，现在我们只能推测。

　　这在现实的政策中早已司空见惯。有时候我们必须善用我们的知识并且仔细观察。我们所知道的是，"动物精神"，比如商业信心、乐观心态和直觉感受，很大程度上影响着企业和消费者的行为。正如凯恩斯所言："我们积极活动的一大部分取决于自发的乐观精神，而不是数学期望……取决于自发的冲动行为，而不是不作为，更不是定量收益乘以量化概率的加权平均值的结果。"[12]换言之，企业的决策是基于心理过程，它不甚完美，而在经济衰退和人们疑虑重重时，实际上很多政策都是在改变这种情绪。以这种方式思考似乎很奇怪，但通常数十亿英镑投入计划中，从减税优惠到量化宽松，更多的是影响情绪而不是有直接的作用。如果我们认为它越来越好，或者有人有一套合理的方案刺激经济增长，那么这本身就可以自圆其说，或者它将放大方案本身的影响。

并非每战必胜

行为洞察力小组并不是每次争论都会赢。即便首相有时候也不能随心所欲。虽然有他的支持，料想我们也不会每次都占上风。

处理问题时，应尽可能地仔细考虑每一个细节。我们有时会联想到钻石的设计：一个设计师最初会尽可能多地想出创意——第一步，把钻石扩大一半。之后他们才会思考如何砍掉想法——第二步，把钻石缩小一半。正因如此，许多想法和选择被留在了唐宁街10号剪辑室的地板上。其他的一些想法变成了笔记或建议，但在考虑其他方面的问题时又惨遭淘汰：有时出于实际情况的限制，有时出于各部门的反对意见，或者有时是出于政治考虑。

我们对其中一些观点进行了仔细推演，但在最后一关还是被淘汰出局了。它们的失败并不意味着它们错了，但明白它们为什么失败却很有启发意义。

一种想法的失败，最常见的原因是实用性和部门方面的阻力。例如，我们在多个场合尝试在1 200万接受冬季燃料补贴的人的信件上添加提示，却被告知这样做太困难、太昂贵或者太晚了。毫无疑问，这其中涉及纠纷，但各部门和中央在各部门预算的结算问题上的分歧，很可能是因为它们缺乏合作。（2014年，在奥利弗·莱特文的帮助下，我们最终只设法在信封上添加了一条提示——这立马使能源监管机构的网站上有关

消费者如何更换更划算的供应商这个内容的访问量激增。）我
们在与能源和气候变化部（DECC）关于它的绿色新政融资计
划的交锋中也败下阵来；还有，与住房、社区及地方政府部
（MHCLG）在关于变更购买社区房的权限（尽管最终在2015
年初得以实现）以及与卫生部在简化器官捐献、与英国税务海
关总署和福利部门在减少福利欺诈和错误上也都没有获得成功。

　　有时，争辩失败是因为各部部长做出了他们不想追求这种
想法的政治判断。这可能是因为他们认为这不符合自己的政治
或道德信仰，或者是因为他们对公众或媒体可能会做出的反应
感到不安。这有时候被称作政治干扰，尤其是那些在争辩中败
下阵来的一方特别喜欢这么称呼，但对我来说，这似乎天经地
义——这是行动中的民主。（第11章将进一步讨论）

　　我们发现在一些部门比其他部门更难取得进展，至少在
2010年新一届政府最初的几年是这样。例如，有一个自由民主
党特别热衷的政策领域，我们在其中应用了一些行为科学方法
和其他一些循证法，同时规范它在之前的联盟协议中的效力。
凑巧的是，我们有充分的理由认为，这类办法在这一领域是可
行的。我与唐宁街10号团队中的几个相关负责人一起，为这些
想法草拟了几个名单。但是，尽管我们与相关部门的一些政治
顾问和高级官员一次一次进行谈话，几年的时间我们也没取得
什么进展，虽然首相也站在我们这一边。该部门的政治顾问不
是史蒂夫·希尔顿的铁杆粉丝，这一点可能对我们不利；或许
碰巧该部门在他离任之后会对这个方法表示欢迎，至少对一些

问题会如此。

在2010—2015年，因为政治理由落选的其他想法，包括：非法移民（打破了无赖雇主和非法员工之间隐匿的勾结）；医疗保健（如澄清临终患者的意愿）；社会不平等（鼓励人们将遗产留给后代）；改变激励措施，鼓励雇主雇用长期失业者（实际上，是为雇用年轻失业者提供保证金）。

我不惋惜这些失败，我们也取得了很多胜利。部长们被选民选出，一旦选民不喜欢政府的作为，他们就会被一脚踢开。他们拼命工作，制定一些通常不是被这一方就是被那一方嘲笑的政策，至于职业生涯，通常会以别人认为的失败收场（被总统，或者选民罢免，或因性丑闻辞职）。正如我们将在第11章中进一步讨论的那样，需要有人最终决定哪些助推方式是可以接受的，哪些不是，做决定的应该是其他人，而不是助推者本人。

结论

每当一个很酷的试验结果公布——比如在一封信中添加一行字便可以鼓励更多的人缴纳税款或者注册成为器官捐赠者——都可以吸引相当多的媒体和学术界的关注。然而，行为洞察力小组的大部分活动是关注政策：首相、部长和官员们做出的日常决策，并将一直如此。

为电子香烟抗争阐明了一个典型的政策类型：决定允许还是禁止一个活动或一件产品，最终要通过法律及法规表达出来。第二个例子涉及一个更为复杂的领域，有时也被称为行动方针：政策是如何被数以万计的公职人员转化成实践的？ 在这个例子中，政策是如何被数以百万计、在重新找工作时接受福利制度的失业人员转化成实践的？第三个例子使我们略微了解到在政策中，政府在试图启动停滞的经济方面，作用是间接的。对个体商户而言，它决定了是投资还是按兵不动；对银行而言，它决定了放贷与否；对消费者而言，它决定了是花钱还是存储。但助推会影响其中的一些决策。

政府方法与私营企业行为之间的界限远不够明晰。例如，与电子香烟有关的许多问题很大程度上取决于卖家的行为，而经济的操作，至少在一定程度上，是受监管机构设置的规则影响的。这三个例子使我们得以窥探到行为洞察力小组以及其他中央单位是如何运作的。

行为洞察力小组也在向唐宁街 10 号和内阁办公室的其他政策领域献计献策。我们能够产生影响，很大程度上是因为得到了首相政治顾问的大力支持，如罗翰·席尔瓦和史蒂夫·希尔顿，还有副总理的政治顾问团对我们的支持，包括波利·马坎兹、蒂姆·科尔伯恩和其他人——当然是通过直接对话或者书面的便条进行交流。尤其是在罗翰·席尔瓦和史蒂夫·希尔顿离任后，我们得到了内阁秘书杰里米·海伍德先生的持续支持，他娴熟的技巧和全局性的眼光几乎触及了英国政策的每个领域。

与做对照试验不同，你不能始终确保所采用政策的影响。在让人们重返工作岗位的实例中，我们对积极的效果信心满满，因为在变化之前我们在国内外都已经做了试验。我们正在谋求进一步的改变，相信可以产生更大的影响。我们也非常有信心，我们在电子香烟上做出了正确的决定，挽救了成千上万个生命。在经济增长方面，我们很难得出确切的影响。我们知道，我们可以设法让企业接受特定的政府计划，从给业务咨询拨款到发展宽带，并帮助建立新的放贷形式，但很难将这些特定干预对商业信心的增长与英国经济发生的重大转变割裂开来。批评者可能认为，信心的增长无论如何都会发生，或者完全是其他因素的功劳。

许多诸如此类的问题出现在政府收文篮和部长公文匣里。一些来自政府内部，还有很多是公共需求推动的。在生活开支、促进社会流动和解决心理健康方面，我们是否可以做得更多呢？新形式犯罪该如何处理，例如网络盗窃或恐吓，非法移民或肥胖？我们是否应该对不健康的食物征税？我们是否应该让某些药物合法？随着市场、技术和大众偏好的演变，加之强大的经济和特殊的利益想法，许多问题都是由社会选择的。

传统的分析可能忽视了挑战，我们的方法是否能够为这些挑战找到解决方法？这是行为科学家面临的主要挑战。例如，既然摩擦因素非常重要，如果网上购物平台一直在向消费者展示世界上最划算的价格（或至少在欧盟或北美自由贸易区内），那么世界贸易会增长吗？价格会下降吗？我们在税收和福利制度中因为欺诈和失误损失了数十亿英镑，这都是自私自利的"懒惰"而不是主动欺诈的结果，这种差距能仅仅通过行事规范得到弥合吗?

也许行为洞察力小组对政策提出的最重要，但非常微妙的改变，都是围绕着方法和思维方式发生的。在助推小组成立3~4年后，除了对成本与收益、政治与经济的常规讨论，我们向首相和部长们递交的便条包含了越来越多的行为研究语言。内阁办公室大臣奥利弗·莱特文，以及他在唐宁街9号的同事也许尤为重要，或许还会继续发挥重要作用。莱特文，像内阁秘书杰里米·海伍德一样，监督整个政策领域。在出席了行为洞察力小组的多次会议后，他自己很快就对行为研究有了很好的认知。他会经常指导白厅各部门和政策小组考虑行为研究方法，或者朝着行为洞察力小组的方向引导他们。决策是政府的命脉，通过决策，行为研究的观点和方法得以在政府的分支机构中广泛传播。

即便附带有来自唐宁街10号的电子邮件地址，也不能保证我们的推荐意见一定会被接受。但是，我们的推荐意见和思维方式还是被大量接受，也产生了重要的影响。有时候，建议需要在正确的时间和机会提出，需要与当时的情感产生共鸣。很多建议现在仍在通过系统发挥作用，而一些在与白厅抗争后依然被遗留在白厅剪辑室的意见，仍有机会看到曙光，如果不是在英国，那就是在其他国家的政府与环境中。

第9章

幸福：忘掉GDP

国民生产总值把空气污染和烟草广告，以及清理高速公路交通事故的救护车也计算在内。它计算我们家里的防盗锁和监狱专用锁。它计算红木的破坏和自然奇观的锐减。它计算凝固汽油弹，计算核弹头和警察用来治理城市暴动的装甲车。它计算惠特曼步枪和斯佩克军刀，计算为了向孩子们销售玩具而宣扬暴力的电视节目。然而，国民生产总值不计算孩子的健康、他们的受教育质量或游戏时的欢乐。它不计算诗歌之美、婚姻的力量、公共辩论的智慧或者政府官员的诚实正直。它衡量的既不是我们的机智也不是我们的勇气，既不是我们的智慧也不是我们的学问，既不是我们的慈悲也不是我们对国家的热爱。总之，它囊括了一切，除了那些让生活变得有价值的东西。

——罗伯特·F.肯尼迪，堪萨斯大学，1968年3月18日

伊莱恩是一名乘车上下班的上班族。从她家到工作单位一趟大约需要1小时40分钟。与她的许多同事相比，伊莱恩是一个新手：乘车上下班还不到5年。当她上车时，车上已经有一半的乘客了。从有利的一面讲，她和她的家人住在一所带着一个漂亮花园的宽敞大房子里，如果他们像她很多住在伦敦的朋友一样的话，他们根本负担不起这么大的房子。这样往返周折很累，有时候她和丈夫也讨论过搬家，但工作待遇不错，孩子

们似乎也很高兴。在生活中你必须要做些权衡。

我对伊莱恩这类人感同身受，因为我也是他们中的一员：我自己每天上下班单程大约要花1小时20分钟。我在剑桥上车时，伊莱恩和其他人已经在车上了，他们面前放着一杯咖啡，可能的话还得抓住这几分钟补个觉。2001年我开始为托尼·布莱尔工作的时候，我和妻子想过搬回伦敦，但考虑到我在政府工作的时间应该只有18个月，我们最终决定不带着我们的两个小男孩从剑桥的家搬回伦敦那套只能放3张床的公寓。

伊莱恩这样做"对"吗？我们这样做"对"吗？为了住在一个带有漂亮花园的大房子里，就要忍受漫漫上班路，这值得吗？还是住在离工作地点较近的小公寓里面更幸福呢？幸福学的证据表明，大多数住房小一点儿、离工作地点近一点儿的人会更幸福。看来额外的收入和生活空间也无法弥补长途往返的劳累，这不仅仅是对通勤者个人而言，对他们的伴侣也是如此。[1]事实证明，帮助我们渡过生活中的难关，偶然也让我们跌倒的思维捷径，在我们对生活做出重大决定时也会发挥影响。当我们把带花园的房子和城市公寓进行比较时，我们考虑到了夏日，考虑到了在草坪上玩耍的孩子们。做出选择轻而易举，但这个选择可能会产生一些不太显眼却影响重大的后果，比如通勤可能意味着我们将会错过孩子们的就寝时间，不能给他们读睡前故事。也许打理花园所需的时间远比我们想象的要多，相反，这些时间可以用来带着孩子到附近的公园或动物园转转。

这些类型的决定，无论是在个人层面还是社会层面，都是本章的重点。许多一流的行为科学家也在研究幸福，这并非巧合。从丹尼尔·卡尼曼到丹尼·吉尔伯特，从伊丽莎白·邓恩再到保罗·杜兰，他们都聚焦于行为科学与幸福那迷人的交集之处，虽然他们各自的出发点不同。而这一交集的核心是一个惊人的问题：我们真的知道是什么让我们幸福吗？

如果我们相信幸福学的研究，那么看起来我们经常理解错了。我们为孩子买了昂贵但他们很少玩的玩具，如果我们投入时间陪伴他们，他们（还有我们）可能会更幸福。我们节衣缩食买了一辆好车，但6个月之后，我们发现它和其他车没什么区别。我们选择更长的通勤时间和更大的房子，而实际上花更多的时间"宅"在小房子里我们可能更开心。我们的一些集体决策，包括社区和国家层面上的，可能也同样偏离了轨道。

其中的含义对我们如何经营自己的生活，对企业，对政府都有重要意义。这就是本章探讨的内容，结果证明我们将开启一段奇特而全新的旅程。这一问题，与行为洞察力小组的其他工作一样，也是首相一直想要解答的。

幸福的早期根源

人们在很早以前就开始思考幸福——它是快乐和积极情绪的主观体验。在哲学和宗教上，它与美好生活的概念紧密相连，但又不完全相同。

在亚里士多德看来，对幸福的追求是生命的终极目标，因为所有其他目标，无论是物质上的还是精神上的，都是通往这个终极目标的手段而已。他认为人类的一个显著特点，就是我们可以运用推理来选择会达到这种状态的行为：通过短暂的快乐，或者不适，来塑造一种拥有美德、求知欲和友谊的生活，并通过这些获得一种深刻的、我们称之为幸福的感觉。幸福不只是一种短暂的精神状态，还是一种"灵魂的活动"，需要一个人穷尽一生来实现："一只燕子捎不来春天，一个晴日带不来生机，一日或很短的时间也不能使人获得福祉。"[2]

2 000多年过去了，亚里士多德的思想经受住了时间的考验。这在约翰·斯图亚特·穆勒的思想中得到了体现，他的幸福观念植根于更高层次的美德。但也许最为人熟知的是穆勒的教父杰里米·边沁，他把幸福的观念推广到了现代社会。

18世纪，许多人提出了类似的想法，包括弗朗西斯·哈奇森[3]、戴维·休谟、威廉·佩利[4]，其中边沁最广为人知的是他对幸福的直白解释——有些人也许会诟病其过于简化。他认为幸福是一个人应该如何生活的指南，同时也是政府行为的指南。他建议采用一种"幸福计算"（felicific calculus）——或"享乐主义"（hedonics）——通过它我们能够科学地确定从特定活动中获得或失去快乐的量，也可以在此基础上做出政治性决策。[5]边沁是这样说的："任何法律的功利，都应由其促进相关者的愉快、善与幸福的程度来衡量。"

边沁的功利主义遇到了两方面的问题。第一个是哲学问题。他的"幸福计算"似乎意味着，如果可以给予其他所有人极大的快乐，个人的不幸就是理所应当的。第二个是实际问题：一个人，或者政府，怎么可能从经验角度对幸福进行度量呢？第一个问题让哲学家们兴奋了200多年。但是，第二个问题却没有答案——度量幸福——只好留给那些耄耋之年的哲学家去争辩了。

衡量幸福感：从GDP（国内生产总值）到SWB（主观幸福感）

1937年，西蒙·库兹涅茨向美国国会提交了一份名为《国民收入，1929—1935》的报告，报告包含了用一个单一标准测量经济进步的初步设想。这个度量指标被称为GDP，旨在包括整个国家的经济活动。自第二次世界大战以来，GDP一直被用于衡量和比较各国的经济增长情况，还代表了各国公民的幸福感。虽然离完美差了一大截——GDP的数据依据的是一系列经常被修订和变更的推论——GDP在当今世界的国民收入核算方面仍然显得举足轻重，也许是我们这个时代报道最广泛的统计数据。政治生涯、选举甚至是经济本身的轨迹都受到GDP季度性波动的影响。

然而，GDP作为衡量社会幸福感的标准却有很大的局限性。GDP度量的是我们在实体经济中的行为，或者说度量的是我们的物质产出。对于古典经济学家而言，GDP应该或多或少与我们看重什么，或者什么能让我们幸福之类的东西相类似，因为在运行良好的市场中，理性经济人应该只做能增加他们效用的交易。但这一假设有大问题。

首先，对于什么应该算作产出有许多主观判断。例如，大量的灰色经济通常不计算在内。GDP 数据总是根据涵盖的内容进行没完没了的调整。例如，在 2014 年，英国国家统计局与其他一些国家统计机构一起，决定 GDP 中应包括对性交易和非法毒品交易的价值估计。（鉴于英国较高的 GDP，它得因为这项法案，向欧盟支付额外的费用！）然而，GDP 不包括志愿服务，不包括我们抚养孩子所花时间的价值，也不包括在经济增长过程中经常被耗尽的自然资源和其他资本的价值。对重大石油泄漏的清理算作 GDP 的增长，然而石油的枯竭以及它释放的碳却不计算在内。

其次，即便是在一个适度扩张的典型模式中，个人"理性"的选择最终也会导致整体效用或福利的减少。公有土地的过度开发就是一个简单的例子——每个人都过度放牧并破坏公有土地。还有一个更微妙的例子，是提勃尔·西托夫斯基在他的经典著作《无快乐的经济》（*The Joyless Economy*）中提出的：某些人无意间做出的经济决策会产生巨大的影响，或者经济外溢，这可能会导致总体上更低的幸福感。试想，如果人们开始购买平板家具，因为它物美价廉并且和人工定制的一样好。即便只有几个人这样做，它就足以使手工家具的专业制造者失业。这不是工匠们自己的选择，同时也损害了消费者的利益。同样，想想有多少人哀叹传统商业街和商店的消失，同时还选择在城外的大型超市进行每周的采买。

对本书至关重要的第三个问题，那就是我们不是"经济人"。通过行为经济学的镜头观察，我们做让我们幸福的事情，这种假设看起来非常不靠谱。如果我们对幸福感感兴趣，我们最好直接测量它——而不是强调GDP是个好的度量办法（尽管它可能有助于提高幸福感）。

不过，虽然许多专家承认将GDP作为衡量社会幸福感的度量有其缺点，但他们无法找到一个更好的衡量办法。对于许多哲学家和决策者而言，对主观幸福的度量看似难以解决，讨论幸福和闲言碎语没什么两样。幸运的是，心理学家和社会研究者半个世纪以来的努力已经在这些问题的基本方面取得了进步。

不关政府的事儿？

各国政府以及社会各界，特别是英国，花了很长时间才意识到幸福不仅仅是演讲中华丽的辞藻。虽然幸福议程的倡导者常常喜欢引用美国宪法中有关"追求幸福"的名言，但我们可以这样说，这些词语的主要意图和实际用处是政府应该最大限度地置身事外，让市民自己寻找自己的幸福之路。政府的作用仅限于为公民创造寻找幸福的条件，而不是代他们去寻找和界定幸福。

英国尝试过几次将主观幸福感度量纳入国家统计和政策之中。在1997年工党大选获胜后不久，环境部门的官员认为，幸福感度量应该纳入他们的生活质量指标中。虽然最初这一提议得到了环境大臣迈克尔·米彻的同意，但是当他看到实际的调查结果后，便不再同意这一做法，据说他声称，"人们不可能那么幸福！"在经历了上一届政府漫长而艰难的执政期后，怎么可能还有这么多英国人说他们很满意自己的生活呢？那段时期贫困率居高不下，不平等现象盛行，公共服务亟须投资。

5年后，在我首次进入政府后，我们以首相策略小组的名义发布了一份名为《生活满意度：知识状态与对政府的启示》的讨论文件，以便更广泛地探讨这个问题。这是我在2001年加入策略小组之前就曾建议编写的，尽管当时它的负责人杰夫·马尔根对其持怀疑态度（后来他成为推动幸福议程的大力倡导者）。事实上，这是一份我们在进行主要工作之余发布的文件。为了避免出现任何疑问，我们在文件的每一页都醒目地印上了"这不是政府政策的声明"。虽然它会被放进首相的公文匣，但就我所知，这份文件不是给当时的首相托尼·布莱尔阅读的。

尽管如此，2002年的这份文件还是引起了外界相当大的兴趣，是首相战略团队有史以来下载量最高的文件之一。这份文件给出了一个信号，那就是决策者对此有兴趣，并帮助和鼓励学术界和政策界的其他人士对其引起重视。理查德·莱亚德等经济学家加入了讨论，甚至连当时财政部的首脑人物古斯·奥唐奈尔爵士也明确表示，他认为这是一项严肃而重要的议题。

但是，在政治上，它未能引起任何真正的兴趣。没有哪一个主要政党、任何部长对此发表声明。其中一个原因可能是他们不知道这个有关幸福的政策可能会带来什么样的影响。另一个原因仅仅是害怕遭到嘲笑罢了。

直到2010年大选的准备阶段，当时保守党的新任领袖戴维·卡梅伦才开始探讨幸福这个话题。受到史蒂夫·希尔顿的鼓励，卡梅伦开始讨论英国是否应该学习不丹的理念：政府不仅应考虑GDP，也应该考虑国民的幸福指数。对于一些人而言，这只是希尔顿重塑保守党策略的一部分，但事实证明，卡梅伦是认真的。

幸福感成为主流

2010年11月25日，采访团聚集在财政部，等候首相发布重要讲演和公告。大厅里有数百名专家、记者和评论家，在他们身后有几位电视台的工作人员。联合政府刚刚成立6个月，新闻界对它的质疑并未消散。即便如此，唐宁街10号的新闻办公室还是不希望首相做这样一个演讲。他们尤其担心在财政紧缩和经济疲软时期谈论幸福感会遭到嘲笑。

我与史蒂夫·希尔顿一直在着手准备演讲稿，并且几周以来一直在就公告的细节与英国国家统计局进行商议。直到最后一刻我还在想它是否会被撤销。但是我们成功了，11月25日，首相即将公开表示，英国要进行大规模的主观幸福感度量，并在政策中对其进行系统性考虑。

对这一事件的准备过程，使得很多人关于幸福的神经再

图 9-1　英国首相在英国财政部宣布了一个关于幸福感的方案，在他旁边的是当时的内政大臣古斯·奥唐奈尔爵士

度被挑了起来。我们原本打算让丹尼尔·卡尼曼加入我们，但一连串的日程压力，加之他对我们国家的统计专家如何准确地度量幸福产生了质疑（其中的细节被大堂的记者遗漏了），于是我们在最后一刻转而选择了加拿大经济学家和福利专家约翰·赫利韦尔。赫利韦尔对不同国家间幸福差异的广泛分析肯定影响了我自己的想法。在首相演讲前一个傍晚，我在脑子里把整个流程重新回想了一遍，我回忆起在某次演讲开始的时候，约翰从他的家乡加拿大找了一群决策者站在那里唱："如果你感到快乐，你便会知道。"这背后重要的一点是——与一群人一起唱歌会让你感到快乐。我回忆了首相脸上的表情，这被5个摄制组记录下来存档了，那时约翰正试图让所有人——身经百战的采访团和财政部上层人士——站起来唱歌。我给在伦

敦酒店的他打电话，只是为了确认一下。"哦，是的，"他解释说，"我觉得这样做总是效果很好！"但我们都同意，最好不要在这样的场合下出现这样的场面。

在场人员的资历与这份公告一样意义重大。首相的一侧坐着内政大臣古斯·奥唐奈尔爵士，另一边坐着国家统计局局长吉尔·马西森。我们的政治、行政和统计系统的负责人站在一起，大家认为往届政府在考虑政策目标时存在空白，现在是时候认真考虑主观幸福感了。

演讲指出，经济增长固然重要，但其本身不过是一种手段：

> ……经济增长是达到目的的一种手段。如果你的政治目标是帮助人们创造更美好的生活，如果你无论是打心眼里还是通过一大堆数据发现，单靠经济繁荣根本不能提供更好的生活，那么你一定要采取切实措施，确保政府的工作聚焦在我们的生活质量的提高上，而这正是我们努力在做的。

在演讲中，首相提出了3点承诺。第一，国家统计局被正式要求制定和实施对主观幸福感的大规模测量。第二，财政部要修改绿皮书，列出决策背后具体的测量办法，要包含对幸福的影响。第三，所有政府部门都要考虑新政策对幸福的影响。

测量主观幸福感

一般来说，分值从1到10的量表中，1表示非常不满意，10表示非常满意。你对自己的生活满意度打多少分？花点时间来回答这个问题吧。你想到的数字是几？这花了你多长的时间？

在首相演讲之前，心理学家早就在研究如何测量幸福了。早在20世纪50年代，尤其是在美国，已经有调查在询问人们类似的问题。与此同时，大量研究精神病的文献表明，不开心，无论是严重的精神问题还是日常的悲伤，都能被准确而连续地测量出来。通过筛选调查问卷，如兰格–22（Langer-22）和戈德堡一般健康问卷，我们发现与当时的普遍看法不同的是，人们似乎能够并且愿意公开和诚实地回答有关他们的情绪和心理状态的问题。因此，在早期的调查问卷中出现的询问生理症状的问题，如是否有睡眠问题，是否身体疼痛等，逐渐被那些更直接地询问感受的问题所取代。

到了70年代和80年代初，出现了一批询问受访者的幸福感和生活满意度的跨国调查，例如欧洲晴雨表（Eurobarometer）和世界价值观调查（WVS）。数据显示，国家之间存在着稳定而显著的差别。这些数据源源不断，但新的方法论问题也随之而来。一个问题是语言和文化的差异是否导致了受访者对幸福的不同解读。对这一问题最简单的结论是，国家差异属于测量误差，而不是什么更深层次的问题。政策制定者有时对此也不屑一顾，因为缺乏幸福数据的响应性。例如，在美国有一个令人费解的现象：尽管50年来经济得到了增长，发生了重大事件，甚至还爆发了战争，但幸福的平均水平似乎从来没有发生太大的变化。主观幸福感度量看起来就像仪表盘上的破表盘——似乎对政治家们的所作所为没有任何反应，所以一段时间后就再也没有人关注主观幸福感度量了。

然而，对于那些深入研究的研究人员而言，幸福感度量可不是轻易放弃的。领导世界价值观调查的罗纳德·E.英格尔哈特认为，语言方面的差异似乎不能够解释欧洲各国之间幸福感方面的差异。[6]那些在瑞士生活，说德语、意大利语和法语的人，比他们那些生活在德国、意大利、法国的同胞要幸福得多。这种度量方式也经受住了其他种类度量方式的考验。研究发现，人们对自己的幸福感和生活满意度的评分与熟人对他们的幸福感的评分有很大的关系，这些评分并不会随着时间的推移而发生变化，而且与那些有机会观察他们的陌生人给出的独立评分也是有关联的。[7]

不过，在心理学家之间，关于如何测量幸福感的争论仍旧在继续。行为科学家卡尼曼和特沃斯基认为，人们总是系统性地记错一件事情的痛苦或愉悦程度或顺序。在一项调查中，他们要求患者经受一个不愉快的医疗过程，并报告他们在整个过程中的不适程度。然后，要求他们对刚才事件的不适程度进行评分。结果发现，决定总体评价的并非不适程度的平均或者总体水平，而是在整个过程最初和最后阶段的经历和痛苦水平的峰值。该结果与心理学家对记忆的研究是完全一致的，比如人们记住一串随机单词的能力。人们能不相称地记住一串单词的头几个（首因效应）和最后几个（近因效应——就像你能够记住别人跟你说的最后几个单词），以及那些特别重要或者像某个图案的单词。这些发现使得卡尼曼和其他人认为，事实上，精确的主观幸福感度量——需要对其经历进行实时记录，而不是依靠例如"总体来说，你对你的生活是否满意"这类问题的回顾性回答。[8]

对主观幸福感度量的另一个批评意见认为，它们的主观性意味着在既定的范围内，并没有明确的定位点。在物理学中，科学家可以用固定点划定范围，例如摄氏温度以水凝固的温度为零摄氏度，以水在一个大气压下的沸点为 100 摄氏度。但是当有人说他们对生活的满意为 8 分（总分是 10 分），他们是和什么进行比较的呢？

这引发了一个对幸福感度量微妙而重要的批判：幸福感度量易受某种虚假意识的影响。有时这也被称为"快乐奴隶问题"（happy slave problem），该观点认为人们在恶劣的环境中可能会说他们过得很高兴，虽然任何理性的人看到他们的处境都会说，他们的情况实在太难以接受了。这也致使一些知名人士对主观幸福感十分警惕，包括诺贝尔奖获得者、发展经济学家阿玛蒂亚·森，他们主张客观或"能力"度量应该应用在教育和医疗服务领域。

有趣的是，这个问题并不仅仅局限在主观幸福感上。这个问题其实是心理学领域纠缠了一个多世纪的老大难问题，它常以一束光到底多亮和一个声音到底多响这种主观印象的形式呈现出来。在研究直觉时，我们得出的结论是我们对世界的看法是处在相反和相对之中的。

大问题

这些挑战提出的问题要比度量本身深刻得多：它们涉及我们人类是谁，我们人类是什么，我们如何看待和感知世界，我们如何看待我们在生活中所做的选择。但是，为了回答这些问题，我们必须摆脱哲学家的影响。

让我们先从"快乐奴隶"的挑战开始吧。我只能说，对数据的仔细观察表明，快乐奴隶问题常常言过其实。例如，埃德·迪纳就夸大了特定人群极低的生活满意度。在发达国家，妓女的生活满意度通常是10分制里的2分或3分，远低于7分或者8分的普遍答案。同样，数据一再表明，收入较低的人往往不太开心，在个人和国家层面都是如此。在大多数发达国家，生活满意度的平均水平往往高于7分，但在大多数发展中国家，分数大约在5分或5分以下。

这并不是说没有证据表明，社会的相对地位会对幸福感造成影响：那些住在多数邻居都比自己富有的社区里面的人，对自己的生活满意度比他们的经济水平所能达到的满意度要低。但并不意味着这是一种测量误差。事实上，不断被人提醒我们不如邻居富有确实会让人不愉快。

一个关键问题是，幸福是一个还是许多个不同的问题？研究表明，在一般情况下，幸福感较高的人通常也有较高的生活满意度，焦虑或者其他负面情绪也较少。但是，也有证据表明，不同的度量方式的确能反映幸福的不同方面，同时也会受到略微不同的驱动因素的影响。举一个简单的日常例子吧，当父母试图催促自己的孩子做功课，或者当护工需要照顾一个生病的亲戚，在这种情况下，人是不可能说他们感到高兴的，但可以说，他们觉得这么做很值得。这使得许多理论界的领军人物得出结论，好的度量方法需要考虑幸福的不同方面。例如，马丁·塞利格曼认为这些不仅应该包括一系列积极的情感，还应包括深刻的内涵、参与感和成就感。对于其他人，例如在约翰·赫利韦尔看来，这些更宽泛的度量标准固然很好，但对于生活满意度的单一度量会让你走得更远。

　　总之，从理论上讲，要粗略测量主观幸福感是很困难的，但在实践中却相对简单。对于像"一般来说，你对自己的生活有多满意"这类问题，人们似乎能够快速地给出回答——就像你可能在几分钟之前做的那样。赫利韦尔、迪纳和其他人也证实，这些度量方式似乎在表面和预测效度上都相当可靠（例如，稳定的加班费）。但人类的情感和经验千奇百怪，曲折复杂，根本无法用一个问题来穷尽，如果资源允许的话，试着对这些方面进行衡量还是有可取之处的。

从学术统计到官方统计

　　在 2010 年 11 月的首相讲话之后，我们的工作开始朝着度量方案迈进。尽管开支紧缩，我们还是找到了资金，投入由英国国家统计局牵头的度量方案中。该方案包含两个关键要素。首先，开发一套主观幸福感度量方案并投入使用，填补我们在计量方面的空白。这个将迅速完成，数据可以在一年之内开始收集。其次，英国国家统计局考虑并制定了一个更加均衡的度量标准，或度量仪表盘，与现有的度量标准并用，尤其是GDP。

其核心观点十分简单——现有的重要的衡量社会和经济进步的常规度量方法，特别是GDP，存在严重的缺陷。根据经济合作与发展组织的斯蒂格利茨报告，英国国家统计局首席经济学家乔·格赖斯总结了大多数斯蒂格利茨等人推荐的统计机构的统计做法，并将它们汇总到了英国。然而，英国国家统计局以及当时唐宁街10号的行为洞察力小组得出了一致的结论：它明显遗漏了对主观幸福感测量的优质数据。

有人认为，确切的幸福感度量的制定工作要独立于政治进程之外，这一点至关重要。英国国家统计局得到了施展空间和资源，并斗志昂扬地接受了任务。它们组织了一场全民大讨论，探讨公民对幸福和进步的看法。特别是幸福感度量，它们组建了一个专家咨询小组，并委托现有度量的顶尖专家进行批评指正。到底该采用哪种或哪些幸福感度量方式呢？关于这方面的争论有时候非常激烈。如上所述，对于是否去追求更具评价性（如生活满意度）、享乐性（你有多幸福？）或意义性和发展性的度量方式（关于概念流），大家各执己见。也有一些争论甚至探讨在一个既定的范围内哪些问题可以采用，比如，问标准的生活满意度的问题，还是问生活阶梯的问题，也就是

让人评估自己的生活相对于他人的生活，不同的问题有各自的
优缺点。

英国国家统计局的度量方案

从 2011 年 4 月开始，英国国家统计局开始在综合住
户统计调查中，每年对十多万英国人询问如下问题：

1. 你对目前的生活满意程度是多少？
2. 昨天你感觉有多高兴？
3. 昨天你感觉有多紧张？
4. 在多大程度上你认为你生活中所做的事情是值得的？

回复按 0~10 的量表进行编码。构建这些样本的目的，
在于每年为每个地方当局生成具有代表性的样本，并且
每季度生成具有全国代表性的样本。

最后的结论是，将 4 个问题（或实验性的度量）列入全国
调查，而一系列更详细的问题将被列入较小的样本辅助调查。
为了将此前问题对人们造成的影响最小化（例如，如果人们之
前一直被问及政治问题，他们报告的幸福感便会降低），幸福
感问题被设置在问卷的前面，紧跟在年龄及其他人口信息等事
实性问题之后。

2012 年夏天，第一个完整的年度数据发布，自那时以来，
英国国家统计局发表了几十种进一步的更新数据和分析，尽管

唐宁街10号新闻办公室对此很担忧。事实上所有发布的信息都引起了公众的广泛关注。2014年年底，幸福感度量褪去了实验的外壳，正式成为国家统计数据。

幸福的几个动因

让我们假设一个政府或首相正在认真思考如何系统地推动经济增长以及提高幸福感。他们需要做的第一件事情，就是弄清促进幸福的因素究竟是什么，这与如何衡量它一样重要。

在这里我不打算进行全面评价，相反，我只是总结一些我们所知道的关键因素。从广义上讲，影响幸福感水平的因素似乎主要有3种，它们几乎不受度量方式的影响。它们是：个人本质或性格差异、物质因素、社会因素（包括人际关系）。我们将对这些内容进行简要的梳理。

开朗的性格

通过每天的观察，我们发现有些人对生活的看法更加积极；相反，有些人似乎易于消沉，或易于看到生活的消极面。事实证明，大多数人对于幸福似乎都有自己的特定标准，这有助于解释为什么在10年或更久之后，当再一次被问及是否满意自己的生活这一相同的问题时，我们往往会给出相似的答案。

研究双胞胎的证据表明，这种差别至少受某些遗传因素的影响。同卵双胞胎，即便把他们分开抚养，他们对生活的满意度也比异卵双胞胎更接近。

　　造成这些个体差异的部分原因在于认知风格，无论是先天还是后天所致。这在人们以一种内在固有的消极方式来解决事情而导致的消极甚至悲伤的结果中特别明显。例如，如果一辆疾驰的轿车溅了行人一身泥水，大多数人会朝汽车大声咒骂，埋怨司机，但也有一些行人反而会责怪自己（我真蠢，竟然离马路这么近），甚至对此进行总结（我总是这么不长心眼）。当然，大多数事情都是由多种原因造成的。心理学家已经证明，我们大多数人都有一种强烈的倾向，喜欢靠着一种于己有利的偏见来解释世界，即：如果事情进展顺利，功劳就是自己的；如果事与愿违就责怪他人。看起来，这些偏见在一定程度上有助于我们保持快乐。

　　心理观念的差异，或者积极性，也会通过我们在生活中做出的选择以及我们最终的处境表现出来。例如，更加乐观的人往往对别人更具吸引力，他们可能会发现其他人对他们更有帮助，从而更可能与他们打交道。

　　这些观念上的个体差异很大程度上解释了人群中幸福感的个体差异。它们还会反过来影响其他结果。例如，回顾性研究表明，那些对生命的认知更积极的年轻人，可能比那些消极的人多活大约10年以上。

　　截至目前，对于由遗传因素导致的幸福感差异，决策者们可以（或者应该）做的很少，但很多与教养和思考方式相关的本质性差异很有可塑性并有变化余地。例如，父母和老师鼓励孩子们看待生活中不可避免的烦恼的方式，会对孩子们如何回应以及感知它们产生巨大影响。认知疗法也可以发挥作用，实际上就是鼓励人们改变自己看待世界的方式。

物质因素

一些流行的，甚至与宗教有关的说法认为，物质因素与人的主观幸福感无关。这种说法对西藏僧侣可能适用，但并不适用于世界上的大多数人。

即便粗略地扫一眼主观幸福感水平与收入水平之间的关系，也能有力地说明金钱至少可以购买一些幸福。[9]在国家层面，两者之间的相关性在0.8左右，堪称我们在社会科学中找到的最紧密的关系。类似形状的曲线关系在国家间也能找到，富裕国家的生活满意度一般都比贫穷国家的高。当然，相关性并不意味着因果关系。这种关系中至少也包括其他因素的调节作用，例如在富裕的国家或地区能享受更好的医疗和教育条件。甚至有更合理的说法认为，收入差异一定程度上受幸福感影响，而不是收入差异影响幸福感，至少对某些特定人群是这样的。观念，或者积极心态中的个体层次差异，也不太可能用于解释各国间的GDP差异，尽管有人这样提过。[10]

当然，物质和环境因素不仅仅指的是收入。越来越多的证据表明，接触绿地、水域和其他自然现象能够提升我们的幸福感。[11]另一个关键因素是你如何利用你的财富。用伊丽莎白·邓恩等人在某篇文章中的话来说，"如果钱不能让你快乐，那么可能是你花钱的方法不对"。[12] 例如，如果你想让自己和孩子们更快乐，你应该给他们更多体验，而不是给他们买东西。

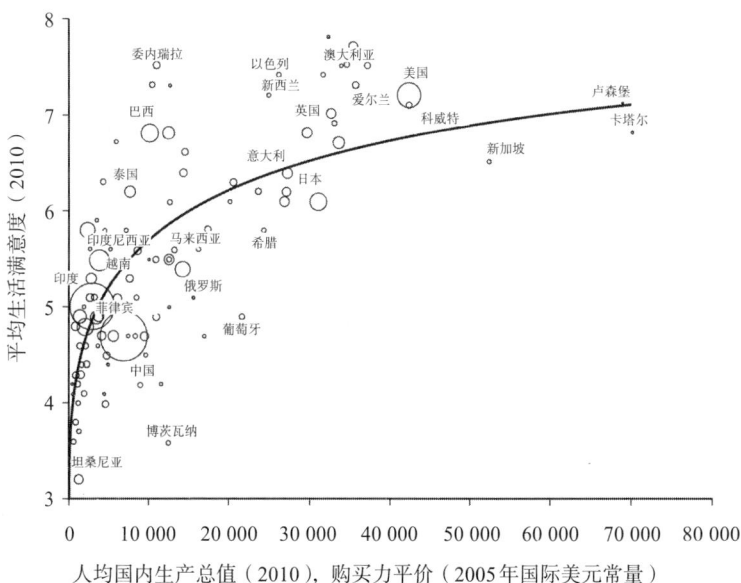

图 9-2　不同国家的平均生活满意度与国内生产总值的关系

注：圆点的大小代表了人数的多少。（根据安格斯·迪顿使用盖洛普民意测验数据的最初布局）

资料来源：世界银行，盖洛普。

重要的是，人们往往会习惯于物质产品和环境，这一过程被称为享乐适应。当你第一次拿到新车时，你是发自内心的快乐，但半年后开车行驶在马路上感觉和开旧汽车就没什么两样了，早期的兴奋早已大幅消退。理查德·伊斯特林认为这种适应是造成下述现象的主要原因：尽管美国的 GDP 在稳定增长，但美国人的幸福感自 20 世纪 50 年代起就不再增长，并因此出现了伊斯特林悖论（Easterlin paradox）这一术语。伊斯特林的结论是：物质财富的增长催生出了更多欲望，抵消了原本对幸福感的积极影响。（理查德·莱亚德等人提出了一个相反或补充性的解释，认为自第二次世界大战起，人们从巨大的财富增长中获得的幸福感已经被其他变化引起的不适感抵消了，例如社会关系的扭曲等。）

产生影响的不仅仅是收入本身。与其他哺乳动物一样，人类的幸福受一种控制感的深刻影响。在一项早期进行的但不是很友好的实验中，两只猴子都被绑在椅子上，当一只猴子遭遇电击时，另一只猴子必须按下按钮以防止它们都遭受小型电击。那只手中没有按钮的猴子和手中有按钮的猴子遭电击的次数一样，但是感觉更恐惧。同样，工作不稳定的人似乎比那些与他们收入差不多但工作稳定的人的生活满意度更低。大型企业中职位低的人的心理和生理健康水平也较低，这是由缺乏控制感，而不是较低的工资造成的。

物质因素对幸福感的影响指向了一系列政策工具和干预措施，例如扶贫等。然而关于幸福感的相关文献也提出了一些新观点，认为在经济收入以外，诸如控制和接触自然等因素也能起到重要作用。

社会因素

第三类因素是关于我们如何与周围的人相处的。这也是当代幸福学文献颇受争议和挑战的地方。

　　人类从根本上说是社会生物，所以对下面的观点不应该感到惊讶：我们与他人之间的关系对我们的幸福感至关重要。与众多的以人际关系为题材的电影和电视剧相比，又有多少电影和电视剧是围绕收入增长的呢？

　　我们一次又一次发现，我们与他人关系的状况似乎对主观幸福感产生了巨大影响（见图9–3）。突出的条形几乎都与人际关系有关。

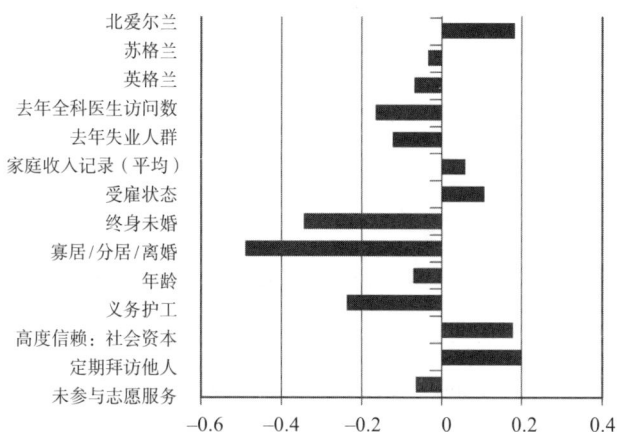

图9–3　对英国家庭人群调查的分析显示出不同的社会—经济因素对生活满意度的相对影响。注意与社会因素的密切关系。(内阁办公室内部资源分析；感谢保罗·欧罗也米和尤恩·麦金农)

　　丧偶、分居、离婚、独身，都不利于幸福感的增长（但是需要注意上面的因果关系）。相反，定期拜访他人、做志愿服务并感觉周围的人值得信赖，这些都与较高的幸福感密切相关。大量证据表明，这些关系至少部分是成因果关系的——互助的社会关系提供了情感和物质方面的养分，对我们的身心健康都有显著的作用。[13] 2 000多年前，亚里士多德就在《尼各马可伦理学》（*Nicomachean Ethics*）中指出：

> 另一方面，人们喜欢被爱则是因其自身之故。所以，被爱似乎比被授予荣誉更好，友爱似乎是因自身而被欲求的。①

人际关系的作用非常之大，研究人员已经发现，只是让研究对象记几周的日记就足以让他们的健康状况和幸福感得到显著改善，比如增强免疫系统机能。[14]同样，许多人都很惊讶，相对于英国的其他地区，生活在北爱尔兰的人幸福感相对更高。但人们常常忘记一个事实，大多数北爱尔兰人都是日复一日地生活在坚强而充满活力的社区之中，即便是在历史上某些冲突不断的时期也是如此。

因失业而产生的巨大影响也会波及社会关系。研究人员早就指出，失业对生活满意度和精神健康不利。[15]但令人吃惊的是，这种影响竟然如此之大。统计数据表明，失业对幸福感的负面影响远比单纯失去收入大得多——随之而来的还有社会关系和人生意义的丧失。

即便在工作中，我们也能看到社会关系的巨大作用。根据日记和经验取样研究发现，与老板待在一起的时候，人们通常

---

① 尼各马可伦理学.廖申白译.北京：商务印书馆，2003，第243–244页。

最不快乐。另一方面，与上司保持良好关系却能显著提高生活满意度：对和老板关系的评价提高1分（10分制）和收入增长30%对生活满意度的提升是等效的。[16]这种关系不仅仅局限于你的老板，那些声称与好友共事的人，据说工作投入度得分是平均值的7倍。[17]

社会关系对幸福感的影响意味着，我们需要对政策、商业行为，甚至我们自己生活的重心重新进行调整。

政策影响

很多人的普遍印象是，如果你是首相、总统或者首席执行官，只要你下达指示，事情是一定会办妥的。事实上，并不是那么回事儿，特别是当你的指示不同寻常或者有违组织习惯时。

就拿公民幸福感来说吧，我们发现体制中只有零星几个部门对推进公民幸福感有兴趣，其他的只是扬一扬眉毛而已。我们发现进展最迅速的是在度量和数据方面，但在政策方面很难获得进展。

为了能进入其他部门，我们和国家主要部门的高级政府官员一道举办了一系列研讨会，让他们思考在何时、何种情况下，公民的幸福感会让他们得出不同的政策结论。他们非常喜欢这类研讨会，就像他们之前参与的我们组织的关于行为方式的研讨会一样，但是当他们回到自己的工作岗位以后，工作方式并没有什么变化。一个关键的区别是，行为研究工具，例如"思维空间"和EAST框架，可以应用到各部部长以及部门的各项工作中，正如我们之前在第3章了解到的那样。相比之下，关于主观幸福感的会议不仅仅是一个工具，它也是一个新的目标。

由于进展相对缓慢，首相便邀请了最近刚从内政部门和内阁大臣职位上退休的奥唐奈尔爵士，看他能否从追求主观幸福感的政治内涵中找出一个更具体的评价方式作为总体目标。为了保持其独立性，我们请列格坦研究所来负责这件事。列格坦研究所已经发布了一个年度国家繁荣指数，该指数的不同寻常之处在于将物质繁荣度量与更广泛的指标，如个人自由、关系质量等结合了起来。格斯迅速组建了一个委员会，其中包括经济学家理查德·莱亚德，[18] 经济合作与发展组织的首席统计师马丁尼·杜兰德，来自普林斯顿对此持怀疑态度但才华横溢的安格斯·迪顿，还有我，尽管我没有任何政府头衔。同时，我们从内阁办公室内部推出了一些政策措施，主要是围绕志愿服务、员工福利和数据使用方面。

奥唐奈尔–列格坦报告于2014年3月在伦敦和柏林同时发布，能够在柏林同时发布体现了德国总理安格拉·默克尔对它的兴趣。德国对幸福议程的兴趣也有助于使这个话题免于被世人认为仅仅是英国人好奇心的产物。

我们需要认识到，现在仍是幸福日程的初级阶段。因此，除了关于目前进展顺利的度量工作外，本章余下的部分更多的是关于各政府以及组织应该做什么，或者可能做什么，而不是它们已经做了什么。大部分干预措施都带有强烈的行为研究和助推色彩。

通往幸福生活的用户指南——"去盖子"幸福法

除了在英国建立健全的幸福感度量办法，英国国家统计局和首席统计师还在鼓励其他国家的统计机构和欧盟采取相似的措施上发挥了主导作用。我们不仅可以比较各国之间的生活满意度，也可以比较整个欧盟感觉自己生活得有意义的人口比例：丹麦以91%位居欧盟第一，生活满意度在7分以上；而保加利亚只有38%；英国和德国都略高于欧盟平均水平，大约在72%左右。在生活意义感上，丹麦以91%再次排名第一；英国为82%，略高于平均水平；希腊垫底，只有48%。[19]

抛开这些吸引人的醒目数字，英国国家统计局调查的真正价值在于它的庞大的样本量（每年超过10万人），统计局因而能够对样本进行较之以前更加严密的分析。英国开展这项调查的目的，是为英国的每个地方政府提供有代表性的样本，同时按季度得出有代表性的全国性结果。这些数据可以与其他数据一起制成交叉表格，用来回答一系列的政策问题，但也许更重要的是，它们可以被公民用作人生选择的参照。

想象一下吧，你就是一个17岁的年轻人，正尝试着选择职业。如果你多方打探，可能最终能够知道一个汽车修理工的平均工资数据——相比林务工、教师或者律师而言。但是如果能知道工作人员对该行业的满意程度，尤其是已经排除了其他因素，如教育程度、收入和性别等，那岂不更好？45岁的律师或教师觉得他们的工作有意义吗？如果你父母有从事这一职业的朋友，你可以问一下他们的感受如何，但他们的感受具有代表性吗？然后试想如果你可以询问成千上万的人呢？

图9-4于2014年初被公布出来的时候，立即引起了极大的社会关注——尤其是在酒馆老板和神职人员中间。当然，这并不一定意味着任何一个20岁的年轻人在教会工作就能保证幸福一生，做个酒馆老板就苦大仇深。但当人们发现尽管酒吧对于消费者而言是快乐的源泉，但经营酒吧没什么意思时，很多人还是大开了眼界。同样非常有趣但并不明显的是，农民和健身教练比建筑工人和测量员的生活满意度要高得多，虽然建筑工人和测量员通常能获得更高的薪水；律师赚的钱比医务人员多，但对生活的满意程度却更低。

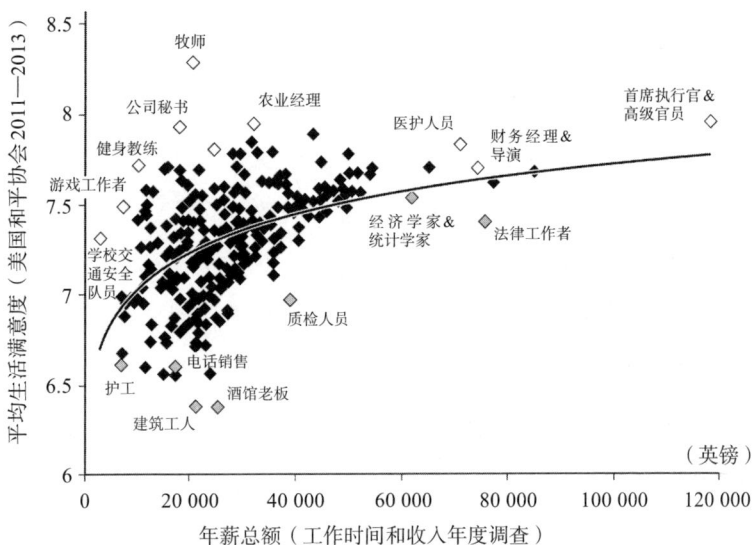

图9-4　生活满意度与英国不同职业人群的收入的关系（2013年数据）

资料来源：内阁办公室分析员尤恩·麦金农。

同样，设想你正考虑在哪里安置新家。一个满意的居住地在哪里呢？你所要考虑的不仅仅是房屋质量，还得看住在这里的人是否幸福。或者，也许你在决定是否尽早或推迟生孩子：职业生涯早期就生孩子的人比那些选择等待的人更快乐吗？还是通常没有什么区别？

这些不仅仅是学术问题：它们是我们大多数人在生活中实实在在面对的问题。心理学家已经证明，人们往往在预测什么会让他们开心这一点上，表现出了令人惊奇的迟钝。[20]对这类问题的回答，甚至是基本概况，也总是云里雾里，正如经济学家戴维·莱布森所指出的那样。当然，任何人对这些问题的正确回答都将取决于许多因素，其中很多因素可能是非常私人和具体的。但我们没有时光机，无法与未来的自己对话，因此，学习别人的经历和感受对我们自己可能出现的经历和感受是一个潜在的有用指导。

这样做不是为了让政府为公民做出选择，甚至是提出公民的"生活之旅指南"。但政府——也可能是其他机构——能够帮助生成这样的数据，就像英国国家统计局所做的那样。借用2010年联合政府的话，它们可以"协助国民找到智能的手段，用以鼓励、支持，让他们能够做出更好的选择"。

心理健康和性情陶冶

如上文所述，个体幸福感差异在一定程度上是我们如何看待世界的一种反应。政府长期以来一直在参与制定学校课程，学校教育在过去一个世纪也取得了稳步的发展。教会、企业、家长和学校全部参与到年轻人的学习和思考当中。这也许是因为只要存在人类社会，每一代人都力求塑造下一代人的思想，反之亦然。以渔业和农业为基础的社会所需要的技能和性格与生活在冲突和战争中的人所需要的技能和性格是不一样的。

我们养育孩子的方式会影响他们的脾气秉性，影响他们面对生活中那些不可避免的艰辛的能力，这一点我们甚至比上一代人的体会更深。当我们赞美孩子们的努力，而非他们的能力时，我们是在向他们灌输一种思维方式，那就是完成任务，掌握技能，都是可以通过毅力和努力实现的。相反，如果我们的反馈不断地将他们的表现与先天的能力联系起来，那么当遇到困难需要抗争时，他们便会放弃而不会更加努力。[21]人们现在认为，这种思考模式和心理承受力不仅会影响孩子在数学和音乐上的表现，最终也将影响他们取得的成就和未来的主观幸福感。

我认为认真对待这些文献资料是我们的责任所在。2013年，我们就适应力问题在唐宁街10号举办了一场研讨会，来宾有马丁·塞利格曼、安格拉·达克沃斯和其他重要人物，包括唐宁街10号的政策组和教育负责人詹姆斯·奥肖内西之前也得出了一个类似结论。虽然我们应该小心地往前推进，不应该总想着制订一个适合所有人的万能方案，但我们还是应该系统地测试建立年轻人心理承受力、勇气、耐力的各种手段，并且开发围绕自我控制、精神规划和"元认知"（思考如何进行思考）的技巧。向青少年教授心理承受力技能的早期成果喜人，包括儿童抑郁症的减少。然而，这些早期方案的许多结果几年后就已经逐渐失效——它们不坏，但还不够好。这些方案往往只是正常课程的一个小补充，没有完全融合进这些课程之中。此后的方案对其进行了很好的整合，我们也在热切期待下一步的结果。

这项议程既会给学校提供支持，也会给家长提供支持。育儿专家史蒂芬·斯科特一直认为，我们确切地知道如何培养一个问题青年——我们也有很多避免出现问题青年的绝佳方法。令人吃惊的是，直到最近，尽管我们向准父母提供了很多支持以及与分娩有关的信息，但我们提供的信息对后来发生的情况基本没什么帮助。我们与史蒂夫·希尔顿和卫生署合作，开发了一系列视频短片，准父母可以选择下载视频或在生产前后寄到家里，这些视频短片对一些育儿话题提供了建议，从如何给新生儿洗澡到与孩子谈话和"合作"的重要性。我们投入了400 多万英镑来支持推广"问题家庭"计划，旨在发现并帮助英国 12 万陷入困难的家庭。我们的目标不仅是要减少这类家庭给他们的邻居带来的麻烦，或者是减少他们需要的一系列服务的庞大开支，更是为了真正帮助他们开启新生活，尤其是为他们年幼的孩子着想。

很多时候，这种问题家庭中的成年人也有精神健康问题，而这些问题很少被诊断出来。这些情况起的是互为因果的作用：一个患有严重抑郁症的母亲努力地控制自己十几岁的孩子，而她的抑郁症一定程度上也是由自己所处的境况造成的。

通常情况下，解决精神疾病问题意味着要从幸福的角度看待世界。据估计，仅有约1/4的精神疾病患者接受过治疗，而且在治疗时，通常要经历相当长时间的延后。正如理查德·莱亚德所说："如果你的腿受伤了，你在3个小时内就能得到治疗，但如果你的精神受伤了，你能在3个月内得到治疗就算很幸运了。"[22]有趣的是，当你向一个健康人询问他们生病时的各种痛苦，以及他们会花多少钱来治疗时，他们总会系统地低估心理疾病的负面影响。[23]

极具讽刺意味的是，对于那些确实来接受治疗的患者，尤其是焦虑症和抑郁症患者，我们总是习惯性地过度用药。仅在英国，1998—2012年，抗抑郁处方量就增长了165%，几乎有一半的增长都是在最近4年里。[24] 6 000万人口一年的处方量就高达4 000万，尽管其中很多处方都是重复的。全科医生诊所开处方的水平也大不相同，每1 000名患者中，少的不到75张，多的有300多张。据估计，这种差异，1/3是由于抑郁症的实际病症不同导致的，但大部分原因是由其他一些因素造成的，如全科医生的总体处方水平（例如，抗生素的高处方率和抗抑郁药之间存在很强的相关性）、人数和特征（例如，更多的处方是开给老年人的，讽刺的是，尽管很少是出自年长的全科医生之手）。

英国各政党一直都支持广泛应用心理疗法，尤其是认知行为疗法（CBTs）。这种疗法的优点在于，虽然它在短期内与药物治疗的效果差不多，但从长期来看，它的效果明显更好，因为它解决的是抑郁症背后潜在的思考模式问题。这使得在过去的10年中，抑郁症的复发率显著降低，既节省了治疗费用，也减少了忧虑。下一个很有应用前景的步骤就是要提高计算机辅助认知行为疗法的质量并扩大其应用范围。初步迹象显示，此类方法能有效提高治疗效率，是使用同等数量的训练有素的治疗专家的5倍。[25]

但通过改变我们的观念，通过将所有的不愉快转化成临床治疗来提高人类的幸福感终究还是有很大局限。一种更幸福、更充实的生活也必然植根于生活本身，植根于我们为自己做出的选择和我们所处的社会。

社区

更多关注社会关系的重要作用是通过幸福的视角看待世界的重要内涵之一。社会关系不仅对我们的幸福影响巨大，而且我们总是有组织地低估它们的巨大影响力。特别是，我们往往低估了在对他人友好的过程中得到的快乐的具体量。

在我喜欢的一项实地研究中，伊丽莎白·邓恩给了每人20美元。她让其中一半人花钱吃一顿大餐，而让另一半人把钱花在别人身上。任务完成后，她询问了实验者的感受。比起那些自己享受的人，把钱花在别人身上的人感觉更愉快。然而，当询问相似的一群人这两种情况哪一种能使自己更愉快时，多数人都选择请自己吃一顿。[26]

许多研究已经表明，奉献金钱和时间——例如志愿服务——与极大地增加主观幸福感密切相关。无论全部收入是多

少，那些将收入部分用于慈善的人更加快乐。志愿服务也有类
似的效果，同时能对更广泛的群体创造积极的影响：即便你个
人不做志愿服务，如果你住在一个志愿服务水平很高的社区，
你的幸福感也将提高。

　　一般来讲，社会关系与社会群体对幸福感和社会都是至关
重要的，这一观点首相一直非常支持。这是首相2010年讲话以
及后来的讲话，还有他和史蒂夫·希尔顿"大社会"观点背后
蕴含的中心思想。但是，"大社会"思想在政治上却遭遇了挫
折。2012年，我与首相和我们当时的公民社会部部长尼克·赫
德进行了商谈，看是否能说服他们使用行为洞察力小组式的方
法来刺激社会行为。我的想法是，同时运用行为科学的方法以
及在其他领域已被证明是行之有效的实验方法。在唐宁街10号
负责人迈克尔·莱昂斯的支持下，他们同意让内阁办公室投入
4 000万英镑，一个仿照行为洞察力小组模式的社会行动小组
就这样建立了起来。（我多么希望行为洞察力小组建立的时候，
我们能有这么多资金啊！）

　　事实上，原先所有关于志愿服务和社区行动的积极影响数
据都是横截面数据，我们无法得出确切的因果关系。社会行动
小组让我们有机会更加系统地检验这一假设，并找出哪些形式
的社会行动可能更加有效。

　　英国国家公民服务（NCS）的旗舰计划在初期提供了一种
测试影响的方法。英国国家公民服务计划于2011年左右推出，
旨在为16~18岁的年轻人提供为期数周的志愿服务机会，包括

参与当地的社区行动项目等。参与者分别在参与项目之前以及项目结束 3 个月后两次回答英国国家统计局关于幸福感的 4 个问题，这个结果将与参与同期进行的其他活动的年轻人进行比较，得出的结果十分惊人。

在所有主观幸福感的度量中，参与英国国家公民服务的年轻人的主观幸福感有了显著提高，特别是在生活满意度和减少焦虑方面（见图 9–5）。他们更有信心"尝试新鲜事物"（+12 分）；不同意"你在这个世界上取得成功，主要靠运气"（+9 分）；并认为"遇到问题时能够保持冷静"（+9 分）。英国国家公民服务的参与者随后也声称能与来自不同种族、宗教和社会背景的人建立更广泛的社会联系——这是该项目社会层面的目标。

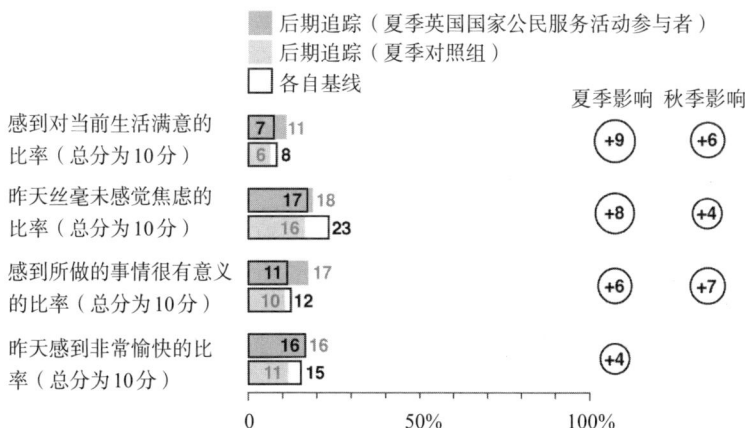

基数：3 035 名夏季英国国家公民服务活动参与者，1 710 名夏季对照组参与者；1 243 名秋季英国国家公民服务活动参与者，1 391 名秋季对照组参与者

图 9–5　与对照组相比，英国国家公民方案对参与者的幸福度影响

注：数字分别显示了在夏天，以及在时间稍短的秋天对影响的两次测试结果〔根据英国伊普索斯·莫里民意调查机构（IPSOS MORI）的独立分析〕。[27]

　　虽然英国国家公民服务的评估结果很有说服力，但项目中的对照组从严格意义上来说并不是随机选取的。因此，我们与新组建的社会行动小组合作进行了一系列真实的随机对照研究，以测试不同形式的校外活动对10~16岁儿童的影响。结果显示，学生的一系列软技能得到了显著提高，对幸福感产生了适度但重要的影响。[28]

　　现代生活的显著特点之一——特别是在盎格鲁–撒克逊国家——就是我们通常运用财富来避开他人。家庭已经变得越来越小，甚至在家庭内部，与前几代相比，我们相互陪伴的时间也更少了，例如共进晚餐或者一起看电视的时间。财富和技术为我们提供了新的选择，我们能够在任何时间做我们想做的事情，而不必总是与他人商量。这是解决赫希所谓的"坏邻居经济学"的一个非常有效的方法——既然邻居中可能有你不喜欢的，那为什么要冒险与他们交往呢？

　　但是这种便利却能够把我们隔绝在社会关系所带来的满足感之外，在某些方面有时甚至是以根深蒂固的方式。10%以上的人表示自己经常感到孤独，甚至大部分时间都处于孤独之中。尽管长期以来孤独一直困扰着老年人——报告称，65岁以上的老人中，有1/3表示电视是他们接触社会的主要途径——然而调查显示，孤独在年轻人中也非常常见，甚至更普遍。《独自打保龄》（*Bowling Alone*）的作者、社会资本论的一流专家罗伯特·帕特南，在20世纪中期曾打趣说，不知道互联网是否会演变成"高级电视"或者"高级电话"。前者将加速

狗

好

社会隔离（看电视的时间越长，社交网就越脆弱），而后者将使我们更好地与亲朋好友交往。看起来答案两者兼有。对很多人来说，技术让他们拥有了更强大更广泛的交际网，但对少数人——包括相当一部分年轻人——技术只是更加直接面对面交往的苍白替代品罢了。年轻人比其他年龄段的人更可能感到孤独，至少在英国是这样。

事实证明，有相当多类似的条件可以用来在虚拟世界和现实世界培养令人满意的互助关系。强迫交往是没有用的——人们在地铁里挤作一团，只是让大家更拘谨：避免接触，当然也不与他人交流。与此相反，真正有用的是创造一些空间或者场所，人们在那里有机会进行社交，但同时又能掌控见面的对象和时机。[29] 办公室里面的咖啡机就是一个简单的日常例子。如果你想聊上那么一会儿，你可以晃悠过去给自己冲一杯咖啡。但你同时也可以看到谁在那里 ——如果他是你不想搭理的伯特，你大可以走开。

有了这些知识的武装，社区、企业甚至是政府都可以巧妙地重塑环境，无论是现实的还是虚拟的，以培养更加令人满意的互助关系。据互联网社会企业家汤姆·斯坦伯格观察，学校大门为家长聚集和相互了解营造了一个自然的环境，我们应该将其发扬光大，而不只是把它当作偶然事件来看待。设计街道和建筑时，可以创造一块儿空间，让居民可以逗留和集会，街头聚会会因此变得更容易。社区和积极分子们可以建立居民"居住区一览表"。[30] 技术有助于减少协同消费的障碍，使我们不需要都购买一个每年只使用一次的梯子或电钻。更重要的是，它可以为我们帮助年迈的邻居，甚至只是为街道上的孩子们组织一场非正式足球赛扫清障碍和麻烦。

数据表明，亲近自然也能提高我们的幸福感。这与反复修订的（并且重要的）绿色议程有所重叠，但并不完全一样。就碳排放来说，一棵树是种植在郊区的街道上，还是百里之外的灌木林里，是没什么区别的，但在幸福感方面却有天壤之别。在设计城市和街道时，能让人们看一眼绿地，瞥一眼自然，是提升幸福感的一种简单方法。

但是，我们真的可以通过助推，使人们和社区变得更易于人际交往吗？并且，即便我们可以，这会影响人类的幸福感吗？答案似乎是肯定的。在测试更广泛的方法时，内阁办公室资助了一项名为"社区优先"的计划，该计划在小范围内允许当地人参与运行以提高社区行动和幸福感。它还制订了一个针对2万名社区组织者的培训计划，大致上是以芝加哥模式为蓝本，美国总统奥巴马就曾经接受过这种培训。"社区优先"计划的资金用于提高各个社区相聚的频率，如举办街头聚会、俱乐部和社会活动等。组织者们还致力于培育和调动社区来解决当地问题，尽管最终还是各社区自己说了算。3年后，我们使用英国国家统计局的新数据，观察这些举措是否对幸福感产生了影响。我们发现，实施了"社区优先"计划的区域，与社会经济水平相当的对照地区相比，在生活满意度、幸福感和生活意义感受方面都有了显著提高，同时焦虑感也明显减少了。

收入、工作和市场

上文提到，GDP 与幸福感之间有很强的相关性。尽管这种因果关系十分复杂，但你也必须承认经济增长在一定程度上提升了幸福感。经济增长为人们提供了多种选择。

这一点是毫无疑问的，时间分配研究表明，无论是做有酬工作还是做家务，人们所花的时间都比 50 年前少了。我们用这么长的时间干吗呢？很大一部分时间都用来看电视了——大多数人每天看 3 小时左右的电视。从更积极的方面来讲，大多数家长每天可以从洗涤和清洁的时间中拿出 1 小时，从而可以花更多的时间陪伴孩子。

然而，正如我们所看到的，我们并不擅长判断如何安排时间才能让我们愉快。调查数据表明，我们应该花更多的时间与他人相处，还应该用这来之不易的时间去参观博物馆和参加文化活动（尤其是和朋友们一起），多做运动，保持我们的好奇心和学习能力。

至于收入与幸福感之间的曲线关系，大多数研究人员的解释是，额外的 1 英镑或 1 美元给低收入人群带来的幸福感比给高收入人群带来的幸福感要多。因此，撇开不平等本身造成的影响，决策者（和企业）应更加努力地提高收入分配末端的群体的收入水平。然而，与失业对幸福感造成的破坏性影响相比，收入的影响实在是小巫见大巫。这正好涉及一个存在已久的政策难题：我们是应该集中力量提高就业人群的收入水平，还是应该更积极地推动求职者再就业？权衡之下，有关幸福感的著作表明，首要任务是让人们重新就业。

也许我们不常谈论的就是工作质量本身的影响。有专家认为，老板应该寻求提高员工的参与感和满意度，以提高生产率和公司业绩。至于如何做，倒是有很多好的例子。哈佛商学院的麦克·诺顿在伊丽莎白·邓恩研究的基础上，探索了那些给员工少量补贴的企业是如何提高员工满意度和工作效率的。这貌似是由于付出让我们感觉良好，礼物使我们能更多地与同事接触。良好的工作氛围能推动生产率的提高，是由于积极的情绪激发了更具创造性和开放性的思维。举个例子，如果你去看医生，在他们做出诊断前，你可能给了他们几颗糖果——研究人员发现，收到糖果后（这使医生心情愉悦），医生就可能考虑到更多的疑似病例，于是更可能做出正确的诊断。[31]前面我们也看到，与老板保持良好的关系不仅能增加你的工作满意度，也大大提高了生活满意度。所有这一切都暗示，工作特征的变化可能是提高生活满意度的最佳途径之一。

我并不认为这意味着政府应该通过新法案，要求老板们对员工更友好，或者发奖金让他们给彼此买礼物。但我以为，我们正在开始关注的，以及政府或其他调解机构可以促进的，是使有前瞻性的员工有能力对现有员工的满意度和挫折感进行深入的了解。图9-4向人们展示了英国不同职业的人的生活满意度情况，让我们得以对这个话题有深入的了解，就像"最佳工作场所"指南和竞争中稳步增长所带来的效果那样。我认为这是一个重大发展，在没有国家干预的情况下，潜移默化地改变企业中的各种压力以提高工作质量。企业想要得到最好的员工，不仅要在薪水上有竞争力——事实上，也许薪水上的竞争力可以弱一点——更重要的是工作场所，工作场所能决定你对工作的爱与憎。

让我们进一步讨论一下这个观点。我们的大多数消费行为都是靠着预测什么会让我们高兴而发生的，但事实证明我们通常不善于此。互联网与网上反馈，再加上人类特别愿意分享经验和知道他人想法的本能，两者结合起来就开始巧妙地改变了我们的选择。更明智的消费者并不仅仅意味着传统意义上那些运行良好的市场，例如价格更低，或可以购买低脂点心等，它也意味着消费市场的改组更加深入。

想象一下这样的一个世界吧，在这里，消费者更关注能使他们提高幸福感的购物体验，而不仅仅是商品本身；在这里，他们选择更加社会化的购买方式；在这里，员工选择公司时，更多考虑的是好老板及和谐的工作氛围而不是高薪酬。对于那些接受并期望这种变化的企业而言，这将意味着成长和成功；对于那些没有注意或进行调整的企业，这将意味着衰退。幸福的几个动因的揭示，将改组市场并对市场进行指导——这些"古怪"的著作，越来越偏重于从客观科学的角度去研究是什么让我们真正快乐。忘掉GDP：更明智的消费者会为了自己而重塑市场和经济。这就是最终的双重助推。

治理和服务设计

首相在2010年11月的讲话中做出的承诺之一，就是我们将把对公民主观幸福感的考虑纳入政策制定的核心位置，具体包括对财政部绿皮书中关于如何制定政策这一部分的重新讨论。[32]

财政部对此不冷不热，它尤其不喜欢唐宁街10号给它指定方向。时任内阁大臣古斯·奥唐奈尔对其大力推动，并与财政部进行了一场激烈的争论，最终财政部决定着手修订绿皮书。这次修订包括两个方面。首先，陈述在有可能的情况下主观幸福感为什么能够，并且应该作为政策成本—效益分析的效用测度。绿皮书之前已经有一些关于政策制定者应如何控制成本和收益的讨论，如碳排放和自然栖息地减少的影响，尽管将它们货币化并不容易。原则上讲，用生活满意度的增加来表示投资回报率是符合逻辑的，这可不仅仅是省下了多少钱的事儿。

其次，绿皮书的第二个变化不易察觉出来，却相当激进——带有极强的行为科学色彩。我们估计价值的一个基本方法，特别是对那些难以直接估价的"商品"，就是询问人们打算出多少钱支付那种微不足道的改进或变化。举个例子，如果你试图找出数十亿资金究竟是更值得用来修建一段更快的火车道、一段新的高速公路，还是翻新一个博物馆，你可能会向一部分人询问他们愿意支付多少钱——例如一段每天节省10分钟的路程。然而行为科学和幸福感的文献告诫我们，应该十分警惕此类估计。人们认为，如果他们中了彩票，那么生活满意度就会飙升，而如果他们失去了双腿，他们的生活就会毁于一旦，他们会生不如死。因此，人们说他们会支付很多钱来提高中彩票的概率，或者减少导致瘫痪的可能性。然而，对彩票中奖者和截瘫患者的实证研究表明，一两年后，他们的生活满意度只是略有增高或降低。[33]造成这种差异的原因是这个问题的问法诱导了我们。我们关注那些因为无法走路而不能做的事情，但往往没有注意到我们仍然可以享受的事情，如品尝美味的食物，嗅到春日的清新，或看着我们的孩子长大成人。这种焦点的错误反过来影响了我们对支付意愿的估计。

另一种方法是凭借对主观幸福感的影响来直接估计，进而估计价值。例如，你可能想直接测量有多少人的生活满意度会因为一段较短的通勤，或者去一趟博物馆而受到影响，并将其与其他相似测量方式中为提高幸福感所花费的钱做比较（如更高的报酬）。这一切都要归功于财政部，2011 年，它完成并发布了一项述评作为绿皮书的补充，[34]虽然在内部，他们对得出的数据是持怀疑态度的。

除了决策制定的技术方面，事实上多数国家都忽略了这一部分，绿皮书决策制定中的幸福议程对各个国家、企业和社区的治理都有更直接的影响。正如前文所述，我们的幸福感在很大程度上是受自主性和自我控制影响的。这可以通过实验室实验中各个国家在幸福感和生活满意度的差异看出：自由度更高或发展较快的国家的主观幸福感水平也更高，即使 GDP 受到控制。[35]

不管客观的结果如何，人们珍视取得该结果过程中的控制感，并从中获得幸福。当他们失去了控制感，感觉事情都是由别人替他们做完的，他们的身体和精神健康都会受到影响。这些影响都是可论证的。我有一个工作中的早期例子。全科医生访问了 2 000 人，他们住在一所受到拆迁威胁的公寓之中，然后拆迁延期了，之后他们又再次受到拆迁威胁。尽管一块砖也没有碰，这种季节性的调整协商频率，也像影子一样追随着整个事件。[36]同样，人们更喜欢那些他们亲自参与的产品和设计，即便专家评价它们没什么用处；他们还更喜欢那些展示自己正在做事情的网页，例如在搜索航班、假期或者搭档的时候，哪怕这样会花更长的时间。[37]

经常有人这样认为，政府和企业应该允许人们为自己做支出决定，因为个体往往更了解自己的喜好和具体情况。例如，患有长期疾病的人们应获得对保健预算的直接控制权，以便他们购买适合自己需求和生活习惯的护理方式，而不是千篇一律、不可改变的信箱式服务。阅读行为科学的文献会给人留下一种印象，我们可能不如专家善于做判断，特别是面对复杂和不熟悉的产品时，如养老金或资金问题——尽管有时专家做的也不尽如人意。然而，对幸福感分析过程的计算显示，选择行为，或者至少是对过程的部分控制，也许会对幸福感本身产生直接和重大的影响。

另一方面，我们大脑的行为和心理模式使我们免于超负荷的劳动。难道你真的希望被询问你可能会买的每一件商品的每个选择吗？或者，你真的希望你的医生不断地询问你觉得最好的治疗应该是什么吗？ 2007 年，在托尼·布莱尔将权力移交给戈登·布朗的过程中，我们在唐宁街与 60 多名公众人士举行了为期一天的协商论坛，以验证公共服务改革中的各种想法。在提出的众多想法中，有一个鲜明的主题是围绕授权服务用户的，但大多数市民并不十分热衷。"我希望我的医生知道应该做什么。"这是一种常见的批评，"我不想自己选择治疗方式——我希望由我的医生来选择。"另一方面，当诊疗室开放时间的议题被提出来时，却有了完全不同的反应。人们强烈认为诊疗室应该开放更长的时间，好让他们选择合适的就诊时间。[38]

解决该问题的一个有效途径，同时又不沦为让人心甘情愿掏钱的欺诈手段，就是使用特定领域的满意度度量以帮助助推选择。这需要询问使用者对服务的满意度如何，以及是否会将其推荐给其他人。这样服务提供商便可以看出驱动满意度的因素是什么，并相应地调整它们的服务。

当这个想法最初被小心翼翼地传递到公共服务部门时，引发了相当多专家人士的不安。譬如说医生，他们认为真正重要的是临床护理的质量——患者的病情是否好转——而不是他们是否对食品的质量或者医生是否握住他们的手感到"满意"。加拿大是测量市民对公共服务满意度的早期践行者，但调查千篇一律，没法针对具体的服务提供者。[39]在英国同样如此，我们花了十几年的时间争论将满意度度量引入公共服务，但是，自 2010 年以来，数以百万计的人已经给出或使用了这样的反馈。

关注服务过程中的幸福感，会让你更多地考虑以尊重的态度对待病人。我再举一个社会行动小组项目的例子，我们扩展了在一所大型教学医院的志愿服务，之所以这样做，是因为我们在做一项调查，旨在询问医院员工："什么是你想为病人做却没有时间做的事情？"一年后，与2 000名志愿者一道，他们将这些事情全部完成了——从抽时间与病人谈话到把病人妥善安置回家。病人的满意度直线上升。紧接着，全国各地的医院都采用了这种方法，截至2015年初，志愿者已经达到78 000名。

幸福感文献也许尚无法指导立法者对宪法和民主进行详细的设计，但它已经开始显露出有趣的经验线索。例如，一项新的大型调查数据显示，较高水平的权力下放，特别是财政权下放，与幸福感的显著增加有关。同样，苏联解体后独立的国家较低的生活满意度似乎并不仅仅是由于GDP水平造成的。无论记录这些差异是否足以作为一种助推方式，劝说饱受战争蹂躏的乌克兰或者中东地区的人们去选择一条其他的道路，但它肯定是一个有趣的问题。

结论

事实证明，我们用相同的思维步骤来决定午饭吃什么，或者是现在填表还是把它留到明天，这种思维步骤也会影响我们对生活中重大决策的判断。我们的工作、住处、结婚对象，至少有一部分靠的是易出错的思维步骤。我们经常记错过去让我们幸福的东西，同时也不能正确地预测在未来什么能让我们幸福。总之，行为研究向我们自己和政府内部提出了深刻的问题。我们正在努力实现什么，以及如何做到最好。

对某些人而言，这是一个相当令人不安的发现。古典经济学家认为它具有潜在的破坏性，但并不意味着我们就无能为力，或者我们应该坐以待毙、放任专家和政治家们为我们做决定。它意味着我们应该了解自己，找出我们在哪里容易做出错误预测，就像我们知道的水往往比看起来要深，或者在驾驶时要检查我们的盲点一样。

对于政策制定者而言，无论是公务员还是政治家，幸福议程都颇具颠覆性。它巧妙地改变了人们的价值观，并极有可能破坏一些他们先前依靠的工具。也许它带来的最大变化是强调社会关系的深刻影响，这种变化不仅强调"实体"结果的重要性，也强调公民对过程的控制水平和调节水平。诚然，攻克癌症非常重要，但从幸福的角度而言，难道孤独和心理健康就得到充分关注了吗？我们希望我们的孩子离开学校后能够读书写字，谋得一份好工作，但难道我们不希望他们提高心理承受力以及获得享受幸福而有意义的人生的技能吗？

最后，让我们回到伊莱恩和她的通勤这个问题上来。几年前，我去芝加哥布斯商学院拜访我的朋友和同事理查德·塞勒的时候，结识了一位名叫尼克·艾普利的年轻教授。他曾进行过一项研究，让通勤者做点儿真正刺激的事儿——不是让他们放弃通勤，而是跟车上的其他通勤者聊天。

如果你是一名通勤者，也许甚至当你读到这段话时正在通勤的路上，这一设想可能让你充满恐惧，甚至是一想到要跟周围的同路人说话就足以让你紧张得面容失色。当然，尼克研究中的许多研究对象也是这种反应。

"人们会认为你疯了！"许多人说，"我怎么知道他们会不会感到有点奇怪？"

然而他们即时的情绪反应渐渐被一种更加理性、"深思熟虑"的反应所替代，许多人认为，"我需要我的上下班时间活跃起来！"

然而，当受试者最终参与到研究中时，一些惊人的事情发生了。首先，当他们开始跟车上的通勤者聊天时，没有人认为他们疯了。而且，他们确实谈了很多：平均一趟大约谈了20分钟的时间。其次，他们的主观幸福感明显增强。事实证明，把一段通勤的路程变成一段社交的体验会令人更加愉快，并且它消除了其他记录中的大部分负面影响。最后，他们做的工作跟以前一样多。这样的好处比比皆是。[40]

出于各种原因，我很喜欢这项研究。这个绝佳的例子向我们展示了我们会对幸福感做出错误的预测，但是也能做点儿什么来补救。就个人而言，我现在坚持在上下班的路上多和别人说说话，并且经常试着跟和我一路的1~2个同事一起走。有时，我会因为工作中几分钟的偷懒而感到些许内疚，但随后我想起尼克的研究结果，考虑我也许可以欣赏窗外的美景或者读一份报纸。但是，这也使政策制定者，事实上还有列车运营商，学到了不少重要的理念。一些研究证明了个人控制的重要性以及导致积极的社会关系的因素，如罗伯特·弗罗斯特所言，"篱笆筑得牢，邻居处得好"。火车和公共汽车上现在常设有"安静车厢"，在那里人们都礼貌地被要求不要打电话，并尊重那些想要阅读或工作的人。但是，为什么不能给那些想聊天的人设立"谈话车厢"呢？事实上，我一直在想，最值得一试的体验莫过于进入一节贴着"运动"标签的车厢，也许另一节上贴着"政治"的车厢。如果你想谈论昨晚的比赛，或者下周的选举，你可以进去。但是，如果你只是想工作，你可以选择其他车厢。

这看似不务正业，却向政策制定者展示了一个重要的观点。对一个特定行为的成本—收益分析，如花费数十亿英镑修建一条新的高铁线路，在很大程度上取决于你对别人时间的珍惜程度，具体说来就是节约了多少时间。如果你能找到一种方式改变时间的主观幸福质量，那么成本—收益分析也会发生急剧变化。[41]

总之，我认为没有人能确切地知道基于行为科学对幸福感进行探索的归宿是什么，或者未来它将多么激进。许多国家政府以及企业，现在开始衡量幸福感并严肃对待。事实上，其中一些已经明确表示，要把它当作头等大事。[42]从政治的角度看，每个人都可以从这些新兴的幸福感著作中选取自己所需的。右翼人士选择突出个人关系、志愿服务、自由和控制，甚至是有组织的宗教所发挥的强大作用（去教堂的人更快乐，尽管造成这种差异的是出席行为本身而不是宗教信仰）。[43]相反，左翼人士则选择突出更高的幸福回报率在提高低收入水平者的收入以及改善失业率的负面影响上的作用，同时重视政府在降低风险上所扮演的角色。

　　但是，抛开政府和企业的行为来看，幸福感科学的出发点是改变人们的行为。仅这一点就能重塑市场和推翻选举。那些认为幸福议程无足轻重的政策制定者和首席执行官们还没有了解到这一点。

第 10 章

创新：随机对照试验

几十年来，对于减少犯罪的思路一直都很简单、直观，在政治上有吸引力，而且有很好的行为实践方法。为什么不把问题少年直接送进监狱，让他们看看他们正滑向一种怎样的人生呢？这可以作为他们行为后果的一种早期预警，促使他们思考他们做出的选择，鼓励自己在学校认真学习，从而把他们"推出"犯罪人生。这样做将有助于预防犯罪，挽救那些潜在的受害者，同时也节省了大量的公共资金。

如此绝妙的主意是由许多冉冉升起的政治新星们提出的，已经被很多国家的政府所采用。在美国，这种"恐吓从善"（scared straight）教育方法的应用非常广泛，每个孩子仅需要几美元就可以接受这种教育。只是有一个问题：这样做并没有效果。事实上，一些评估结果表明，"恐吓从善"这一项目更容易促使孩子们走上犯罪的道路。[1]

从行为或心理的角度来反思这件事是很有趣的。就支持者而言，该项目充满戏剧性，可能引起年轻人的关注（"吸引"）。

它还有助于认清未来，打破我们"现存的偏见"，这就像向人们展示数码处理过的自己年老后的照片，以帮助他们认清未来并鼓励他们节省更多养老金是一个道理。然而，它也有一些缺陷。未来显示的是监狱和犯罪生活，而不是大学和辛勤工作。对很多人而言，这是你选择，或者将要踏上的人生之路，这种信号从消极方面产生了社会规范或"社会认同"的巨大影响（就像第5章所描述的那样）。事实证明，这样做弊大于利，实

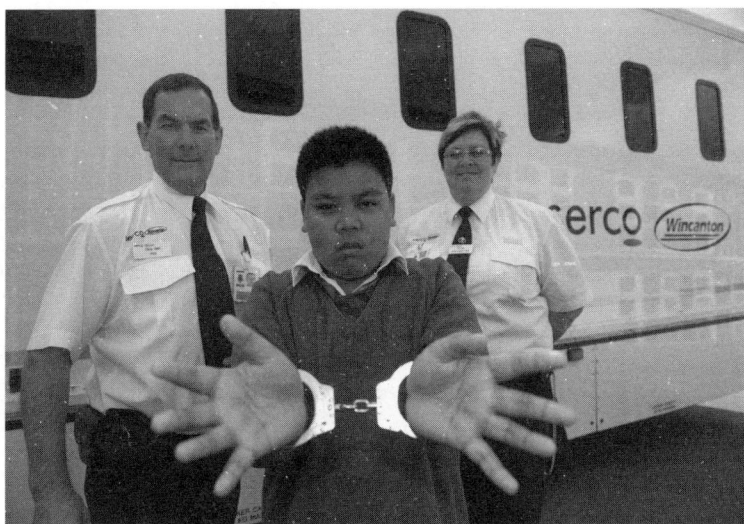

图10–1　在英国，人们教给学校儿童戴手铐是什么感觉，向他们展示监狱的狭小牢房以防止他们误入歧途。他们想对监狱生活就是"仰头看天"这种说法发起挑战。一些十一二岁的儿童参加了位于哈勒斯登的天主教新民书院的试点计划，该计划现在已经被推广到了布伦特的其他学校。看起来没有一个参与者曾经读过之前有关这种方案的广泛且系统的评价，这些评价指出类似"恐吓从善"这种方案很可能有害，同时相比对一个孩子放任自流而言，这样做更可能提高他违法犯罪的可能（照片提供：格伦·库普斯）

际上孩子更容易犯罪 —— 一些研究表明这种可能性高达60%。

"恐吓从善"的真正悲剧，并不在于它不起作用——许多好点子都不起作用——而在于它是极少数我们在过程中去测试它是否有效，但忽略了后来结果的例子之一。事实上，许多地区、政府、企业和个人年复一年地花费数十亿的资金，做着那些我们不知道是否有积极影响的事情，甚至有些已经显示出对社会有害，但他们仍在继续进行。

上帝情节

在全世界的议会和董事会会议桌上，都有一个似曾相识的场景。人们共享建议和数据，并且最终必须做出决定。那些围桌而坐的决策者以及坐在他们身后的高级顾问，可不是说说"我不知道"或"我不确定"就能坐在这里的。领导能力需要得到展现才行。

在这些圈子里混的人都深谙此道："果断和否定远比迟疑和正确好。"果断、自信、思路清晰被视为竞选获胜的灵丹妙药，也能安抚紧张的股东。尽管这可能是一个很好的职业建议，特别是如果你致力于做一名电视评论员的话，但是对管理一个国家或一个企业而言，这种方式糟糕透顶。简言之，这样做劳民伤财。

如果这就是我们追求的结果，我们的领导——我们所有人——都需要换一种不同的策略。我们、领导人和他们的顾问，需要习惯于这样说："我不知道——但我知道如何才能找到答案。"我们可以测试、学习和适应。[2]我们很快就能做到。

大多数人都知道实验的基本思想，或者至少还能从学校科学课上回想起一二。但是，大部分人离开学校后，便把实验的想法抛诸脑后了。他们继续学习技能、了解真相和夯实专业。他们按照已有的方式学习，这似乎很有用。然而，学习看似有用的东西并不意味着你知道它为什么有用，或者是否有一个更有用的替代品。事实上，它可能根本没用，或者至少是徒劳无功的。

事实证明，我们的大脑非常善于给自己讲故事，特别是那些让我们自我感觉良好的故事。如果我们相信吃很多维生素C能预防感冒，我们往往会一直注意那些吃了维生素C，并且没有生病的人，尤其会注意那些没有吃维生素C而得了感冒的人。然而，我们往往会忽略那些既没吃维生素C也没有感冒的人，或者认为那些吃了维生素C而感冒的人是因为"运气不好"或者"压力太大"。总之，我们具有心理学家所说的利己想法，确切地说就是偏见：我们倾向于相信那些与我们先前的信念一致的东西，拒绝相信那些不一致的。

这些偏见的后果之一就是"上帝情节"，我们都倾向于相信我们的想法和行为是正确的。医生、教师、政治家——大家都认为自己所做的事情是有用的。这种上帝情节确实起到了有益的作用。你肯定不希望你的外科医生茫然地将你剖开，然后茫然无助地看着你吧。一名教师如果不想着他正在做正确的事情的话，是不会在一个喧闹的教室里停留很久的。

也有一些例外——有些人会停下来思考他正在做的事情是否真的有用。阿奇·科克伦医生便是这样的人。阿奇·科克伦骨子里喜欢质疑，大多数专业人士认为这是一个缺点。他年轻时当过战俘，由于受过医疗训练，他在一个战俘营里治疗结核病患者。他后来写道：

> 我记得当时读到一本那种宣传小册子，在"临床自由"和"民主"方面很适合身为战俘的医务人员。在选择临床的治疗方法上，我有相当大的自由度，我的麻烦是，我不知道该用哪一种疗法或者该在什么时间运用……我知道没有实在证据证明我们提供的治疗对结核病有任何影响，我很担心因为我的一些不必要的治疗而缩短了一些朋友的生命。[3]

相反，尽管科克伦是一个囚犯，但他设法说服他的看守给了他一种富含维生素B的营养品，并证明把它放到食物中将极大帮助多数患病的囚犯。战争结束后他带着这一经验回到家：不仅仅是营养品可能会极大地帮助生病的囚犯，还有医务人员需要质疑哪怕是他们最确定的治疗方法，并积极地测试它们是否真能帮助他们的病人。

在20世纪六七十年代，阿奇·科克伦和他的同事们开始测试医务界的治疗是否真的管用，测试的范围不断扩大。在许多情况下，这种测试被批评为没有必要，甚至有违道德。然而，当结果出来时，就像弗洛伦斯·南丁格尔一个世纪前进行的细致统计一样，科克伦的测试结果证明，有些被广泛承认的治疗方法根本没有效果，有时甚至适得其反，比如孕妇的治疗、割除扁桃体，以及让心脏病患者入院治疗，而不是让他们待在家里。

科克伦和他的同事们孜孜以求地探索以改善医疗行为背后的依据基础，所造成的冲击最终延长了世界各地数百万人口的生命，同时帮助重塑了医疗自身的特性。这使得英国于1999年创立了英国国家卫生与临床优化研究所，专门整理不同的药物治疗和药物的有效性。他们的工作也催生了科克伦协作（Cochrane Collaboration），这是一个由120多个国家的合作者组成的全球网络，致力于总结经过实验的医学证据，并将结果纳入严格的系统评价中。

尽管科克伦的实验方法在一定程度上使得医疗服务有了改头换面的变化，但是许多行业和政策世界本身并未发生大的改变。

不要假装知道答案

带孩子去看病的时候，你有充分的理由相信医生提出的疗法是合理并有效的。但是，当你把孩子送进学校，是什么让你相信学校教孩子学习数学的方法是有迹可循的呢？在医学上，有20多万种高质量的实验可以用于检验不同医疗干预的有效性，但在教育、刑事司法、社会福利和多数其他政策领域，有几百种就不错了。[4]

将这种巨大的差异归结于行业固有的差异，这种解释是站不住脚的。不同数学辅导方式对获得知识的影响、惩罚手段对再犯罪的影响与心脏病的不同疗法对寿命年限的影响相比，并无本质差异。道德差异也不是一个非常令人信服的解释：我们是否可以断言，对医疗的系统性测试，以生死作为评价标准在伦理上是可接受的，但是这种方法能不能用于测试幸福或教育的有效性呢？很多政府政策以及行业运作中存在不可告人的秘密，就是因为我们不知道它到底是否真正有效。

有可靠证据表明，政府对一个领域的支出确有效果，这就是海外医疗援助项目。例如，图10-2展示了不同援助方案多年来在挽救发展中国家人口生命上的相对有效性。你一看就明白，尽管有些项目非常有效，但在成本—效益方面确实差距过

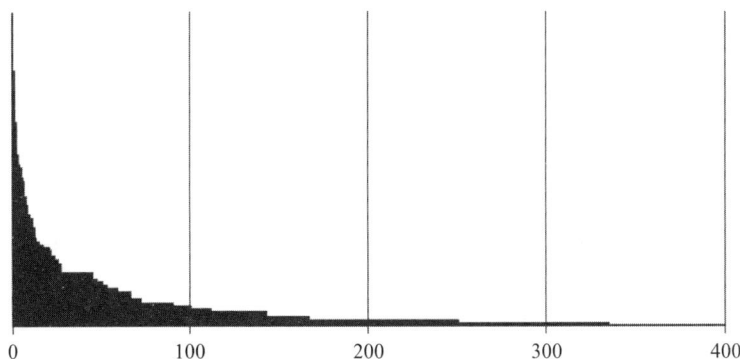

图10-2　在伤残调整寿命年（治愈或摆脱残疾的年限）中每花费1 000英镑呈现出不同的成本效益。一些方案，例如给孩子吃蛔虫药以及使用蚊帐，出人意料地有效，每1 000英镑就能挽救数百年的生命。就算它的一半也是相当有效的，每花费1 000英镑就能拯救5~50年的生命。不过大约1/3的方案根本没用（感谢牛津大学的托比·欧德）

大。牛津大学哲学家托比·奥德指出，如果随机从这个范围的项目中选择任意两项，它们的成本—效益之间的平均差异约为百倍。换句话说，利用这幅图传达的信息，比起没有这些证据的情况下选择不同计划，决策者还是可能在削减10倍的医疗援助预算的情况下获得10倍影响力的。

行为洞察力小组表明实验不必"铺张浪费"

对国际援助计划进行的随机试验已经证明，大规模的评估极具价值，并且能更有效地定位援助对象。然而，不幸的是，它们也产生了副作用，造成评估就必须大规模、费时、昂贵的错觉。这对于一般决策者而言并没什么吸引力。正如当一位官员建议他们的宏伟构想可以先以试验的方式进行测试时，一位大臣怒气冲冲地说："我可耗不起10年的时间反对政府进行试点研究。"

行为洞察力小组成立的第一年，我们就遇到了这样一位深表怀疑的观众。随机对照试验不对史蒂夫·希尔顿的口味，或者说，不对首相的口味，但没有确凿的证据我们永远没办法说服这些满腹怀疑的各部门领导，让他们相信这并不仅仅是一个新奇的玩意。你也许可以和首相一起赢得一场偶然的战斗，但大部分时间他不能与你同行。如果你真的想实现大规模的影响，根据心理学家的研究，你应该谋求转变而不是顺从。对于转变，你需要说服别人和让人信服，而不是强求和坚持。我们还不得不说服自己：我们怎么能真正知道，和北美学生们一起在实验室中得出的这些巧妙的想法，在现实且具体的政府政策和实践中是否真正有效呢？

因此，我们早早做出了抉择，去寻找那些成本低、速度快的随机对照试验。这是税务信函引起我们早期兴趣的原因之一，同时还可能帮助收回未缴纳的税款以缓解财政紧缩带来的经费紧张局面。因此英国税务海关总署是这类快速、低成本试验的理想选择。既然英国税务海关总署配有系统来记录那些回应和缴纳税款的人，我们并不需要建立昂贵的独立测量系统来测试这样或那样措辞产生的不同效果。我们仍然必须得到它的许可，并在初期用手工进行随机对照试验——从字面上讲就是拿掉字母，换上替代物——但仍要耗费几个月，有时候是几周，才能得出结论。

这些早期试验的结果不仅表明行为研究有效，而且向政府人员表明试验也可以快速而且低成本。在接下来的几年里，助推小组进行了更多的随机对照试验，英国政府有史以来从未做过这么多试验。它引出了一个问题：那些对助推完全不感冒的政策制定者，为什么不使用快速随机对照试验的方法来找到更好的做事方法呢？

数字政府的崛起强化了这个观点。很多人都隐约知道，像谷歌和亚马逊这样的网站已经学会对自己的网站进行不间断的测试，观察页面和内容上的哪种变化能获得更多点击率，这通常被称为"A/B测试"。与此同时，英国和其他国家政府正在寻求开展更多的网上服务。与谷歌和亚马逊不同，它们习惯于只开发一个版本，也许是因为老版本就是这个样子。

行为洞察力小组队开始寻求在公共部门内部进行数字化干预，这种干预可用于测试一种方法的多种变体。其中一项干预是为了测试一个戒烟网页的多个替代形式。在运行主要活动的几周里，我们测试了20多个替代网页，从而改进网站，使之在帮助吸烟者戒烟方面更加有效。同样，我们也检测网页的变化以鼓励年轻人获得职业咨询，或者鼓励人们加入器官捐赠登记系统。

器官捐赠活动为我们提供了很好的范例。在英国，每个人每年必须续缴汽车税。这是数字政府的一项早期服务，因为网站和交易也审查汽车的保险单和可行驶性（通过检查，车辆将得到一项有效的旧车性能检测）。我们设法达成协议，当人们完成了业务的主要部分后，网站的最后一步会出现一个"感谢"网页，询问申请人是否愿意加入器官捐赠登记系统。问题是，如果有信息可以放在这里的话，究竟什么样的信息可以放在按钮旁边询问人们是否愿意注册？

按照传统的做法，政策制定者会询问几个人，如果有资金的话可能会创立一个机构，然后选择最优的假设。相反，我们头脑风暴了一系列想法，每一个都是基于一个或多个行为效应，我们没有去找个人试验网站上的一系列替代选项。好几个星期我们都放任不管，直到有十多万人使用过这个网站，或者是每个网页的不同版本大约有135 000人使用过之后。我们尝试的这8个选项如图10-3所示。

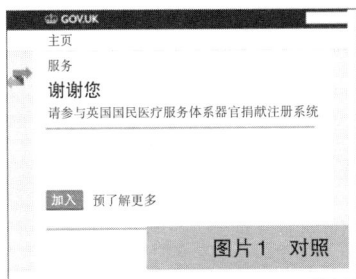

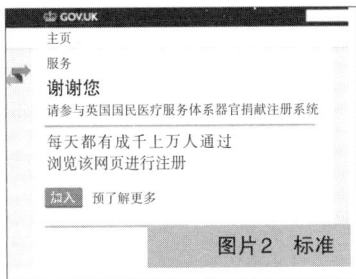

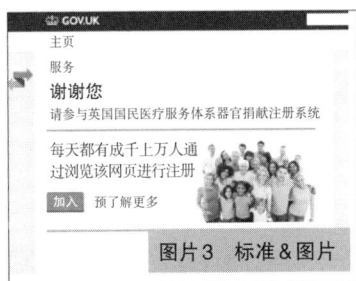

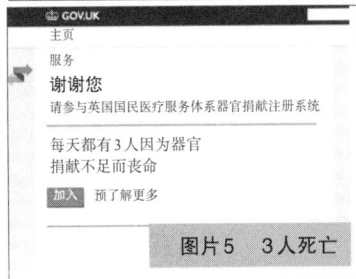

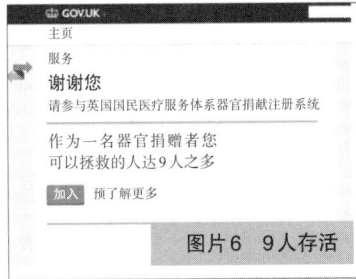

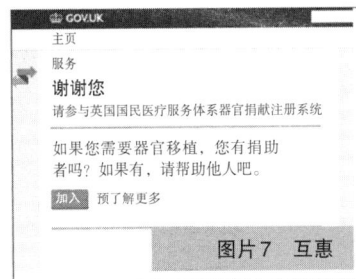

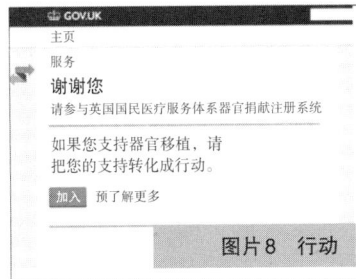

图 10-3　8 种鼓励人们注册器官捐赠登记系统的替代信息

看一看这些广告，你是否能猜出哪个是最有效的。显然，答案不是很明显。

首先是"控制"——它只是说"谢谢，请加入器官捐赠登记系统"，下方有一个"加入"按钮（图片1），接下来的3条附加信息都是相同的，向人们展示正确的做法："每天都有成千上万人通过浏览该网页进行注册。"但是一张没有图片（图片2），一张上有一幅一群快乐、健康的潜在注册者的图片（图片3），另外一张上有器官捐赠登记系统的标志（图片4）。剩余4张每一张都测试了另外一种信息：描述器官捐献不足带来的损失（图片5）、器官捐献的收益（图片6）、互惠（图片7）以及意向转化（图片8）。多数人在调查中说他们打算注册成为器官捐献者，只是还没有抽出时间来做。

重点是，即便你是行为科学界的专家，你也很难知道这些信息中哪些最有效。事实上，有充分的证据证明，这其中有几个应该很有效。然而重要的是，该网站和器官捐献项目的设计者没有必要知道：他们（我们）可以测试这些变体并且找出最优的选项。

每年有1 700万人续缴汽车税，所以要是有1%或2%的人看到这个页面并加入，就会增加几十万的捐赠者。但是，这些附加信息能产生进一步的影响吗？

如图10-4所示，在网页上添加内容会促使2.3%的人在缴纳完汽车税后进入器官捐赠登记系统。几乎所有的信息都比对照组的影响大，其中最好的是使用互惠信息的网页——"如果

你需要器官移植，您有捐助者吗？如果有，请帮助他人吧。"这
条信息将参与的人数提高了3.2%——或者比对照组高出39%。
与对照组相比，这相当于一年又多出十多万申请加入的人。

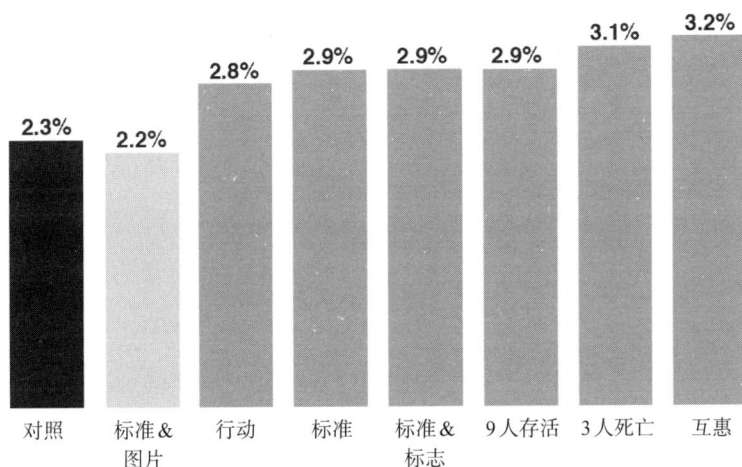

图10-4 看到不同替代信息后注册器官捐赠登记系统的人数百分比

在其他方面同样有趣的是，带有图片的社会规范信息实
际上不如它的对照组有效。当我们询问一些一流行为科学家和
政策专家这8个网页中哪一个是最有效的时候，许多人选择了
带图片的这一个。通常选择它的政策制定者也是最多的。这是
一个非常明智的假设：我们知道，当一封报价书上有一张迷人
的、笑容灿烂的女士照片，我们通常会多付钱，并且如果电子
邮件里有一位员工的照片的话，我们会有2倍的可能在慈善机
构注册。但在这种情况下，照片不起作用。这可能是由于照片
会让人们在阅读信息时分心，或许只是因为照片选错了。但

是，如果我们只是简单地选择带有图片的网站，我们永远也不会知道其实还有很多更好的选择。我们甚至可以得出结论，该网页已经取得了巨大成功（毕竟本来也有成千上万的人会加入器官捐赠登记系统）。

行为洞察力小组还表示，这种试验可以用在支出的主要领域。2013年，在研究如何促进经济增长的工作中，我们注意到有很多公司，看似有巨大的潜力，但其经济增长却很缓慢或停滞不前，它们不愿意寻求意见，尽管证据显示这将对它们有所帮助。我们的结论之一就是，企业通常不会征求意见，一部分原因是它们没有找到一个简单的办法去证明这样的建议是否会有帮助，或者哪个顾问可能特别优秀或者特别糟糕。因此，我们与财政部和商业部门制订了一项计划，为企业提供数千英镑的"成长券"以用于咨询意见付费，但条件是该企业必须通过一个公共平台对这些建议是否有益提供有效的反馈。

再次，我们也想知道，建议本身以及"成长券"是否能真正促进业务增长。到目前为止，我们唯一能找到的证据显示，那些参与了相似计划的企业往往成长得更快，但是那些经营得当、足以申请资助的企业也可能增长很快，这也是合情合理的。想要确定的最好办法，就是随机拒绝一些申请贷款并有资历的企业，并观察结果。[5]在财政部的帮助以及国务大臣戴维·扬勋爵和马修·汉考克的略带忐忑的支持下，该计划设置成了一个真正的随机对照试验。该试验还测试了面对面的建议是否比线上建议更有效。

　　观察一个企业成长与否需要一些时间，所以在本书的写作过程中，无从知晓"成长券"是否确实促进了企业的更快成长，这还为时尚早。但是我们知道，无论在媒体还是在企业中，计划中的随机因素都未产生很大的争议。我们也知道，得出的结果会告诉我们一些非常有用的信息：这个计划是应该扩大应用范围，还是应该废弃。该试验还使商业部门重拾信心，它们查看剩余支出并考虑一个对照试验能在哪些方面帮助它们确定更有效的支出。

　　基本的争论依旧是老生常谈。多年来，政府内外的人士一直在寻找理由，推动越来越多的实验方法。事实上，一些大臣偶尔也曾试图推进这种想法。在英国，负责福利改革的国务大臣洛德·弗洛伊德爵士曾同时服务于工党和保守党与自由民主党的联合政府，这是很不寻常的。他曾评论说，由于福利改革的复杂性，他不得不做出几百个决定，但他不确定在做出的决定中哪个是正确的。他的激进结论被纳入联合政府福利改革立法的一则条款之中，该条款赋予政府进行改革的权力，甚至可以改革福利支出水平，以测试哪种决定更有效。

　　行为洞察力小组与许多部门合作，通过有形和实际的方法使试验方法焕发了新生，这表明诸如此类的试验运行快速，相对容易。行为洞察力小组向政策制定者表明，他们不必知道答案。相反，他们可以在常规的政策中引入试验法并进行实践，逐步找出实际上有效的做法。

"循证决策"研究所

2011—2015年，英国建立了一系列机构来加强决策者和从业者对证据的使用。它们有一个简单的共同目标：依据有效性整理并建立证据，并把这些证据直接交到从业者和服务官员手中。我们称它们为"循证决策"研究所。

新的研究机构大体上以在布莱尔政府初期成立的英国国家卫生与临床优化研究所为基础。英国国家卫生与临床优化研究所的工作类似于美国食品药品监督管理局，不做基础研究，而是通过公布的药物和治疗方法进行筛选，并决定是否：（1）推荐某种治疗方案；（2）不建议该治疗方案；（3）允许使用某种药物，但建议做进一步的研究。

最终它的建议要考虑成本因素。如果一项治疗疗效甚微，但极其昂贵，英国国家卫生与临床优化研究所可能就不会推荐它在健康服务中普遍使用。但它的重点是效益。

如果这种方式可以用在药物上，为什么它在政策和实践的其他领域没用呢？面对预算紧缩的窘境，这对于联合政府而言，是一个亟待解决的问题：我们如何才能确保钱花在了刀刃上呢？在保守派大臣奥利弗·莱特文、财政部自由民主党秘书长丹尼·亚历山大，以及内阁秘书杰里米·海伍德的支持下，我们开始着手创建机构来回答这个问题。

最初的想法是创建一个巨大的"社会政策"版的国家卫生与临床优化研究所，像美国的华盛顿公共政策研究所的扩大版本。在经济学家史蒂夫·奥斯的带领下，华盛顿研究所得以成立，它对国家立法者关于措施的有效性提出建议，整理出可以被多党派信任的经验证据。史蒂夫·奥斯用惯常的低调方式，说研究所的工作是仿照消费者报告。人们在决定购买哪种冰箱、电视机或汽车的时候，会参考这种消费者报告。[6]

然而，华盛顿州与英国这样的中等规模的国家之间，还是存在很大区别的。管理一个约 700 万人口的州，华盛顿州的立法者自己就可以提出许多具体的支出决策。但在英国，人口是其十多倍，多数决定是国家或当地政府主要部门做出的。相比许多国家对预算的控制而言，英国财政部没有那么精细。事实上，许多关键的日常决定是由专业人士及从业人员做出的，如校长、高级警官以及地方政府首脑。我们还认为，许多地方上做出的自主决策，都经得起实证检验，在政治上不太可能引起争议。在这 150 个地方政府之间，就有很多值得比较的数据。

基于这些原因，我们决定创建一系列循证决策研究所，每个研究所集中解决一类问题。从 2011 年到 2013 年，许多循证决策研究所就这样建立起来了，以鉴定如何更好地促进学校教育（教育捐赠基金会），减少犯罪（警务学院），进行早期干预（早期干预基金会），以及促进当地的经济增长（地区经济增长中心）。最近，循证决策研究所又新增了研究内容：鉴定如何更好地推广一种健康并令人满意的晚年生活（幸福晚年中心）；提升主观幸福感（首相特别感兴趣）。这些中心遍布威尔士（特别注重贫困）和苏格兰（特别侧重于制度改革）。所有中心治理独立，资金充足，有的资金来自（独立的）经济与社会研究委员会、大乐透，还有的来自政府部门。每个中心都致力于产生、传播和采用更好的证据。

循证决策在教育中的应用

成立于2011年、最初从教育部得到1.2亿英镑捐助的教育捐助基金会（EEF）阐明了一个循证决策研究能够发挥的影响。正如它的负责人凯文·柯林斯所言，教育捐助基金会使得"不能在教育领域进行随机对照试验"这种观念"入土为安"。它已资助了90多个大规模试验，其中5个是随机对照试验，涉及英国4 000多所学校和60多万名儿童。总之，在不到4年的时间内，教育捐助基金会进行的大规模试验比整个教育界以往进行的总和都要多。

然而，教育捐助基金会的主要成就并不是一系列的学术或研究论文，相反，它设计了一个工具包，里面总结了11 000多篇教育研究的结果，也包括教育捐助基金会自己领先的研究成果（见图10–5）。该工具包使班主任老师或者其他任何人，能够快速了解每种类型的教育干预的总体有效性。这个工具包是以月为单位进行数据更新的（见最后"影响"一栏）。它也显示了在一个25人的班级中教育干预预计的成本，以及支撑这些结论的证据的权威性。

对于一些学术研究人员而言，该工具包将庞大而复杂的文献过于简化了。但对行为科学家以及很多从业者而言，这种权衡非常值得。在英国各地的24 000所学校中，大约有一半声称，它们现在使用工具包来决定如何花费所得到的资金。特别是，目前英国学校每年会收到约20亿英镑的资金作为贫困学生的"孩童津贴"；现在，出身贫困的学生每人能额外得到1 400英镑。学校全权决定如何花这笔钱。教育捐助基金会工具包能够帮助它们做出这些决定，但并不强制它们执行。

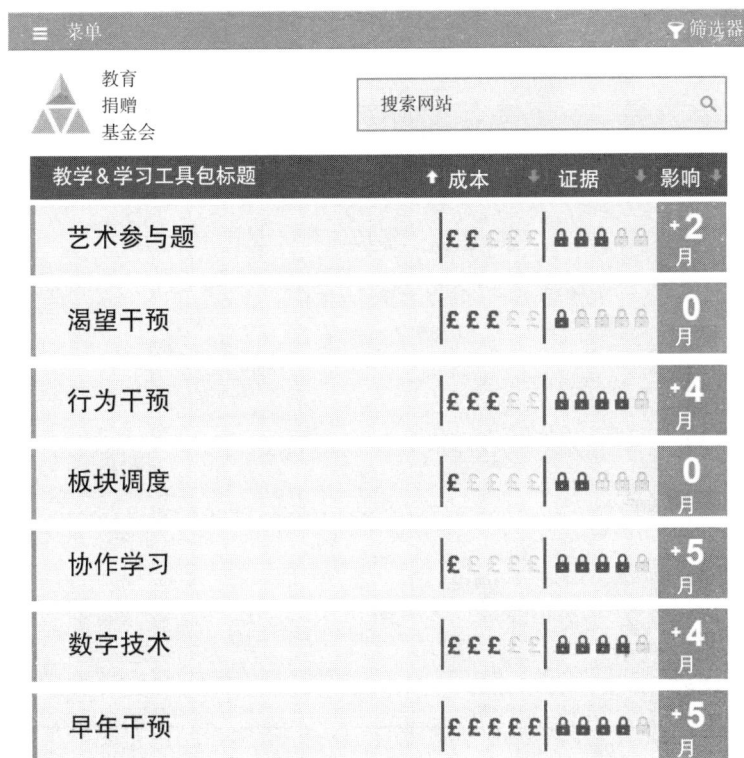

图10-5 教育捐助基金会工具包（删减版），总结了超过11 000多篇教育研究成果，也包括自己的大规模试验。它旨在使班主任老师和其他人能够快速了解循证决策在提高教育程度，特别是家境贫寒的孩子的教育程度方面的有效性。详情请访问http:// educationendowmentfoundation.org. uk/toolkit/

该工具包能让它们快速判断哪些干预有效且价格便宜。例如，同伴辅导往往半年就可以见成效，它相对便宜并且背后的证据也很充分。教学"元认知"（本质上是教孩子如何学习）甚至更有效，它同样廉价并有据可查。

然而教育捐助基金会的调查结果并不总是那么受欢迎。例如，其研究结果表明，额外的助教——这曾经是政府支出的一大重点——是一个相对昂贵但收效通常不大的方法。还有一些相对无效的干预措施，包括物理环境、绩效工资等。教育捐助基金会已经得出结论，有些干预措施不但昂贵而且实际上阻碍了弱势儿童的发展，例如让孩子复读一年（见图10–6）。

30多项教育干预的大致费用与效果

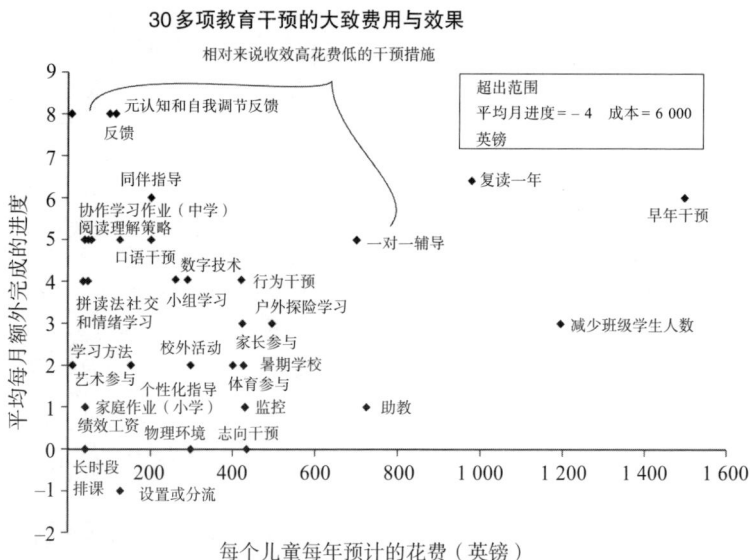

图10–6　30多项教育干预的近似成本和有效性

注：根据工具包的定义，图中上半部分是有效性证据丰富或者非常丰富的干预措施。内阁办公室的分析是基于英国教育慈善组织萨顿信托（Sutton Trust）/教育捐助基金会教学与学习工具包的技术附录展开的。[7]

当说到学校不要越权或过于教条时，凯文·柯林斯总是很谨慎。一个对助教投入过多的班主任，对于他们作用平平这一结果可能会觉得难以接受，至少相对于其付出的成本而言。凯文指出，在那些特定的学校或特定情况下，助教参与的效果可能更充分。事实上，教育捐助基金会正在积极研究，看看何时以及如何使用助教才能让他们的作用最大化。[8]但他指出，在其他同等的学校，助教的影响很小，这就会督促班主任老师寻找其他收效更明显的选择。

有时，消极的结果能激发新的思维。例如，广泛应用绩效工资的效果看似不好，但这个结果却刺激一些人从新的角度考虑这个问题。经济学家约翰·利斯特是教育实验方法发展领域的领军人物，现在是教育捐助基金会的合作者，他最近已表明，虽然传统的绩效工资不起作用，但是一种受"厌恶损失"启发而来的行为方法，却可以促进工作表现。他发现，在年初告知教师奖金数额，但如果他们的学生未能达到一定的标准就扣掉奖金，这样确实能让教师表现得更好。如果这一结果得到证实，那么工具包就会更新，将之纳入其中，并将传统绩效工资的无效结果与基于损失的绩效工资的积极影响进行区分。

教育捐助基金会的成立，应归功于教育大臣迈克尔·戈夫；年底的时候，各部门都要把没用完的资金返还给财政部，大家对此深恶痛绝。也许他是受此激励吧，和我们中很多人一样，戈夫强烈认为自己的想法应该在学校中获得实现，但他也经常因为薄弱的实证基础，以及他的部门资助的许多政策领域的现状而焦头烂额。2014年，戈夫从教育大臣的位置上退休。他在任期内与他人的争论引起了记者的注意，但奇怪的是，他对教育捐助基金会的资助却得到了一致认可。我怀疑，历史将会对他有不同的评价。教育捐助基金会表明，不仅在英国，世界各地的教学都在转型，一些国家正在使用其开发的工具包。这是在重建教学的基础，使教学变成一门以实证为基础的职业，就像英国国家卫生与临床优化研究所和科克伦及其同事那样，他们帮助医学从一门艺术转变成为我们今天所认识的科学。

将循证决策方法应用到我们做的每件事中

多数循证决策研究所没有像教育捐助基金会那样获得这么多的捐赠，但是它们的方法内核是一样的。它们都致力于为各个领域的"班主任"和"家长"开发类似的工具包。

早期干预基金会（EIF）成立于2012年左右，致力于通过研究早期干预的成本—效益来解决一系列社会问题。在它整理证据的过程中，与英国地方当局系统地尝试了新老办法，并谋求填补我们在未知领域的空白。虽然尚不成熟，但早期干预基金会的评论已经引起了轰动。例如，它对家庭暴力干预的系统评论就得罪了一些人。它指出，当下最流行的干预手段专注于两性关系，但这种手段并没有什么效果。同样，它的一项早期研究发现，许多地方当局使用毫无效果的干预措施解决人口问题。这一结果冒着得罪人的风险，不过也促使政府将投入转移到其他更有效的干预措施上来。

地方经济增长研究中心（LEG）的负责人亨利·奥弗曼为人直率豪爽，也因为早期的发现得罪了不少人。他们的结论是：地方政府花大笔金钱建造崭新的商业园区和工业区，这对振兴经济作用甚微，只是从其他地区抢来了一些工作岗位而已。他的研究所得出了如下结论：大多数地方体育和艺术的支出很少或几乎没有刺激经济增长（当然，尽管它们可能在其他方面有益，如促进居民健康或增进人民幸福感）。这并没有为奥弗曼赢得艺术界的支持，相反，地方经济增长研究中心得出结论，虽然地方性的技能培训从政治上看不那么激动人心，但可以促进经济和就业增长，特别是短期、雇主引领式的培训。研究中心有可能会辞掉一些狡猾的顾问，这些顾问会按照当地既得利益群体的要求，随便做出他们想要的答案，以换取这些群体对自己小项目的支持。研究中心的结论有助于一些地方政界人士和社区更有效地利用资金。拿英国来说，这牵涉到分配给本地企业合作伙伴（LEPs）的数十亿英镑，大多数人直到现在对这些钱的支出仍旧显得盲目。

2015 年初，位于警务学院内的降低犯罪率循证决策研究所发布了工具包，同时还有价值 1 000 万英镑的知识资金以鼓励填补证据空白的工作。它的主要受众是新任警察及犯罪事务专员——他们有权决定如何利用英国的犯罪和警务预算，当然还有一些对如何更好地减少犯罪感兴趣的社会团体。毫无疑问，这家研究所与其他循证决策研究所一样将引起轰动。如同教育和地方经济增长一样，大笔资金经常被用在刑事司法干预上，这样做很少或根本没有证据支持，而潜在的理论文献也毫无说服力，漏洞颇多。然而，正如我们在本章开头看到的"恐吓从善"的例子一样，一些合理研究得出的结论已经证明，我们的主观臆断常常不起作用。与此同时，其他研究表明，其他干预措施有时却出人意料地管用，如摩托车盗窃的急剧减少就归因于政府要求大家佩戴头盔（见第3章）。或有证据表明，视频游戏和其他形式的娱乐可以减少犯罪（这甚至可能有助于解释在过去15年里跨国犯罪的下降）。

"激进式渐进主义"：越做越好

现在你应该知道了，我是循证决策方法的头号支持者。事实上，过去几年我在英国政府中担任的角色，除了我的正职是行为洞察力小组的负责人，我也是新任命的英国循证决策研究所的国家顾问。这意味着，我支持在政府中利用更好的证据，并推动其朝着更广泛、更强劲、更快捷的政府政策和日常专业实践评估上进行转变。

然而，循证决策研究所要整理证据并形成工具包，还有赖于持续供应的证据。

在医药领域，英国国家卫生与临床优化研究所和美国食品药品监督管理局都能利用大量的研究或医学实验，这些是私人制药公司为了谋求批准而进行的。但是，这并不是普遍情况。大多数循证决策研究所发现，在许多领域，证据基础非常薄弱，尽管各国政府每年投入数万亿美元用于政策干预和研究。

即便在健康领域，证据基础往往也是东拼西凑的。围绕制药行业的财务回报和监管框架，催生了一个大型的证据搜集产业，虽然该产业还远远不够完善。[9]但回到公共卫生领域，甚至是医疗中的服务创新，研究的数量也在急剧下降。

为了填补这一空白，我们需要政策制定者和从业者各司其职，谨慎尝试各种选择。如果我们把这两个因素合二为一——决策者和从业者积极尝试，循证决策研究所独立地整理和传播结果——我们必将能够创造一股强大的动力，进而改善我们所做的一切。我把这种方法称为"激进式渐进主义"（radical incrementalism）。

大多数人，还有政府，都忘记了自己曾经学到的重要东西。这就是我们需要研究所的原因之一：把所学代代相传。我绝不是第一个或唯一一个主张在政府中有效利用证据和随机对照试验的人，但我希望我会是它忠实的捍卫者之一。

激进式渐进主义

激进式渐进主义是可以实现，或者更有可能实现突破式进展的理念，它的方法是系统测试我们所做的每件事情的微小变化，而不是不明来由的巨大跨越。例如，英国自行车车队在2012年伦敦奥运会上取得的戏剧性胜利，就是因为车队对例如自行车设计和训练计划的微小调整进行了系统测试。这些微小调整促使了一个个小的改进，如让车手离开时自带枕头以减少生病和缺席训练的可能性，当把这些小小的改进结合在一起时，一支获胜的队伍就诞生了。同样，过去30年来癌症存活率的巨大提高，更多的是由于治疗剂量和组合的日臻完善，而不是因为药物的新"突破"。

将类似的激进式渐进主义应用到公共部门的政策和实践中，从如何设计我们的网站，到业务支持计划，我们可以百分百确信，每一种渐进式的改善都会使得整体性能在其成本—效益和影响上产生根本性变革。

我最近以国家顾问的身份，给英国环境、食物与农村事务部做了一个关于如何在工作中更多地使用实验方法，包括使用随机对照试验的演讲。在演讲现场，有真正感兴趣的人，但也有质疑者。于是，我问他们是否知道罗纳德·费希尔。他们一脸茫然。"费希尔测试，或F——测试？"我猜想我像在开玩笑。一两个有点儿分析学知识的人开始点头。"他是20世纪最知名也是最重要的统计学家之一，"我解释道，"你们部门的前辈曾经资助过他。"他们不解地看着我，我解释了费希尔的工作，以及许多当代统计学的重要基础都是"田野调查"（field studies），字面意思就是检验什么变量和疗法会影响作物产量。这些工作大部分是在位于赫特福德郡哈彭登的英国洛桑实验站完成的。

感觉这是非常重要的一课。即便曾经发起并引领实验方法发展的政府部门，曾经是现代统计学的支柱，也已经丢掉了这个习惯。也许对你我这样的极客来说，对那些我们不知道的事进行试验、评估和迭代是顺理成章的。但从大家普遍的做法来看，显然并非如此，甚至是那些曾经使用或者资助了"激进式渐进主义"的机构本身，也可能不再继续坚持了。

走向国际

全世界大多数国家的政府以及专业人士，最终都在苦苦思索相似的问题：如何促进（可持续的）经济增长？如何更好地教育我们的孩子？如何促进就业、减少犯罪和冲突，以及提升健康水平和幸福感？我们不能随意回答这些问题。毕竟，建立一个实证基础，通过不断"测试、学习、调整"使之越来越好是一场持久战。[10]在一种情况下可行的办法，在另一种情况下不一定行得通，当然大部分情况下是行得通的。

为了做好本职工作，循证决策研究所和资料中心需要回顾来自世界各地的研究，尤其是获得经过深思熟虑的干预措施的更多变体。它们建立的工具包以及干预研究，是一种典型的公共财产：将成本加到生产者身上，却惠及了所有人。因此，我们也应该把它们当作国际公共财产来加以支持。

如果国家、城市和专业机构通力合作完成系统评价，并一起建立一个共同的证据构建和传播结构，那将是何其明智和划算。从某种程度上来说，我们已经在沿着这条道路前进了。比如，经合组织和世界银行这类组织可以被视为跨国性的循证决策研究所，它们每天都在建立和整理证据。一些政府也通过其他方式寻求在证据构建和整理上的协作，如挪威支持的坎贝尔协作网（进行非医学的系统评价）。但是，这些机构离成为"激进式渐进主义"的中流砥柱还差得很远。大部分证据仍旧是把不同国家的做法通过剪切、粘贴进行对比，很少在意因果关系和成本有效性。与此同时，大部分此类成果仍然更像是少人问津的学术论文，而不是人性化、以从业者为重、可能会让人切实改变做法的"消费报告"式成果。

我希望在未来的一两年，我们将见证的事情之一，就是出现更有效的信息交换场所或平台，使世界各地的决策者和从业者更好地访问和建立循证决策实证。我们并不欠缺观念甚至研究，但把证据拼凑在一起并不是一个民主的做法，原因是这些证据在质量上良莠不齐，那些基于更好、更稳健方法的证据应该得到更多的关注。

在这个平台的中心将是一套工具包，就像我们之前看到的教育捐助基金会的工具包一样（见图10-5）。但是还有额外重要的一栏，用于显示干预措施有效或无效的国家和地区范围。对决策者，或者公共服务提供商而言，相对于那些只在一个地方被证明有效的措施，他们更有信心引进一个被五六个国家应用过的干预措施。

这种信息交换场所或平台的另一个关键因素是它会捕捉空白

并将其突显出来。从这方面讲，它的工作更像是一个系统评价和干预研究的强劲启动器。在五六个国家、州或专业机构寻找答案或评价，但寻求无果时，系统就需要将其筛选出来。这样一来，循证决策研究所或者其他机构就能展开研究，进而填补这一空白，官员们将得到更好的评论或者研究结果。因为费用可以分摊，所以成本也就低得多。

循证决策运动不应该仅仅是富裕国家的产物。2015 年，千年发展目标进行了更新。生成一个目标列表很容易，难题不是新目标应该是什么，而是应该如何实现？援助只是整个答案的一小部分。正如国际发展部的同事指出的那样，即便是在世界上最贫穷的国家，援助预算与这些国家的资源相比，也是越来越相形见绌。因此，知识——如何更好地利用这些宝贵的资源——显得越来越重要。如果我们在伯明翰发现了一个更好的教授数学的方法，这绝对会引起柏林的兴趣，但几乎可以肯定的是，世界上其他教授数学的地方也会产生浓厚的兴趣。

行为洞察力小组以及其他组织的一些更具创新性的实验，例如贾米尔贫穷行动实验室（J-PAL）已经表明，快捷、低成本的实验方法可在全世界推广应用。我们也应在其后推出工具包和体制框架用于转换并采用这些方法和结果。

这不是一件简单的、可有可无的事情，世界各国领导人都认为，正是由于传递政府和公共服务的基本能力和效率低下，才经常导致一国政府出现不稳定乃至倒台的情况。当然，其他因素，例如诚实和腐败也至关重要，但一个坚实可用的实证基础是构成世界的基石，只有在这样的世界里，政府才能得到公民的信任和尊重。

结论

曾竭力推动医药学成为一门循证专业的阿奇·科克伦，在他的《有效性和效率》（*Effectiveness and Efficiency*）一书的后记中思考，他是否对他的医疗同事们过于苛刻了：

> ……我可能对同事过于挑剔了，其实我非常尊敬和爱戴他们……如果要进行比较的话，我想强调医学界（尤其在英国）遥遥领先于其他领域。其他又有哪些行业会鼓励大家将行业的错误公之于众，并对自身行为的影响进行实验性的探究呢？有哪一个地方执政官、法官，或者校长会在他们的"治疗"或者"制止"行动中推荐使用随机对照试验呢？

其他行业和政策领域花了40多年才最终赶了上来。循证决策研究所每季度都会举行会议，并通过逐项研究，共同推动公共服务和政策在品质和特性上的一场无声革命。循证决策研究所从事的一系列任务看起来很单一：系统测试、整理证据，并把这些证据以简单和可接受的方式传递到委员和专业人士手中。正如英国政府内阁办公室大臣奥利弗·莱特文所言："10年或20年以后我们一定会回头看，并对我们竟然用截然不同的方法做事感到惊奇。"

企业也是一样，系统试验和测试的观念已经开始摆脱历史的束缚——如在市场营销和零售领域——并日益普遍起来。[11]

一次在财政部吃午餐时，我与商业部门使用对照试验的权威专家詹姆斯·曼齐，就比较行为洞察力小组在试验中的相对"命中率"与商业世界常见的命中率交换了意见。他认为大多数投身商业的人，如零售商，如果命中率高于51：49，那他就已经很幸运了——如果100次试验当中有1次或者2次相对于基线销售有了大幅度提升的话，他们做得就很不错了。由于其中一些人一年要进行上千次试验，这可能带来有价值的改进。与此相反，在行为洞察力小组，我们的命中率接近80：20。

把这归功于我们足智多谋当然很好，但我们获得高成功率的一大因素，仅仅是由于系统试验以及行为方式的应用在大部分公共部门尚未起步。它们习惯于直接跳到单一的解决方案，并往往在国家层面，假定事物按照常规做法处理有效。与私营部门不同，公共部门往往少有或没有竞争，表现不佳的机构往往有"退路"，从而导致行动拖拖拉拉或者心不在焉。如此一来，行为洞察力小组能够取得如此巨大的成功也就不足为奇了。

最根本的是，行为洞察力小组所追求的实验方法，通过循证决策实践的推广，为政策和实践带来了新鲜而又无比重要的一点：谦逊。著名物理学家理查德·费曼打趣说："科学是无知专家的信念。"他并不是说科学家通常很"无知"，而是指科学是拥抱"怀疑"的学说——科学家们态度开放，乐于接受"你的理论有可能或者极有可能是错的"等质疑。在他浩如烟海的著作与演讲中，他总是恰当地敦促他人接受科学这种颠覆性的本质。[12]

实验研究表明，我们都容易过度自信，这在本章也讨论过。你问一位同事10个实际问题，比如去年有多少人死于交通事故，并要求他有90%的把握，例如："我非常确定去年在英国死于交通事故的人数是3万~4万。"这样询问一组人，你经常会发现平均答案是相当准确的。但看看每个人回答问题的范围，你会发现他们的知识面都过于狭窄。10个问题里面，多数人若能带着90%的信心回答5个就已经很不错了，更不用说肯定地回答9个了。但好消息是，这个实验表明，多数人能从经验中学会扩大他们的估计范围并对他们的过分自信做出调整。[13]

所有人都需要学习这一课，我们需要建立研究所和行业机构来帮助自己。毕竟，仍有这么多我们尚不知晓同时也很容易发现的东西。我们需要认识到自己很容易过度自信并且自以为是，需要紧跟阿奇·科克伦和理查德·费曼的脚步。我们必须保持怀疑的态度，需要测试、学习和适应。

在写这一章的时候，我正跟3名高级部长和一些官员在下议院开会，解决一个政策问题。这种会议基本上天天都要召开。这一次，两个主要部门对使用何种心理疗法可能会减轻抑郁、让人们更快地回到工作岗位产生了分歧（与其他情况相比，抑郁症目前被认为是缩短高效生活时间的主要原因）。英国就业及退休保障部想尝试更多办法，但卫生部却不想支持那些英国国家卫生与临床优化研究所以及医疗循证决策研究所未签署通过的方法。令我高兴的是，其中一位部长提出了一个建议："我们能不能用随机对照试验测试一下这些方法？"与会众人连连点头。"好的，"卫生部的高级官员也同意，"我们可以这样做。"更多的高级官员则冲我咧嘴笑了笑，然后扫了一眼所有人。"那么，我们达成共识了吗？"他问道。我们确实做了，而且做得更多。我们已然步入这样一个世界，在这里，政府高官开始了解对照试验的好处，并要求他的下属去践行。

这是一种与传统政治的傲慢自负和故作自信的专业实践截然不同的世界观，我们已经适应它了。这种世界观颇具成效，它可能是 2010 年行为洞察力小组为英国政府核心带来的古怪经验主义最重要的遗产。现在，它已遍布全世界了。

更完美的助推

第四部分

我们已经知道了如何使用行为研究法以提高一系列流程与实践的实际运行效果，同时更加深刻地重塑我们对政策、社会和经济的看法。

在本书的最后一部分，我们将思考行为研究和实验方法的政治与实践方面的局限性。这是因为行之有效的方法并不意味着它是正确的。助推，以及其他的行为研究方法，会逐渐失去效用吗？如果行为研究方法无法如此有效，我们是不是应该对行为研究法的使用者，比如政府和企业，实施更严厉的限制和控制呢？

我们也应该看一看行为研究科学家所考虑的新挑战以及未知的领域——这难道不是你，作为一个公民或者消费者，应该担忧或感到兴奋的吗？也许答案两者都有，但决定权在你手里。

第 11 章

谁在助推助推者

这是 2003 年一个阳光明媚的早晨。我与首相策略小组的同事们对即将到来的一天充满了期待。这天早上我们发表了题为《个人责任与行为变化》的评论性文章。这是一国政府第一次认真地尝试思考行为科学对主流政策的影响。我们不得不做出一些妥协，但它仍然是一个好作品，能够发表真是大快人心，这与我们为首相做的多数政策工作不同，它们被认为过于超前不宜见刊。为防万一，我们在这篇长达 70 页的文章的每一页底部都印上了"这不是政府政策声明"几个字，我们之前的评论性文章也都是这么做的。

一走进海军拱门，我就从人们脸上的恐惧表情判断出有事发生了。关于这篇文章的报道已经登上了《泰晤士报》的头版，报道称："首相的策略小组提出要征收肥胖税。"旁边是一幅猪肉馅饼的图。

一边是不明就里的唐宁街 10 号新闻办公室，另一边是英国卫生部。尽管卫生部官员对于没有与之进行协商不太高兴，但仍旧表示，他们对这一想法很感兴趣，并请求唐宁街10号不要否决这种做法。策略小组当时的负责人杰夫也非常恼火，担心这将有损我们的政治资本。

《泰晤士报》简短引用了我们文章中提及的健康与非健康食物之间的价格差异是否会鼓励更健康的消费这一内容，最近英国医学会也在讨论这个事情。[1]我们已经指出，对含铅与无铅燃料进行区别征税会迅速引导人们转而使用无铅燃料，尽管我们的文章中避免得出这是否适用于食物的结论，但它的引申义已经为它定了个好标题。

迫于压力，我们需要发表声明，称对食物分开征税既不实际也不会产生效果。唐宁街10号新闻办公室对此并不上心，它听说这样做两边都不讨好。最终，我们发布了一份声明，专门写了一行字提醒人们，这不是政府政策，政府没有征收"肥胖税"的计划。

办公室一片混乱，我想我最好在午餐时透透气，同时远离餐厅。但是，当我朝着白厅咖啡吧走去时，我注意到外面有人在"每日特价"板子上潦草地写着："在肥胖税征收前，多吃点儿黄油三明治吧！"看来我们真的遇到了麻烦。

用声明去制止随着事件散布而来的小道消息为时已晚。到了第二天，报社在头版刊登了内阁重要成员们的照片，每一幅照片下面都有他们预测的体重。体重相对较重的英国副首相约翰·普雷斯科特特别引人注目，同样引人注目的还有一个无法忽略的标题："普雷斯科特要为肥胖缴多少税？"

不久之后，首相托尼·布莱尔发表了重要讲话，撇清了自己与政府使用行为研究方法的关系。

谨慎处理？

要让英国政府在英国政策中再次公开采用心理学和行为研究，需要花费近10年的时间，需要经历一次政府更迭才行。有人把它随意地解释成这个不合时宜、简短而在政治上令人尴尬的标题只是推迟了这一进程。而另一种观点是，这种反应折射出了公众对于政府使用行为研究的深切担忧。这让很多人感到不安，也许事情本该如此。

让不健康的食物更昂贵，或者健康的食物更便宜，这甚至不能算作塞勒和桑斯坦倡导的助推，这是在蓄意操控民众行为——尽管多数政策都是这样的。那么，这有什么值得大惊小怪的呢？

本章探讨的是政府在制定政策时运用行为研究可能存在的风险及潜在的不利因素。潜在的好处显而易见，但是尽管行为研究效果显著，它们也可能遭到滥用——不仅是企业，还有无良的政府和官僚。我们可以只取好的一面吗？究竟政府采用行为研究是做它们想做的事情，还是你或者公众可能期盼它们做的事呢？例如，在过去的几年里，政府往往能很快发现使用行为研究方式在收缴税款和罚款上的好处，但同时政客们也在他们自己的竞选活动中使用行为研究，在美国尤其如此。但他们是否也能敏于发现可以运用行为研究保证消费者的采购更划算，或者开发更有效的方式监督公民的行为呢？

到底是什么构成了一个更好的选择呢？决定应该由谁来做？这才是问题的核心所在。许多助推措施的一个基本含义——特别是围绕它的属性——就是有些人而非你自己可以做出最有利于你和社会的判断。换句话说，政府或者专业的选择设计师最清楚这些。然而，无论是在政治上还是在实践中，至少有些人会质疑：那些更清楚地知道如何让公民生活更加美满的助推者是谁呢？

本章将探讨这些问题，进而讨论可能采取的措施，以及行为研究在政策中的应用。该讨论将围绕三大方面的问题展开：

（1）缺乏透明度——行为方式过于贴近宣传和潜意识操控的黑暗面（右翼人士的担忧）。

（2）缺乏有效性——行为方式是政府不采取更具决定性、更有效行动的借口（左翼人士的担忧）。

（3）缺乏责任感——这些方法背后的行为科学家和决策者们需要对造成的影响负起更多的责任（自由派和民主派的担忧）。

然而，一旦合适的措施和保障到位，包括强化民主监督和助推者的责任，我认为行为研究可以带来诸多好处，甚至可以强化民主本身的性质。

透明度的挑战

很多人，特别是右翼分子，有一种强烈的担忧，他们认为助推措施涉及一些鬼鬼祟祟和阴险狡诈的东西。20世纪末，一位资深的决策者私下里表示："这不是政府应有的做法。"

这一问题应该得到认真对待。助推的核心在于，很多决策和行为都源于非常迅速，且通常是无意识的思维模式。如果人们总是避免选择一组商品中价格最高和最低的，无论是啤酒还是金融产品，一旦卖家获悉了这一点，他们就可以通过增加额外的高价产品或者拿掉更低价格的产品来"欺骗"消费者支付更多的钱。同样，了解到人们强烈地倾向于默认选项，政府和企业能完全与任何形式的欺骗活动划清界限吗？这种政策制定的自发性表明，专业的助推者甚至可以不知不觉地影响我们的行为。

人们可以激烈地争辩，认为这种方法欠缺透明度，同时限制了自由，甚至在本质上是反民主的，因为它们是由受它们影响的市民不自觉地选出来的。难道不是用"操纵"一个词就足以让任何一个自由论者不寒而栗吗？

正是这种关于助推的操纵牵动了美国极其敏感的神经，这种操纵也是卡斯·桑斯坦在白宫中努力克服的。他一直在与这种言论做斗争，不过现在他可以自由地著书立说对此予以反驳了。理查德·塞勒同样如此，他骨子里一直是一个芝加哥式的经济学家，对于把助推作为"操纵"的诟病一直非常敏感。

对于术语"助推"的原创者桑斯坦和塞勒而言，他们的第一反应一直是"助推"应该是"选择—强化"或者至少不应该是"选择—限制"，同时它是透明的。在这个意义上，助推被看作另一种管制和禁止。例如，把退休金计划中的一个默认项从雇员自愿加入变为自愿退出并没有消除这个选择。如果员工愿意，他们仍然可以自由地选择退出。选择是透明的，员工可以通过法律手段获知详情。相反，在一些西方国家，你必须为养老而储蓄，尽管你可以对你的退休金提供者有所选择。

没有中立的选择

助推者们经常谈论"选择架构"，即呈现选项的方式。一个常被讨论的例子是在自助餐厅中食物出现的顺序。你第一个看到的是什么：沙拉还是薯片？事实证明，顺序很重要。当你饥肠辘辘地走进来，你首先看到什么就会往盘子里装什么。布莱恩·汪辛克表明，经常参加研讨会的人盘子里68%的食物都是他们看见的前3种食物，无论这些食物是健康的水果，还是高油脂的早餐。[2]事实上，我们知道自助餐厅的每一个环节都对你吃什么、吃多少产生了影响，从菜单、盘子的大小、食物的供应量，到是否配有盘子等。

这些影响很少是受有意识选择支配的。塞勒和桑斯坦的观点正被世界各地越来越多的政府助推者使用，它说的是根本没有中立的选择。自助餐厅必须以某种方式安排食物，因此政策制定者——以及餐馆老板、校长、医院管理者等——应该以多数人的利益为选择的基础。

如果你考虑替代方案，这看起来极其明智。一旦知道食物顺序或者盘子大小会影响我们吃什么以及餐厅会生产多少垃圾，对于决策者而言，岂不应该——甚至是有责任——选择更健康、更环保的食物吗？

当我们从一个简单的例子（例如学校食堂）跳到一个不太明确的例子（例如养老金计划），这种观点便复杂得多了。但即便就食堂而言，一旦我们承认确定哪种选择最好的方法可能不止一种时，它就会变得更加复杂。如果不同的标准会导致不同的结果，那我们如何设定这一标准？例如，让我们假设沙拉比薯条利润低，那么自助餐厅老板绝不会把沙拉摆在最前面（虽然小盘子的食物仍旧有吸引力）。如果薯条能使学校的孩子下午上课时更加专心听讲，那么我们应该如何选择呢？

另一个问题是，最佳默认适用于这个人，并不一定适用于其他人。在一所有许多肥胖孩子的学校里，把沙拉放在第一位，可能对大多数孩子而言是最好的选择，但对于小部分有诸如厌食症这种饮食功能失调症的孩子而言，这种做法可能就非常糟糕。再来看看养老金问题，人们的情况和喜好可能有很大的不同，如果人人都采用统一标准，那看起来就有问题。

许多前沿的行为学家，包括桑斯坦、莱布森认为，解决办法是进行"量身定制的设置"。这意味着，为特定人群设定了不止一个，而是一系列的标准。这在自助餐厅很难实现，除非你设置了不止一条路线，从而根据人们进门时传感器测量到的体重指数引导他们走这条路线或者那一条路线。但养老金和许多其他产品很有可能做到这一点。例如，不是人人统一配置，而是由"智能默认"根据工作者的年龄、婚姻状况和近期或将来的加薪情况对其进行区分，进而为其设置更加个性化的储蓄率和产品。

我认为这是一个良好的开端，但这种解决方式还远远不够。即便有个性化的设置，仍然存在谁设置了这些默认选项这一棘手问题，现在我们再回过头来继续讨论这个问题。

有效的沟通vs政治宣传

行为洞察力小组的很多工作，与世界各地出现的其他类似的组织一样，都涉及沟通，至少在广义上如此。我们解决的很多问题与通知、鼓励和说服有关。从这个意义上说，选择架构保持不变，但重点是使一个行为或多或少地比其他行为更加有趣。事实上，有时候海外访客参观我们的工作过程时会说："这不就是沟通吗？"

其中一些显然是关于沟通的，尽管我们认为相比一般的广告公司，我们更加科学和严格。要谨记说服大师罗伯特·西奥迪尼于2006年在唐宁街10号的国宴厅开会时说的一句话："这是有效沟通的问题。"

各国政府及企业一直在与人们沟通。我们被符号、文本、电子邮件和信件搞得焦头烂额。这些信息多数都是为了我们自己的利益，如警告我们前方有危险；让我们知道这个产品可能有危害，特别是如果以某种方式使用的话；或者提醒我们应该履行的义务，如支付我们拖欠的税款。如果我们认为诸如此类的沟通是适当的和可接受的，那么我们就有理由希望那些设计或者写下这些沟通信息的人要尽力使信息能给人留下深刻印象并易于理解，而不是被误解。

如果我们打算引入减税措施，以鼓励企业在研发方面投入更多，我想很少有人会认为确保关于减税的信息尽可能清晰简明的做法不对。同样，我怀疑很多人会反对使用那些与减税措施最相关的企业的个性化信息，或者反对在搜索引擎中出现强调减税措施的提示词，当人们输入搜索关键词"减少企业税款"时，它就会蹦出来。让企业把更多的钱投入产品研发总好于让它们把钱投到别的国家去赚取离岸利润。

然而，我们应该如何区分有效沟通与不可接受的心理战或政治宣传？在助推小组遍布世界各地之前，许多国家的政府都设有心理作战小组（影响其他国家而非自己国家的公民），许多国家设有情报部，部分带有明显的奥威尔式的色彩。

在行为洞察力小组中有一些界限是不可逾越的。第一个原则是确保发出的任何声明都真实可靠。如果我们试图用社会规范去激励某种行为，例如添加"90%的人及时纳税"的信息，我们通常会小心翼翼地确保其真实性。当我们与世界银行合作，开展类似的工作以提高危地马拉的税收时，这个信息可能就不正确了，所以我们就不会使用。我们会确认那些申报以及缴纳特别税款的实际人口比例，其实际比例在65%左右。但我们有理由相信，很多人会惊讶地发现，在这种情况下，他们大多数同胞还是会按规定缴纳任何税款。因此，我们测试了包括在收到了提醒函后纳税以及从未打算申报纳税的实际人口比例

（幸运的是，提醒函非常有效，使纳税比例提高了5.6个百分点）。

第二个原则是确保信息透明并监督公众的关注点。我们小组正在开展的工作、发布的研究方案以及常规公文等一直都是公开的。我们还注意观察某个方法是否会引起公众的抵制或者疑惑。举个例子，在一项使用社会规范的税务试验中，我们跟踪了投诉水平，发现和前一年相比，它们在持续下降。相反，我们进行的一项涉及向小企业提供其信用评级（对借款能力以及利率有影响）的试验，则得到了更多的负面反馈。这个试验正值2008年12月金融危机的余波中，小企业都在努力获取更多从银行或其他地方贷款的渠道。我们做这个试验的原因之一，就是小企业的信用评级相对较差，然而它们还没有意识到如何提高自己的信用评级。这个试验中有许多措施并不常见，比如如果企业所有人在选民登记册有备案（这在英国是可选的），信用评级公司就可以提高其信用评级。然而，在1 000封信件发放之初，我们多次收到收件人的投诉，部分是因为他们没有真正理解为什么要给他们发送信件或者觉得这根本不归政府管。虽然投诉数量在绝对数量上很少，不到12份，但公众的担忧看似真诚和衷心，所以我们放弃了试验。

第三个原则是要确保我们在团队之外有某种形式的独立制衡机制，以考察我们的试验和工作的道德标准。就道德行为而言，避免说谎、对公众关心的事情要足够敏感是必要但不是充分条件。关键的制衡机制在于设立一个独立的学术顾问小组，其中包括理查德·塞勒和周围的6名一流的行为学专家。该小组后来由奥唐奈尔爵士领衔，他把对行为方式的浓厚兴趣与政府运作的深刻认识结合起来了（现在他仍是咨询小组的领导人）。

图11-1　伦敦的上议院议事厅激发了奥威尔"真理部"的构想，它是奥威尔想象的1984年反乌托邦式社会的一部分，这个社会的基础就是国家对精神进行控制。这个建筑中有战时的信息部，他的妻子曾经在那里工作。助推小组需要确保其身处体制之中，这与奥威尔的想象相去甚远。凑巧的是，上议院议事厅现在是伦敦大学学院的一部分，它有关行为科学的硕士课程为行为洞察力小组提供了一些学生，它的教授之一就坐在我们的顾问团中

在某些情况下，顾问小组确实要退居幕后，让行为洞察力小组的干预措施稍做修改后作为最终决策。我们顾问小组的健康与行为专家特里萨·马尔托教授还认为，我们需要加强一些

实验在伦理排查过程中的透明度和独立性，使之与我们在医学实验上的发现相吻合。小组中因而爆发了关于复杂的道德排查过程与快速操作的压力之间孰轻孰重的激烈辩论。每年都会发出数以百万计没有经过任何排查的信件，那么什么水平的道德排查过程适用于改变税收提醒函的措辞，什么水平的道德排查适用于新的药物实验呢？一些小组和团队成员还认为，在自主和独立的学术机构里进行的实验，与在政府环境下为了进行民主选举而进行的实验有一个重要区别。这次辩论使我们澄清了我们的排查过程，并建立了一个更正式、更独立的道德与实验方案排查机制，吸引了白厅之外的很多独立学者。[3]

行为大鳄

政府即便不是唯一的，也是主要的行为科学或助推措施的用户。回到2003年4月，在初次草拟首相战略团队关于行为变化的报告时，我们创造了"行为大鳄"（behavioural predators）一词，代指那些在商业上有时不择手段的风云人物。这些行为大鳄动机不纯。[4]不幸的是，有很多个人和企业正忙于说服别人做完全不符合他们利益、今后很可能会后悔的事情。

烟草公司开展了极其巧妙的市场营销活动使得吸烟看上去既有魅力又吸引人，特别是对年轻人和早有烟瘾的人群而言极具吸引力。挨家挨户推销的销售员开发了一种高度商业化的成功的交易方式，促使人们选择英国的替代能源供应商，而这往往比市场上最好的能源供应商还要贵得多。银行和其他金融服务机构已经学会了如何将更昂贵的理财产品卖给无辜的借款人，以及如何确保他们不会转投更好的交易。而不少线上企业已经很善于增加人们往往没有注意到的额外费用、条款和条件。

罗伯特·西奥迪尼的处女作《影响力》中满是高明的"贸易把戏"的例子，从熟练的服务员和售货员如何提高他们的收入到公开的骗局等。当然，西奥迪尼的目的是拆穿这些骗局，使读者免受其害。同样，也有一些新兴的优秀书籍和课程说明市场和企业如何利用行为科学在竞争中获得一席之地。[5] 但是没有什么办法可以阻止不择手段的个人或商人学习相同的方法以用在不知情的消费者身上。

其实，这并不完全正确。应该是有一些办法可以阻止无良的商人使用和滥用这些高明的行为方法去趁火打劫的。大多数国家都制定了制约欺诈行为的法律，并制定法规以维护公平交易和消费者权益，任命监管机构进行干预和支持。更重要的是，精心设计和运行良好的市场也可以提供一些保护措施以应对大规模的滥用职权行为，尽管这也为其创造了机会。

政府和监管机构对公民的行为进行干预，这种需求意味着它们已经卷入了行为研究的世界，无论它们喜欢与否，即便它们自己不想使用这种方法。在一个满是偷猎者和掠夺者的世界，你也需要几个猎场看守人。

滥用权力、不当影响与有效的市场营销之间的界限十分模糊。监管机构还不足以说，"这是一个竞争激烈的市场，所以一切运行良好"。不受监管的市场，特别是涉及复杂的产品、忙碌的消费者的市场，往往能靠着高水平的"消费者损失"找到平衡，说得通俗点就是消费者遭到了剥削。举个例子，客户普遍接受隐藏在长文件中复杂的条款和条件，这就是滥用权力的一种方法，它使我们直接倾向于最简单的选项（点击文本框与实际阅读文件）。监管机构有权力调查并判定哪些公司能够逃脱这类隐藏条款的责任。例如，监管机构有权力坚持任何与产品或服务的价格有关的信息不应该隐藏在这些条款和条件之中。

不管我们喜欢与否，世界上有许多行为大鳄。不与之斗争的政府或者合法企业其实是在掩耳盗铃。在我看来，没有对其做出反应的政府，在保护公民方面是失职的。不参与并不是在保持中立——这意味着把场地拱手让给了坏家伙。

选择不需要选择的

美国式的助推法有一个悖论，它将助推植根于需求被选择性强化的途径之中。人们运用心理捷径，防止大脑在反应迟缓与陷入沉思时被过多的选择和决定所累。因此明智的选择通常是：选择不需要选择的。

我们都有过这样的经历，敏锐的业务员，或家庭成员，用无穷无尽的选择把我们搞得焦头烂额。你喜欢哪些颜色？在这些选择中呢？最终我们会烦躁地说："你看着办吧，我无所谓，你决定。"

政府、企业和社区经常代表公民做出无数的决策。事实上，选举政客的一个充分理由——无论是爱他们还是恨他们——就是要求他们代表我们做出这些决策，使得所有人能继续按部就班地生活。我是一个政策迷，对很多政策都感兴趣，但即便是我也不想被询问上班路上可能新增加的每一个安全装置，或者我的税单的提交方式。

最近这几年，卡斯·桑斯坦故意排演了这一难题，特别是自他在政府工作起，经常故意招惹一些对他的工作指手画脚的批评家。[6]网络设置和软件安装也有一套为用户提供不需要选择的选项的逻辑结构。在早期的安装过程中，程序会询问用户是愿意进行默认安装，还是希望进行一个耗时较长、更加个性化的安装过程。进行默认安装通常很有道理，且相当明智。选择不需要选择的选项，相信凭借他人的专长进行的选择可能是最好的选择。

当然，这样的难题一个接着一个。我们在什么程度、什么时间，可以选择不做出选择？一旦我们这样做了，会受到什么样的制约？显然，对于这个问题没有一个明确的答案，但政策制定者可能会使用一些经验法则进行调整。例如，在多数人选择了相同选项的情况下——即便手头有专家中肯的意见——把这一选项放到第二选项的位置或者多数人会跳过的菜单中似乎很明智。同样，在出现很多选择的情况下，而且这些选择严重依赖专家的判断，比如如何诊断和治疗一个特定的医学症状，人们也许希望选择不做出选择。这样做看上去很合理。也有一些情况，人们可能希望通过故意限制自己的选择以实现自我控制。节食的人可能选择不通过超市里的点心货架，并希望自己的伴侣不要总是在晚餐时给他们吃额外的东西。赌客可能选择被禁止进入赌场以及被禁止下注。

然而，我们也可以看到人们经常选择不做出选择，这种普遍的观念存在风险。政府官员和企业可能认为缺乏磋商是因为大多数人对细节不感兴趣——公众实际上选择了不进行选择。尽管繁杂，但这一领域需要制约和平衡。具体采用什么样的形式我们在本章的后面部分会有所提及。

不作为的借口？功效挑战

有一个完全不同的反对助推的观点，认为助推是政府不果断采取行动的借口，是不作为的遮羞布。不同于我们迄今为止见过的其他观点（它们往往源自右派或者中立的自由主义人士的担忧），这种批判通常来自左派人士——或者，更准确地说，来自家长主义者。

他们认为，如果某件事情是对的或错的，就应该采取直接取缔、强制执行或者征税的措施。有人认为助推是右派避免采取适当行动的一种更为明显的阴谋。特别是在欧洲，国家家长主义（state paternalism）更加受人尊崇，也更为流行，超过了美国以及大多数盎格鲁–撒克逊国家的情况。欧洲到处充斥着"家长主义完美无瑕"的言论。支持者指出，我们早就认识到教育孩子的好处，不只是为了确保经济的增长，也是"为了他们好"。我们并不询问孩子是否喜欢阅读和写作，我们只是直接教育他们。同样，世界各地有很多管理良好的国家，从新加坡这样高效的城市国家，到高信任度的北欧国家，它们都是直接做事，不管是建造住房还是建立精细的福利安全网。从这一角度看，助推方式显得毫无生机、犹犹豫豫，把公民置于本可以轻易直接解决的危机之中。

我们不止在一种场合下遭遇过批评，其中一次与公众健康有关。简单来说，如果一个行为或活动被认定为不健康，特别是可能危害他人的时候，为什么要浪费时间进行助推呢？何不直接禁止呢？公共卫生领域也产生了一种选择的伦理原则：预防原则。它指明，如果不知道一种产品或行为是否安全，或者如果它存在的极大不确定性超过了它的安全性，那么它的使用就应该被限制或禁止。

你能看到这种方法的内在逻辑。如果一家制药公司研发出新的药物，它必须证明在大规模出售之前，用在个人身上是安全的。同样，当你十几岁的儿子说，他想到了一个绝妙的点子，靠着家里自制的坡道和新的花棚，他可以在摩托车上要个新特技，但是你可能会说"不"。你并不确定它不会成功，但是你真的想尝试吗？正是这种推理使得公共卫生界强烈反对电子香烟（参见第8章）。

一些左派人士也担心，在解决贫穷和劣势时，助推法可能会被当作逃避果断行动的借口。例如，有些人可能会觉得，解决失业问题真正需要的是一个创造就业的大型计划，比如一个大型的住房和基础设施投资项目。从这个角度来看，设计一个助推措施来改善失业人员的求职行为，或者鼓励一家企业聘用一些额外的工作人员，看起来像是次要的事情——或者更糟的是，故意使人们从正事上分心。

作为一名实用主义者，我的观点是我们应该做任何一件有效的工作，特别是如果它成本最低的话（参见第10章）。一名政府部门的负责人在一次政府工作重点的战略评估会议上曾经对我说："一个大部门不必只有一个或两个目标——我们有2 000多人和100亿英镑的预算——我们应该寻求能够一次解决很多事情。"[7]尽管如此，我认为真正的危险在于我们常常会得意忘形，认为助推者能解决一切。

我们就以气候变化为例，看看这种观点在政策领域中的运用情况。不要误会我的意思，我认为有许多基于行为研究法的干预措施能帮助我们应对这一挑战，比如，向人们反馈他与更节约的邻居的能源消耗量比较情况，这样做能降低两个百分点的能源浪费，取得的效果堪比10%~20%的价格变化。它快速、便宜并且值得一做。但是，我们不应该自欺欺人，它对碳排放量影响不大。如果说有什么区别的话，行为研究告诉我们，没有政府的果断行动，人类其实并不善于应对气候变化。这一问题难以解决，短期成本控制了长期收益。在没有政府监管和碳价格提高的情况下，通过助推就能为我们的孩子拯救地球，我们应该对这种自我催眠保持警惕。

相对有效性——助推与其他工具

有一种关于助推对其他政策工具的学术说法：助推是一种试图影响行为，但不涉及任何奖励或制裁、授权或规定的政策干预，它仅仅是给人们提供更多的信息。这种说法是在最狭窄的层面上定义助推以及行为研究策略的使用，随后支持者们争论道："助推远远不止这些。"

我承认，我并不认为这是一种有趣的说法，同时这也是一种误导。作为一名正在日渐回归的科研人员，我对这种立论方式相当熟悉，它创造了一个定义狭窄且易于剖析的"稻草人"命题。这种观点在美国有一定的市场，在那里评论家都试图把行为方法定义为一种选择—强化的助推方式。但它并没有真正认识到行为洞察力小组，以及其他一流的从业人员真实的工作是什么。

我们把行为研究法当作一种工具或镜头来使用，通过它检视所有的政策干预。我们对设计政策相当感兴趣，同时也经常考虑、思索和激励设计。我们花费了大量的时间设计管理条例（正如桑斯坦在美国所做的那样），并且我们对通信、信息和透明度的形式和细节，以及信息如何才能以一种更容易理解和更有影响力的方式呈现也有兴趣。从本质上说，我们寻求引进一种更现实、以经验为主的模型来探究影响人的行为与决策的因素。[8]

一名工程师深入了解气流和风阻后，会利用这些知识设计更省油的车、更好的涡轮，或者更快的飞机，我们也试图运用行为研究以改善很多不同政策杠杆的设计。在这一过程中，有时我们会发现新的政策选项，比如对社会规范或默认选项更改的反馈这类助推的影响。但同样重要的是，怎样利用行为研究来巧妙地重塑传统的政策工具呢，比如重新设计一个行之有效的税收鼓励机制？例如，行为研究可能让我们得出这样一个结论，我们应该在购买一辆耗油量大的汽车时纳税，而不是依靠更传统的方式为额外耗费的汽油纳税。通过这种方式，行为研究发挥的影响就会更加循序渐进而不是革命性的，就像工程师使用风洞并不能从根本上改变汽车的设计，而是巧妙地重塑它，使之更高效、更适合完成它的设计目的。

随着人们对行为研究法的熟悉，它的影响会减弱吗？

在公共场合或公开讨论时，经常有人会问："我可以看见当你第一次收到个性化的文字提示，或者收到一封告诉你多数人及时纳税的信件时，它的确有效。但是，如果很多机构开始使用相同的方式，或者在你连续数年收到这种税收提醒函后，事情会发生怎样的变化呢？这种影响会不会逐渐减弱？"

这真是一个非常重要的经验问题。我们必须承认，由于这些方法应用的时间不长，至少政府是这样，我们的回答是，必须走一步看一步。我确实担心当人们对它越来越熟悉时，某些方法会被过度使用，甚至是被不当或无意识地使用，它们的积极影响可能会消失。例如，社会规范的消息越来越多地在官方信件、路标和其他地方使用。我们甚至能开玩笑："90%的政府机构目前都在使用社会规范的消息。"（这笑话一点儿也不好笑，我承认。）

我们知道，随着时间的推移，某些类型的行为干预会逐渐失效。其中最臭名昭著且为人熟知的是节食，世界各地有数以百万计的人在努力减肥，许多人都成功了。但证据表明，在之后的6个月内，大多数人的体重会再次反弹。行为科学家，比如凯文·沃尔普，曾经尝试对帮助节食者成功减肥的不同类型的鼓励措施进行了实验。例如，沃尔普表明，将节食者每5人分成一组，并根据他们的总体表现对其进行集体奖励，这种激励方式比单独给每个人奖励（社会压力的原因）更为有效。但即便如此，在奖励计划结束后，这些节食者的体重仍旧可能会反弹。

然而，如果我们以更广阔的视野来看待"影响减弱"这个问题，我们也有充分的理由相信行为研究法可以长存。不仅它的影响会长存，某些特殊的方法还会持续发挥作用。

第一点要提出的是，有些行为干预只需要使用一次。如果目标是鼓励某人对阁楼进行隔热处理，那么助推措施只需要使用一次。它与节食不同，节食是人们每次面对食物的时候都需要付出努力的行为。其他只需要付出一次性努力和成本的变化也有类似的性质。如果人们愿意，就建立一个养老金计划；如果不愿意就停止往里面投钱，这相对容易。但大多数人的真正障碍是首先建立这个计划，一旦到位，他们往往想坚持下去（很高兴他们这样做了）。

第二点要提出的是，许多行为一旦发生变化，就很难将它们甩掉，它们和节食不一样。这或者是因为人们自己建立了一个新的"习惯"，或者从更重要的公共政策的角度来看，人们建立了一种靠他人强化的"行为平衡"。美国鼓励高投票率的干预措施就是一个能很好地证明这种现象的例子。这种干预措施，例如鼓励人们思考他们如何以及何时会去投票站，不仅提高了即将到来的选举投票率，而且在随后的选举中，甚至在没有进一步干预的情况下，投票率依旧会提高。哈佛大学肯尼迪政府学院的托德·罗杰斯，曾将投票效果的持久性比作把人们推入了一个"行为浪潮"之中。9干预不仅直接改变了人的行为，也对其他方面产生了影响。在这个例子中，一旦你成为一个活跃的美国选民，你就引起了当地党派积极分子的"注意"，他们极有可能在接下来的选举中也联系你。你也开始把自己看作一个选民，你现在知道投票站在哪里，该怎么去，也许你开始变得有些热衷于政治和选举了。

如果助推措施一次应用到多人身上的话，那么行为效果很可能会持续下去，甚至放大。在许多国家有一个越来越广为人知的例子，就是在公共场所限制吸烟的显著影响。它通常比政府预期的还要好，原因是他们在进行自我强化。这种变化同时促使了很多烟民戒烟，因为吸烟变得更加不方便，从而造成了社会强化或"社会认同"。摇摆不定的个体吸烟者突然发现他的同伴不再点烟，如果他们还这样做，那么其他人的不满情绪很快就会提醒他们已经发生的变化。

然而，随着人们对其越来越熟悉，特定类型助推的有效性是否会逐渐消失仍旧是一个问题。这对于一些奇怪的助推方法可能如此，特别是当它们涉及劝说某人做一件他们回忆起来可能会后悔的事情的时候。鉴于这属于滥用助推或者诈骗的范畴，这种习惯不一定是件坏事："一朝被蛇咬，十年怕井绳"就是对它的诠释。让我来分享一次亲身经历吧。

几年前，一次我匆匆忙忙在伦敦赶火车，当我停下来确认火车时刻表时，我遇到了两个女人和一个小孩，他们给了我一小枝枝干用锡箔纸包着的薰衣草。当时我非常困惑，其中一名妇女伸出她的另一只手说："给小孩子点钱吧。"这原来是一个相当标准的"骗局"，你可能从第5章或更多的文献中认出它来：这是一种团伙协作式的诈骗行为。在我有机会仔细琢磨之前，我已经给了他们1英镑。当然，事后我想了想，并且对被骗略感恼火。但我想我也学到了一些东西，如果它再次发生的话，我最好要么摇摇头，要么更近距离地看看他们是不是真的需要钱。重点是，作为一个骗局，你不会每天都上它的当。但是这种骗局却极其依赖于新奇度和你是否愿意给钱。回想一下你与商业银行家打交道的经历，你给他们一小桶甜品，要求他们把一天的营业额捐给那一年银行指定的慈善团体。来年你故技重施时，尽管对于那些没有过这种经历的人同样适用，但对于那些去年就得到甜品的人来说，效果只有一半。相比之下，在英国大多数人每年都会购买一束罂粟花来支持受伤的军人。我们知道这种情形，知道这是一种助推方式，但我们最终开心地配合让它得以继续下去。

在我看来，这一点是许多行为方式以及它们具备可接受性的关键所在。许多助推和其他行为研究法影响的威力在于，目前它们是在一种"自动""系统1"的基础上运作的。这带来了很大的优势。一方面，相关人士不必付出太多努力，这也意味着它们往往通过更加公平的社会经济群体发挥作用（不像传统的信息或教育活动）。但如果使用不当，比如当公司开始偷偷地收取额外的费用，如果你不同意，你还可以取消勾选。人们开始注意到并积极地或有意地形成习惯。另一方面，当助推措施被恰当地使用，与人们想做的事情配合起来，其影响力就可以持续很久——也许我们甚至可以说，人们人为地让这种效果持久。例如，凯瑟琳·米尔科曼和他的同事发现，他们将健身房的利用率提高了50%，方法是在人们锻炼时给他们一个播放小说的iPod（苹果音乐播放器）让他们听。这被称为"诱惑捆绑"（temptation bundling）——人们都禁不住回健身房听接下来会发生什么故事，并在同一时间进行锻炼。由于额外的助推正帮助他们做他们想做的事情，这种影响持续了几周或者几个月。[10]

让我再举最后一个常见的例子，这个例子能说明这种有意的适应缺乏。在讨论会或研讨会上，当人们询问助推效果逐渐减弱的问题时，我有时会请那些把自己的手表拨快几分钟的人举手。当然，有不少人已经不再使用手表，但是我一般能发现大约有1/3以上的人会保持自己的手表快几分钟。这难道不令人着迷吗？他们对于为什么这样做有极好的解释。当被追问时，大多数人会说："这样我就不会迟到。"然而，他们都知道自己的表快了，而且一般都知道快多少。那它有什么用呢？

它确实有用，因为你需要费点儿心看看你的手表，并确认你快了那么几分钟。如果你不赶时间，你很容易做到这一点。但如果你是在压力下——你迟到了，正在赶火车（这就是为什么你会瞥一眼手表）——你将不会费心去计算到底快了多少。

我不得不承认我就是那些人中的一个。我的表一般快3分钟。偶尔我也想过这样做很奇怪，决定"理性地"把表调到正常的时间。然而接下来的一周我错过了火车，很多会议都迟到了，最终我放弃了，又重新把我的手表调快了。

但现在，几年的助推教会了我更加尊重人类的自身特性。考虑到事实上我们人类有大脑，这不是经济学家假定我们有，把我们的表调快也不是那么愚蠢——当然也不是不理智的。一般来说，人们能适应滥用或不当的助推措施，但那些与我们想做的事情配合默契的，或者是帮助我们形成新的行为习惯或者平衡的助推措施，将持续很久，甚至会放大它的影响。

谁在助推助推者？责任的挑战

塞勒和桑斯坦的那本《助推》，我们在前面的章节已经提及，原名叫《自由主义家长制》（*Libertarian Paternalism*）。出版的这些年里，尤其是对美国的读者而言，从业者往往只强调"自由论者"的部分，但这个方法也有"家长主义"的一面。行为研究法往往涉及调整"选择架构"，鼓励人们为了达到一些预期的效果，选择这一行为而不是另一行为，比如健康的饮食、更快地回到工作岗位等等。助推者变成了建筑师，但我们凭什么相信助推者的选择就更好呢？

维护选择、去除缺陷、确保透明度可以缓解这一问题，但无法根除。乔治·洛温斯坦最近的研究就是一个有力的证明；研究表明，即便当人们被告知，我们对他们进行了一个随机的设定，并给他们机会让他们改变，他们仍然极其坚定地坚守这种随机的设定。研究人员并没有询问那些微不足道的小事，而是生命的最后时刻，你选择哪个大夫关闭你的生命支持系统。[11]

这个例子表明了助推者手中握有的潜在的巨大力量，无论他们是政府工作人员、商务人士，还是专业技术人员，不管他们是不是意识到了这一点。鉴于此，我个人的观点是，只关注方法的自由意志方面，而忽视其他问题，是远远不够的。助推者需要对一些人负责，而不仅仅是他们自己。

所有的人，特别是研究行为偏见的人，更应该知晓助推者为什么要对他人负责。正如马克斯·贝泽曼、丹·艾瑞里、苏珊·菲斯克和其他人曾经证明的，是我们每个人的利己主义导致了偏见，当我们不知不觉陷入了利益冲突时，它会让我们陷入真正的麻烦。我们愿意麻痹自己，他人的"最佳"选择恰好也符合我们的最佳利益。财务顾问说服自己以及他们的客户，餐桌上最佳的交易碰巧都有大量的回扣。医生说服自己以及他们的患者，最佳的治疗碰巧都相当昂贵。既然这样，为什么我们还认为政策制定者就能独善其身呢？

实验的伦理

行为洞察力小组以及循证决策行动（详见第9章）的一个主要行为方式是做实验。有时候人们会问，在人们身上做试验或者实验是不是有违道德，特别是在公共服务方面。从本质上说，参加实验的人们通常并不知道他们正在参与一项实验，或至少不清楚实验的确切性质是什么。从方法论上讲，这通常被视为"研究对象"不知情——社会科学家们所说的"盲法实验"。在理想情况下，至少所有与研究对象直接接触的人，不知道每个研究对象所参与的实验的目的，这就是社会科学家们所说的"双盲实验"。我们认为这样更好，因为它避免了风险，否则，当人们意识到他们正在一个"特殊的"实验组里时，他们可能会根据自己的知识做出完全不同的举动。

但从道德的角度讲，很多人本能地感觉如果所有参与实验的人员知道他们正参与一项实验，这样或许会更好。这在医学实验中经常发生。经过一段长时间的道德排查后，我们会对新的疗法给病人造成的可能风险进行评估，确定实验的目标样本，一般是正在接受特定疾病治疗的患者。我们会询问患者是否愿意参加医疗实验，如果他们同意，就会对他们采取其中的一种疗法。最简单的实验过程是这样的，有一半人会服用新的药物，另一半人会服用看起来完全相同的安慰剂。这种对照组，或者叫安慰剂组，是非常重要的，因为我们知道，有一定比例没有服用含活性药物药片的病人，他们也声称病情得到了恢复（这本身是个非常神奇的现象）。在这种情况下，研究对象并不知道他们服用的是哪种药片，但是他们知道自己是实验的一部分。

与此相反，假设我们想知道：在信中额外增加一行文字能否提醒人们缴纳拖欠的税款，高速公路龙门架上特殊的路标信息能否减少危险驾驶。原则上，我们可以通过某种方式提前告诉人们他们将要参与一项实验：我们可以事先给纳税人写信，让他们知道他们将要收到某种形式的缴税提醒函，并测试他们对这封信的反应；或在高速公路上立个标志，告知驾驶员他们将看到其中某一条信息。如果他们不想参加本次实验，他们可以在下一出口驶离高速公路。但是你可以马上看到，揭露事实真相的实验令人非常困扰，实验结果也遭到了扭曲。

这在社会科学或商业中极其常见。许多实验之所以得以进行，都是因为研究对象不知道他们是实验的一部分。出于这个原因，学术界确立了广泛的道德排查过程，从而让实验者以外的其他人员来判断该实验是否可行。这些年来，这些规则和协定变得越来越严格。事实上，20世纪五六十年代，心理学上进行的很多著名的实验是从不进行道德排查的，比如在斯坦福米尔格拉姆进行的服从实验（详见第1章）。

和大学里的做法相比，各国政府有着不同的制衡措施。大部分关键决策都需要部长们签字。这些实验反过来又受到定期选举的考验，可能遭到选民的拒绝。从这种意义上来讲，它们比一般的学术实验更负责任。你最后一次听到某大学的副校长因为学生投票而下台是什么时候？更不用说投票对象是可能要成为高校研究对象的普通大众了。

我在第 8 章提到，在一些情况下部长们会阻碍实验，例如有一次我们提出，想要测试如果我们对较早纳税的人提供彩票抽奖奖励以表示"感谢"，纳税人是否会及时缴税。[12]我们也试图附加一个制衡原则，将实验方案与学术顾问小组进行分享，询问他们我们进行的实验是否可能有害或导致犯罪。之后我们扩大了实验范围，通过一个外界的道德委员会完成了可能很敏感的实验。

然而，对于一些人来说，这样做可能仍然不够。有些人可能会认为，政府不应该进行这样的实验，特别是在研究对象不知情的情况下。事实上，一些国家，比如德国，它们的宪法明确禁止这样做，至少没有通过议会的排查是不能进行的。[13]

对我来说，这太离谱了。事实上，让我说得更直白一点，我认为不允许政府做实验才是不道德。[14]

各国政府、公共机构和企业都会定期修改它们的工作。有时候这些修改涉及的范围很广，比如何时进行福利制度改革、何时调整教学大纲、何时修改专业准则等。毫无疑问，在这些变化背后，决策者认为自己是在造福于民。但是，如果没有系统的测试，这往往只是一个有根据的猜测而已。对我而言，做出一个可能会影响数百万人的改变，而不对其进行测试，远不如在它对每个人施加影响之前，先进行小范围的测试更加易于接受。

民声

我们越是相信行为干预和实验工作有效，就越需要结合制衡原则以确保这些方法得到了恰当的使用。归根结底，做决定的是公众，而不是助推者。

这似乎是一个悖论。很多助推措施的特点之一，就在于它是在一个自动的、无意识的层面上进行操作的，对公众而言这是一个主要的好处，因此他们不必因为繁忙且有价值的"系统2"，或有意识的思考而过于疲惫。但现在我要说的是，助推措施在这个无意识的层面工作得越有效，就越有必要让公众知道发生了什么并且参与制定选择。

当然，并不是所有人都需要对所有问题一直进行思考。这就是人们发明代议制民主的一个重要原因。政府和团体需要对每个选择和决策进行仔细斟酌，大多数人就可以做更重要的事情。这同样适用于助推，很多需要做出决定的决策都相当细致——坦白地说，多数人会觉得相当无聊——即便它们的影响很大。

行为洞察力小组的成员都是一些政府官员。我们过去——并且现在仍然从民意代表以及民选政府处得到指示。然而，当涉及重大问题，特别是在那些影响公民日常生活方式的选择上，这是否足够呢？部长本身也必须服从很多其他要求。同样，当市民投票时，政府的许多小部门做出的微小改变不会影响他们的决定，更不用说那些公民甚至可能不会注意到的微妙变化。当然，对大多数人而言，选举其实是选择自己信任

（或至少没有不信任）的人，他们的原则与立场大体与你一致，而不是仅仅能处理一些具体的政策工作。

鉴于许多行为科学研究文献都有很深的北美渊源，而且不同国家的公众态度差异很大，这一点因而非常值得注意。美国学术和政治辩论中强调"选择—增强"原则，同时公民对政府行为有根深蒂固的不信任感，这在许多国家并不多见（见图11-2）。在许多发展迅速的国家，公众对积极的、直接的政府行为更有兴趣。举个例子，在印度和中国约有85%的人支持彻底禁止吸烟和禁止吃不健康的食物，而95%以上的人支持对这些领域的企业采取强硬措施。

政府在选举前后还会征询民意，尽管做出回应的主要是企业、游说团体和其他特殊利益集团，而不是一般公众。但也有一些制度是为了有意接触到"正常"大众而设计的。这包括查看向所有人开放的"市政厅"、公民陪审团，以及协商论坛。还有一种选择就是找一天或更长的时间，将统计出的公众代表聚集起来，从不同的角度向他们详细介绍议题，并询问他们——广大民众的缩影——在了解了这些观点之后，他们认为现在应该做什么。[15]

英国养老金委员会进行了一次这种类型的公众咨询，由阿代尔·特纳负责，这次咨询旨在决定对英国养老储蓄金的储蓄设置进行相关调整。在此过程中，我们向数百位市民展示了养老金的实际情况和数据，告知他们有初步证据显示，把它从一个自愿加入的计划变为一个自愿退出的计划可能会改变储蓄率。事实上我们可以说，这是市民给了政府批准进行更改的权力。如果没有这种意义上的公共许可，部长们可能永远不会在原有的法律基础上进行更改，说服新任首相、政府和企业在最后期限临近时做出改变更是难上加难。

政府应该禁止……

强烈支持/趋向于支持的百分比

四个政策领域的平均值（%）

国家	百分比
沙特阿拉伯	87
印度	87
印度尼西亚	86
中国	84
俄罗斯	75
土耳其	72
墨西哥	69
意大利	68
韩国	66
波兰	64
阿根廷	63
巴西	63
日本	62
南非	60
匈牙利	56
加拿大	53
西班牙	53
澳大利亚	52
法国	52
比利时	51
德国	49
英国	49
瑞典	43
美国	33

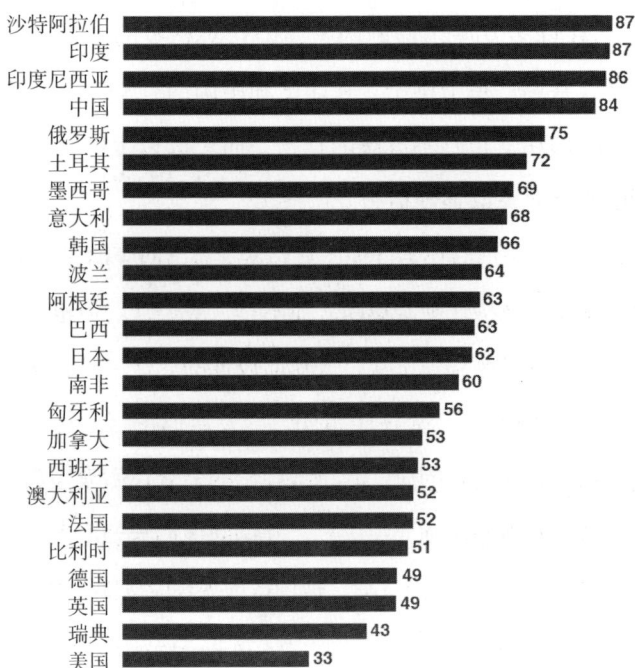

基数：每个国家选取了500~1 000名16~64岁的居民（2010年11月）

图11-2　各国公众对更加强硬的政府措施的支持差异

注：它测量了公众对于如下做法的平均态度：禁止不健康的食物，禁止吸烟，禁止非可持续环保产品（例如不可回收产品），要求人们存养老金。注意：尽管支持此类举措的美国人只有大约1/3，而在世界上大部分地区，大多数人都支持更强硬的政府行为。在北非、印度、印度尼西亚和中国，50%以上的人支持此类行为。[16]

资料来源：英国伊普索斯·莫里民意调查机构。

　　在我看来，这一点适用于助推者希望进行的很多改变，尤其是生活方式上的改变。想让人们少买巧克力和甜食，想通过提高利率来鼓励更多的预防性储蓄，想通过增加开车的麻烦程度和开销来鼓励更多人步行或骑自行车上班。无论你是政府还是企业，在进行类似改变之前，最好先问问你的人民、员工或客户。这样做不仅仅是因为你可以少收点儿投诉信，而且还因为你搞乱的是他们的行为和他们的生活。如果他们半信半疑，工作就无法展开。此外，一个好的咨询本身可以成为行为变化过程中的一个重要组成部分。我们在乎别人的看法，特别是那些与我们相似的人的看法。事实上，如果他们觉得和他们相似的人推荐了这种行为上的改变，他们就会更倾向于采用或接受这种改变。

　　我认为重要的是我们应该建立一种新形式的议会——不是要取代我们现有的，而是作为它的补充。当我们的议会大厦不太繁忙的时候，我们会随机邀请100~300名普通市民，过来帮助我们决定关于生活方式方面的一些新政策或者细节，比如上面列出的那些问题。开会的频率约一个月一次。他们应该提出意见，听听反对的声音，同时给出自己的意见。与此同时，那些处理行为和生活方式问题的政府部门应该接受"人民议会"提出来的议题。这些结论是建议性的，不具有约束力，但我们希望各国政府公开解释它们是如何接受或忽略这些议题的。

　　对于这个想法，一些议员、官员和部长们感到震惊。有些人会特别讨厌这种把他们的权力和权威转让给一种新机制的想法。不过，这是对行为和权力的误读。在许多行为领域，政府（和企业）采取行动的合法性非常脆弱，很多有效的助推方法靠的是公众的认可。向公众展示塑造他们行为能力的威力，以及可能会受到的影响，这授予了各国政府代表公众按照新的方式行事的权限。这不是将权力从一个团体转移到另一个团体，这是整体权力的提升，允许公众塑造自己的命运，而且也使得公众能够引领和助推助推者。

结论

基于行为研究法越来越多地被世界各国政府和企业所采用。公民自己也在使用，比如通过手机应用程序，或者主动选择帮助他们塑造自己行为的产品和服务。

早年间，我们在行为洞察力小组听到的关于我们工作的最常见的两个批评看似是矛盾的。有人担心，助推小组可能为政府带来强大的、新形式的"精神控制"或心理战。这一点美国一直特别关注，因此它的主要倡导者把注意力放在"选择—强化"的助推方式上。相比之下，其他批评人士担心，政府正把这种无效的新趋势作为不制定"适当"政策的借口。北欧各国对此一直非常关心，这些国家素来有政府行动强硬的传统，国民对政府的信任程度也很高。

当然，没有哪一种担忧真的反映了现实。行为研究作为一种有效的工具，已被证明有助于完善和提高政策的成本—效益，有助于使服务便捷于民，同时在某些情况下开拓了创造政策新种类的思路。然而，这两种批评中都有正确的成分，或者说这些担忧是合理的。

与其他形式的知识一样，行为研究也是一把双刃剑。但是，特别值得注意的一点是，由于其本身的性质，基于行为研究的干预措施能避开忙碌公民的意识而发挥作用。这表明，政府和企业对助推方法采用得越多，就越需要适度透明。在我看来，应同时强化公众咨询和公众"许可"。很多复杂的公众咨询花费并不便宜——一个简单的思辨论坛就可以花费数十万英镑。但我认为，强化公共协商是必经之路，至少对那些直接涉及生活方式的选择，以及最终取决于公民的许可才可接受和有效的政策变化而言，就只能如此。

政府不能做的一件事就是掩耳盗铃。行为效果和影响在消费市场中发挥着主要作用，并且远不止于此。即便是持最坚定怀疑态度的自由主义者，也要指望政府和法院提供法律和正义的原则。但我们知道，法庭和法律充斥着行为偏见——从证人指认嫌疑人或者回忆案情，到法官可能根据不同时刻，如午餐后假释犯人等，情况无不如此。不管我们喜欢与否，表格的编写方式，呼叫的应答方式，税款或奖励计划的构成方式——全部影响了行为。

同时，商家也从偶然误打误撞地使用行为效果——如使用一个更有效的营销活动——变为公开和系统地测试如何利用行为偏见。这包括寻找更好的方法来留住那些忠实的客户，如何更大程度上争取额外的销售额和利润，开发用来帮助掌握我们喜好的新产品，以及其他旨在利用行为偏见的东西。仅仅因为这个原因，世界各国政府和监管机构正被拉入行为研究的世界。数字化和在线交易进一步加快了这一趋势。

对这个不断变化的环境，政府不应该惧怕做出反应。事实上，如果政府和监管机构不做出反应，便是失职。我们的公民也希望我们能够利用这些知识来改善公共服务，同时尊重这样一个事实，即公民的认知能力和时间是一笔宝贵的财富，人民大众不想浪费它。我们都想过好我们的生活，而不是对付复杂的形式和混乱的官僚主义。

在这个层面上，引入一种更现实的决策方式就像是一位工程师使用风洞造出了更好的汽车，这也是我们应该期待和要求的。然而，了解人的行为与理解空气流动和风阻不可同日而语。助推者，或行为科学家，在把自己打造成不受约束的人类条件的工程师和建筑师时，必须非常谨慎。如果我们打算成为建筑师——记住，没有哪个选择是中立或者没有影响的——那么，我们至少必须明确我们在为谁服务。助推者像建筑师和工程师一样，应该为客户服务，客户应该是公众，客户就是你。

第 12 章
行为科学的新挑战

　　行为研究的应用和对循证决策的系统性经验研究将会持续下去。几十年来，商家以各种不同的形式使用过这些方法，尽管推动它们使用这些方法的因素经常是消费市场的变化而非系统的研究。受数字化和基于网络实况测试的影响，对大数据和大规模商业实验的使用已经上升到了一个新高度。公司正不断对它们工作的每一环节进行测试，以找出最有效的一环：包装的颜色、形状和人物注视的方式；网页的选择架构和最佳的定价细节。

　　政府也卷入了这个消费心理学的世界，要是政府能够想出办法保护公民远离商业滥用行为，或者当我们头脑中的心理捷径导致系统性失败时，保护消费者和企业免受我们所害就好了。2008 年金融濒临危机，表明这不是个边缘性问题：这种以对完美信息和全知的、超理性的经济因素的不切实际的假设为基础的经济模式会给我们带来真正的麻烦。

从战略到“最后一公里”

2001年我加入唐宁街10号刚成立的首相策略小组时，“战略”似乎是一个急需填补的缺口。当然，政府和企业本应有宏图规划：对于眼前关键挑战的强有力分析和采取对应措施的连贯计划。如果没有大局意识，政府或企业的各方面举措很可能南辕北辙，最终一事无成。

从十几年后的今天看来，很明显的一点是，政府和企业需要的不只是高层次的战略。它们的许多宏伟计划最终都以失败告终，或不尽如人意。比如，看似合理的激励资助无人领受，预期的行为改变多数没有实现，企业发布的绝大多数新产品都没有卖掉。很多时候，这些计划失败、产品卖不出去的原因反而是因为我们没有注意到那些对伟大的战略家来说不值一提的“小细节”，我们忽视了行为经济学家、商学院教授迪利普·梭曼所谓的“最后一公里”。[1]

政府和企业负责人对他们的公民和客户必须解决的表格和流程的细节问题不太关注，这实际上是一个巨大的错误。你的战略或产品再好，如果不能解决人们的需求，最终也会让他们放弃，从而选择其他的战略或产品。到时候你的战略家们就会在办公室里问：“到底哪里出了问题？”

对于行为科学家而言，就是要让这些设计细节合理，这为他们提供了极好的研究沃土。这些科学家做的很多工作，与研究现实中的人如何与产品和服务互动的设计专家和人种学家的工作类似。通过了解人们在实际生活中对服务和产品的使用情况——他们喜欢什么，什么令他们懊恼——设计师能够重塑产品和服务，直到他们感觉这些产品使用起来更简单、方便为止。但行为科学家们又额外增加了两个元素。首先，他们对人们如何看待世界，如何做出决定，包括日常生活中我们都依赖的心理捷径进行了系统性研究。该研究使得行为科学家对更有效的策略有了更深刻的见解，包括为当前的机构识别看似违反直觉的替代品。其次，行为科学引入了系统的测试和试验。这种组合，加上少许的设计天赋，被证明是非常有效的（我们在第3章到第6章已经展开了讨论）。

解决这些设计上的挑战不仅仅靠助推，还包括将行为研究应用于我们所做的每件事中，从信息的呈现方式到激励或者规则的构成方式等。从这个意义上讲，我们可以应用行为研究解决任何挑战，从委婉地鼓励人们按时缴纳税款，到鼓励采用更健康的生活方式。基于已有的证明和成就，我们相信，将行为科学应用于政府和企业的日常运作中可以带来价值数亿英镑的未付税款、延长数百万人的生命、帮助拯救地球、提高教育水平、预防犯罪以及提高服务效率和质量。也难怪，在过去的几年中，人们对许多组织和各国政府的行为研究专家们从好奇转而认为"值得信赖"了。

改革政策

然而，正如本书第3部分所示，行为科学不仅仅是对顾客和公民体验的"最后一公里"的修修补补，它还会将你带入政府和企业工作的基本框架之中。

行为研究迫使政策制定者质疑他们的一些基本假设。它提示监管机构要以新的方式考虑市场以及市场失灵，并思考培养和鼓励市场主体的创新性行为方式。它提示高级公务员和部长要用新的方式思考他们所面临的挑战，考虑使用新的工具，同时用新的眼光审视老的管理方式，如立法和激励机制等。如果人们可以直接理解法律，它会更有效吗？如果政府支出受到行为科学这种新准则的塑造，它会带来更大的影响力吗？

行为科学也对政府和企业的目标提出了一些根本性问题。对主观幸福感的系统研究——幸福感和生活满意度——为我们正在尝试做的事情也提出了真知灼见。心理捷径使我们容易暴饮暴食，不让我们为养老多储蓄一些钱，同样也引导我们在生活中做出更大的选择。很多驱动生活满意度的关键因素在很大程度上被政府和企业所忽视，如社会关系所起的作用。老板们过于注重外在的奖励，如现金分红，而不够注重内在奖励，如反馈和工作的乐趣。同样，政策制定者非常关心他们的政策所带来的直接后果，而往往忽视了对公民而言至关重要的其他因素，如知情权、给予民众的尊重和尊严。

行为学家帮助推广的实验方法可能被证明是其中最大的遗产。利用快速的随机对照试验有助于催生一种更现实的政策和交付手段。这反过来又刺激了政策模式的转变，从"聪明人最清楚"转变为一种谦卑且"激进式渐进"的政策模式——它允许政策和实践设计时可以测试多种变体，就像一个园丁总是在一个花盆里撒两粒植物种子，然后根据幼苗的长势除掉较弱的幼苗一样。在行为研究中，这种方法被称为"测试、学习、适应"，[2]但随着它步入主流，它已成为广义的循证决策行为的一部分。到2014年中期，英格兰与苏格兰、威尔士的专家共同建立了一个独立的循证决策中心网络，覆盖了医疗实践、教育、早期干预、犯罪、地方经济增长、幸福感和老龄化等领域，总共耗资超过2 500亿英镑。种种迹象表明，循证决策行为有走向国际化的趋势。在美国，它正融入最佳证据联盟（Coalition for Better Evidence）和经验主义的实践中。[3]世界银行和经合组织正试图寻找方法把它纳入其中并推广至各国，联合国也对其发展目标进行了认真探讨和系统补充，不仅仅明确了要做什么，还明确了如何去做。

盎格鲁–撒克逊国家曾经最快采用了行为研究法和循证决策法，这些方法同时也蔓延到了整个北欧乃至亚洲。继英国和美国之后，新加坡和澳大利亚的新南威尔士州也成为上述方法早期的使用者，包括后来的维多利亚州。德国、荷兰和以色列也创建了自己的行为洞察力小组，而丹麦也通过"思维实验室"（MINDLAB）和行为研究交换网络采纳了这一方法。法国、意大利、芬兰、加拿大、葡萄牙和阿联酋都在积极寻求建立这种职能机构，而且一般都与它们的总理办公室联系在一起。唐宁街10号的行为洞察力小组自己就接受了超过6个其他国家的委托。

起初，公众和媒体对其持谨慎和怀疑态度，但这些国家的政府公开了它们对这些方法的使用情况，公众对随之而来的政策"常识性"改变表示欢迎。毕竟，表格和程序难道不应该易于操作吗？信件不应该易于理解吗？市场不应该更加完善吗？

新的挑战

对我和整个团队来说，这几年是令人兴奋的。把行为研究应用于政策和实践之中，这已经从一个疯狂的想法变成了主流思想，或者至少在接近主流思想。行为洞察力小组是一个能为公共服务和其他国家提供帮助的团队，团队成员由2010年的7人增加到了2013年底的15人，到2015年初，人数又增加到了50人。在我写这本书时，我们有大约100个试验正在进行中，并向英国以及其他地区的政策机构提供建议。

然而，我还是有一种深刻的感受，我们仍旧在隔靴搔痒。尽管我们已经取得了一些了不起的成绩，但后来我想到还有很多的信件和对话仍旧难以理解，且行为研究并未触及。我想到大多健康生命的逝去都是行为因素作用的结果，但是我们的卫生部门不会在该领域投入大量资金和专业支持。我想到经济在很大程度上受到"动物精神"中的信心与情绪驱使，然而关于这个问题，我们的经济部门、财政部和央行几乎没有涉及。我还想到我们在所有的部门投入了数十亿美元，以期让这个世界变得更美好，但我们甚少去直接关注推动人类幸福与繁荣的根本动力。

我们需要将公共政策从一门艺术转向一门科学，同时有专业做支撑。我们应该不遗余力地将行为科学的规模和追求扩展到公共服务的每一个角落，尽管与之相伴的是强大的民主保障和磋商机制，以确保设定和批准议程的是公众。但是，最终我们的目标应该不止于规模的扩大，而是影响力的扩大。现在是时候让我们跨越按时缴税和敦促人们去健身房这样的做法了，尽管这些也非常重要；是时候让我们挑战行为科学社区，勇敢面对我们这个时代最强大且看似最棘手的挑战了。请允许我举3个例子来加以说明。

社会流动与根深蒂固的劣势

几十年来的工作表明，劣势的许多介质是微妙而普遍的，它不仅仅植根于外部环境。劣势和贫困影响着我们如何看待这个世界、这个世界如何看待我们，它往往会代代相传。[4]

一代又一代政策制定者尝试了许多方法，试图打破这种恶性循环。他们也成功过，但是在一般情况下，巨大的努力只能取得一般的结果。在许多国家，对国家教育进行大规模投资取得了整体效果，但社会群体之间的差距往往难以弥合。[5]大量使穷人能够远离低收入社区的方案，经过系统测试，在改善之后的社会流动上收效甚微。[6]同时，善意的福利和收入支持计划虽然在短期内缓解了贫困，但往往不能如设计师所愿，成为摆脱长期贫困的跳板。[7]

这段失望的历史使得很多人把根深蒂固的贫穷和劣势描述为"邪恶的问题"。有许多复杂且自我强化的原因使得这个问题非常难以解决，同时它还进一步受到现代经济中极大的不平等这种根深蒂固的诱因驱动。尽管前景惨淡，行为科学家们还是想出了一些建议，认为目的更明确、成本更低的干预措施能产生较大的影响。

斯坦福大学心理学专家卡罗尔·德韦克的研究已经显示，看似微小的反馈差别就能决定儿童是成功还是失败。从本质上说，那些被引导相信考试成绩是对他们固有能力的度量的孩子（"好成绩：你是一个聪明的孩子"），与那些被引导相信考试成绩是对他们努力的度量的孩子相比，在遇到困难时，他们会恒心不足且表现更差。用德韦克的话说，后一种类型的反馈创建了一种"成长心态"，或者是一种个人成就源自努力的精神理论，[8]这使得孩子在面对个人挑战时更加努力，不轻易放弃。正如她表明的，这种影响非常巨大。更为肯定的是，这些影响为家长和老师提供了一些实用和具体的行为建议，他们可以采纳这些建议去引导孩子自我发现、能屈能伸，并且遇到机遇时努力抓住。

在另一个对成年人的研究中，森德希尔·穆莱纳桑和埃尔德·沙菲尔表明，对贫穷认知产生的影响远比我们意识到的强大得多。[9]金钱上的担忧似乎占据着我们一大部分的思考，虽然我们意识不到它的存在。它对智商的影响大小，大致相当于前一天晚上没有睡觉，但要持续工作的状态。这为我们如何调整福利制度提供了有效的线索，我们不仅仅要向他们投入更多的资金，而且要远离构成这种认知重负的系统和过程。

　　我们在自己的工作中也看到了类似的影子。在罗里·盖勒许、亚历克斯·贾尼、萨姆·哈尼斯和其他行为洞察力小组成员（以及工作和养老金部的同事）的推动下，求职者与英国就业中心的顾问之间的互动表明，我们可以让失业者更快回到工作岗位（详见第8章）。重要的是，它表明这些变化对那些最不利的和处于"危机中"的人群的动机和结果影响最大。事实上，我们已经能够复制这种影响，甚至提高它。与新加坡和澳大利亚的同事协作而产生的影响让我们相信我们可以做得更好。

　　或许更引人注目的是，我们近期进行干预的成果，伴随的影响甚至令我们大吃一惊，我们试图缩小警局中新招募的白种警察与少数族裔警察之间的差距（详见第6章）。领导这次干预措施的是西蒙·鲁达和伊丽莎白·利诺斯。他们发现，添加一条激励人心的信息——鼓励申请者反思为什么他们要加入警队、为什么这对整个社区至关重要——能将少数族裔申请人的合格率提高50%，而白种申请人则不受影响。在此之前，这种差异被认为可能是由英语熟练程度差异或者其他原因造成的，一些人则认为这是认知能力差异的结果。相反，这个看似简单的提示，在申请人开始网上测试之前告知他们，就足以消除群体之间的合格率差异。

　　这些不凡的成果值得我们深思。我们不知道它们对根深蒂固的劣势能产生多大影响，但我们认为这种影响的大小可能会比此前专家想象的更大。最起码，这些结果应该为我们从一个行为上更复杂的角度，重新审视社会流动和劣势面临的巨大挑战，以及为它们的发展方向提供一个理由。

冲突

只要有人群的地方，人们就会一直斗争、相互争吵。的确如此，至少就屠杀而言，有相当令人信服的证据表明，我们曾经经常这样做——至少在欧洲是这样的，过去几百年里发生的屠杀，比现在更多。[10]世界因为群体之间的冲突而伤痕累累，每年都会爆发大约两次新的战争，其中有一半是之前战火的重燃。[11]

毫无疑问，有些战争是由于自然资源短缺，以及其他行为学家不知道的原因引发的。许多伟人耗费了很多精力去思考引发此类战争的一般原因和具体原因。行为科学家面临的挑战是，我们有没有什么可以补充的呢？我们有没有可能提出一些线索、心理过程，或干预措施，从而带来一定的改观呢？

也许有些行为科学家认为，我们确实能加以补充。乔治·洛温斯坦，当今世界上最高效、最缜密的行为科学家之一，也是这样认为的。探讨这些还为时尚早，但他最近的工作已经渗入了这个领域。基于他之前对谈判是如何陷入一个"非理性"的僵局，以及我们是如何由于感情的起伏而对行为进行了错误预测的研究，洛温斯坦试图揭示冲突的行为根源。对于"社会认知"的漫长研究，从弗里茨·海德的早期研究到苏珊·菲斯克以及其他人的当代研究（详见第1章），让我们从细节上了解到我们的即时判断以及对他人阶层的划分是如何导致冲突和偏见的。像埃尔达·沙里夫这样的大人物也对这种问题进行过深入思考，他想知道什么样的实际措施——如果有的话——可能会缓解世界上一些最动荡的热点地区的根深蒂固的紧张局面。塔尼亚·辛格和其他人还对同情和慰问的途径之间的细微差异进行了有趣且重要的神经系统研究，同时开发了在年轻人和成年人中培养此类技能和能力的具体方法。

同样，我们也无法知道这些研究会把我们带往何方。但是，行为科学已经显示出为诸多领域带来新见解和创造性解决方案的非凡能力，因此它可能会再次给我们带来惊喜。

证据之证据：推广更好的政府与实践

这个挑战可能看似不如前面的挑战大，但证据的证据涉及我们这个时代的一大难题：为什么没有人做"有效工作"？我父亲常说，"如果你坐在一个钉子上，你应该拔掉它。"从技术层面上说，这个难题将把对"执迷"的研究（为什么人们会在一种给定的做法或解决方案前止步不前，即便它没什么作用）以及对传播和创新的研究（为什么更好的想法和做法不能更迅速地得到传播）结合起来。

我们在第10章解决了这个问题。在教育、犯罪等具体问题上的证据层出不穷，但也出现了一个问题，这就是我们所谓的"证据之证据"。例如，如果一个医疗小组找出了更好的治疗癌症的办法，为什么推广它要花费这么长的时间呢？并且，更重要的是，我们要怎么做才能加速这一最佳疗法的推广呢？聪明的决策者和专业人士都在思考这个问题，许多改革都在尝试着做些什么。引入市场机制的做法尽管有时存在争议，却在很大程度上是受一种信念驱使的：市场能通过一种体制，通过最佳供应商的扩张以及那些表现不佳的供应商的退出，更快地传播有效的实践方式。专业培训、期刊，甚至图书都是如此，它们都在推广新的（希望是更好的）观念和做法，尽管它们也可能会带来更多的杂音和错误。

然而，科学之科学，或者证据之证据，却薄弱得令人惊讶。我们所知道的是，思想的传播或者匮乏，具有深刻的心理和行为根源。我们头脑中的偏见使我们更倾向于吸收那些与我们之前的信念相吻合的观点。同样，我们也知道这些想法和做法会通过社交网络蔓延，而这些网络也经常排斥新的想法。即便在科学领域，人们也觉得"科学家通常难以改变他们的观念"，因为人们很少会在自己的有生之年改变想法。[12]

那么，什么是传播新想法和更好做法的最佳途径呢？是对等网络学习，还是新形式的在线教育？我们能够通过重塑激励机制和市场设计，以促进更好做法的传播吗？相对于如何解决贫困和应对冲突而言，这似乎不是主要问题，但对经济和社会的进步却有根本性的影响。

一个密切相关的问题是将行为科学集中于组织和政府自身。这在研讨会上是一个常见问题。关于行为科学如何能使组织更好地发挥作用，我们只有部分答案。一群年轻有为的行为研究科学家促进了这些问题的回答，如麦克·诺顿、弗朗西

斯·吉诺、亚当·格兰特和尼娜·马扎，他们围绕商业机构的
积极性和诚信问题提出了新见解。我希望这些行为科学家也对
干预措施进行探索，以提高政府的表现和可信度。放眼世界各
地，人们有理由认为许多冲突和极端主义的根源在于政府未能
尽到自己的责任。

腐败和无能滋生了不安和暴力。我经常被告知，虽然我们
可以使用行为科学或者更实证的方法来帮助提高疫苗接种率或
找到保存它的更好办法，但提高政府的效率和廉洁程度就太复
杂了。培育和支持有效的治理是当今世界各地援助机构的重中
之重。在其他领域，行为科学对于如何行为也有目标：使透明
度和咨询更有效，提高诚信度，提高招聘录取比例，减少决策
失误，改善最佳实践方法的传播途经与普及状况。这将比一般
的实验室研究更为复杂，但我们有理由相信，行为科学可以使
政府和其他大型组织更好地发挥作用。

了解你自己

进化塑造了我们的思想，以及伴随而来的心理捷径，但这
并不意味着我们成为了这些过程的囚徒。物理学家，靠着构成
宇宙的非凡能量和粒子，扩展了我们对宇宙的认识，生物学家
扩展了我们对生命本身美妙而复杂的认识，同样地，心理学家
也扩展了我们对思维的认识。

我们可以利用这些知识来帮助我们了解自己的思维，并在
一定程度上为了我们现在生活的世界去重塑它们。我们可以试

着贴现未来，遗忘过去。我们可以运用我们如何养成习惯的知识来重塑那些我们希望培养的习惯，革除那些我们希望改掉的习惯。我们可以试图了解我们的信念和行为是如何受周围的人与环境影响的，同时重塑这些想法和环境来影响自己和他人，使他们变得更好。总之，我们可以把行为研究作为我们自己的思想和生活的工程师。

我们的祖先为了生存而奋斗，他们的思想经过演变赋予了我们一些卓越的生存天赋，从极其敏锐的反应到解读光与声音的短暂形式，再到解读他人多方面意图的方式。但是，我们所面临的世界和挑战已然改变，我们需要为了我们现在生活的世界，协调和改进我们的思想。

对我而言，行为洞察力小组工作的一个有趣之处在于有了一个新发现：人们对大脑的工作方式有着强烈的好奇心。在罗里和亚历克斯忙着对25 000名就业中心的工作人员进行再培训时，他们提出的很多问题并不是关于新方法本身，而是关于它们背后的科学依据。就业中心的顾问想更多地了解"锚定效应"（anchoring effects），也就意味着申请"至少3个职位"是有问题的。他们想了解为什么促使年轻的失业者考虑何时以及如何找工作会产生不同的效果，或者为什么需要求职者自己写下要采取的行动。顾问也想了解这些影响是如何在自己的头脑和生活中产生的。

如果你已经读到本书的这个地方，你就已经在通往理解助推的道路上了。也许这就是我们的思想中最有人情味和适应性的一个方面——我们的好奇心。我们想知道事情是如何进行的，我们想知道别人的想法，并分享自己的想法和感受，我们甚至想知道为什么我们想知道。享受它吧，生而为人蛮酷的。

结束语

世界各地的政府、组织和个人都开始使用行为研究方法以重塑他们的工作以及做事的方法，从简单的改变信件措辞以使人们更易理解，到对政策改头换面以促进更健康的生活、节能减排以及让人们重返工作岗位。

本书介绍了一种简单的框架——EAST——不仅政策制定者可以使用，而且任何人都可以。如果你想鼓励一种行为（无论是对你还是对他人），那就让它简单容易、引人注目、具有社会影响力，同时选择一个最容易接受的时机。我的一位亲属最近告诉我她如何使用"EAST框架"改变了她的部分工作（追讨应收账款），以及这种框架如何帮助她节约了几百个小时的无用电话时间和精力，同时也节约了客户的时间，免去了很多麻烦。希望你也能发现这种方法很有用。

掩藏在我们意识背后的，是无数争相解释世界并照此采取行动的心理过程。我们需要把认知能力看作一种美妙但宝贵的资源。当我们设计服务和产品时，我们应该尊重这一资源，并谨记，和在官僚机构或者大企业"理性"地摸爬滚打相比，人们通常有更好的事情要做。我们应该以人为中心设计我们的行为，而不要指望周围的人以我们为中心改变他们的想法和生活。

如果将行为研究应用于政策中存在什么风险的话，那就是公共的支持过于薄弱。如果政府，或者是社区或企业，希望使用行为研究方法，它们必须向市民征求这样做的权限。当行为科学从实验室走入我们周围的世界，实验要考虑的不仅仅是有效性，同时还得考虑接受程度。

本书对这一点持开放态度。最终，你——公众，所谓的"普通公民"——决定了助推和其他实证测验的目标和局限性。

2014年，由于公共服务和其他国家的诉求，行为洞察力小组成为一个公众公司，由英国政府和英国国家科技艺术基金会及其员工共有。相比政府或企业，它的规模较小，但其影响力已经十分显著。由行为洞察力小组和它的兄弟组织领导的政策变化，或正在领导的变化，挽救了数百万人的健康和生命，使成千上万人更快回到工作岗位，并带来了数百万英镑的收入。

我们不知道的还有很多。一些我们现在看到的影响会因为我们的滥用和熟悉而失效吗？消息灵通的政府会在更为明智的消费者的推动下，利用大企业取缔助推措施吗？谁知道呢？但有一件事是肯定的：助推——行为研究方法以及随之带来的实验方法——必将长存。

前　言

1. 超速行驶图片的运用是基于一位法国官员的解释。我不知道这些图片是否经过系统性测试。最后一点有关"威胁"寄出图片的话，只是厚脸皮的润色。

第1章　从腓特烈大帝到丹尼尔·卡尼曼

1. 一个最基本的心理学影响就是熟悉产生联系，不论是笔记的随机组合，还是我们对机构的喜欢程度和信任度。

2. 感谢罗里·桑泽兰德让我第一次关注腓特烈大帝鼓励普鲁士人民接纳马铃薯这个迷人的例子。

3. 引自2009年8月的 *Quarterly Journal of Military History*。

4. 加州大学洛杉矶分校，公共卫生学院流行病学系；http://www. ph.ucla.edu/epi/snow/victoria.html。

5. 罗瑟希德隧道于1908年开放，现在连接从莱姆豪斯到罗瑟希德的A101路。因为隧道的急转弯太危险，所以限速在20英里每小时。

6. Heide, Robert, and Gilman, *Home Front America: Popular Culture of theWorld War II Era*. p.36 ISBN 0-8118-0927-7 OCLC 31207708.

7. Festinger, L. (1957) *A Theory of Cognitive Dissonance*. Stanford, CA: Stanford University Press。典型的例证研究就是要求学生们必须做一项无聊的重复性工作，

然后花1~20美元跟等候室内的人说这项工作很有趣。随后让这些人给实验评级，比起收到20美元的人，那些收到1美元的人觉得这个实验更有趣。费斯廷格认为那些收钱少的人的行为与他们的想法一致：这个实验一定很有趣，因为我做过并告诉别人它很有趣，就能得到1美元。Festinger, L., & Carlsmith, J. M. (1959), *Cognitive consequences of forced compliance. Journal of Abnormal and Social Psychology*, 58(2), 203。

8. 也被称作"鸡尾酒会效应"；Moray, N. (1959). 'Attention in dichotic listening: Affective cues and the influence of instructions'. *Quarterly Journal of Experimental Psychology*, 11(1), 56–60.

9. 拉特利夫，F. (1965).马赫带：视网膜神经网络定量研究。

10. Milgram, S. (1963). 'Behavioural Study of Obedience', *The Journal of Abnormal and Socal Psychology*, 67(4), 371.

11. Asch, S. E. (1956). 'Studies of independence and conformity: 1. A minority of one against a unanimous majority'. *Psychological Monographs: General and Applied*, 70(9), 1. ; Haney, C., Banks, W. C., & Zimbardo, P. G. (1973). 'Study of prisoners and guards in a simulated prison'. *Naval Research Reviews*, 9(1–17).;Latane, B., & Darley, J. M. (1968). 'Group inhibition of bystander intervention in emergencies'. *Journal of Personality and Social Psychology*, 10(3), 215.

12. Tversky, A., & Kahneman, D. (1973). 'Availability: A heuristic for judging frequency and probability'. *Cognitive Psychology*, 5(2), 207–232.

13. 为了清楚起见，参见折叠200次后纸的厚度。详细解释见卡尼曼的《思考，快与慢》，法勒、施特劳斯和吉罗克斯合著，尽管折纸这个例子是我自己的。指数型计算的实验解释，请看特韦尔斯基和卡尼曼的早期实验（1974）。实验对象看完问题5秒后要求开始计算：

$$1 \times 2 \times 3 \times 4 \times 5 \times 6 \times 7 \times 8 = ? \cdots \cdots 或者 \cdots \cdots 8 \times 7 \times 6 \times 5 \times 4 \times 3 \times 2 \times 1 = ?$$

看第一列数的实验对象计算出的平均结果是512，但看第二列数的实验对象的平均结果是2 250，人们使用心理捷径开始把前几个数相乘，然后进行粗略地估计，得出前面的结果。他们没有直观地掌握指数型运算的功能。正确答案是40 320。

14 . 例如，大家可以看苏珊·菲斯克对感情的长期研究、"思维空间"报告对更稳健影响的概述，或者丹尼尔·卡尼曼自己在《思考，快与慢》中对这一领域的总结。

15. 最近一项每年针对英国人健康的研究花费了几百万英镑，而针对行为因素的研究资金只有这些的1%，资金大部分都花在了医疗符合性研究上。

16 . 更多内容请参考弗雷泽和伯切尔合著、由牛津政治出版社出版的 *Introducing Social Psychology* (2001)第18章"社会心理学和政策"。

17. 成立于2001年的"前进战略团队"，在1997年大选前为了创新形成了现在的姊妹团队。这两个团队后来并入首相战略团队中，在2011年时停止运作。

18. Cialdini, R. B. (2003). 'Crafting normative messages to protect the environment'. *Current Directions in Psychological Science*, 12(4), 105–109.

19. 有趣的是，威尔士政府确实追求继续"假定同意"的想法。器官捐献是2010年行为洞察力小组早期的任务之一，尽管想法与解决方案不太一致。

第2章 行为洞察力小组

1. 在我看来，理查德·塞勒的研究非常突出，获得诺贝尔奖可谓实至名归，其他人也都这么认为。有关他研究的概述，请参考Thaler, R. (2015), *Misbehaving: the Making of Behavioural Economics*. Norton & Co。

2. *Options for a New Britain* (2010) and its predecessor, *Options for Britain* (1996); three 'Strategic Audits' conducted by the PMSU (2002, 2005, 2008); and various other works.

3. 例如，我看过保罗一年前或两年前有关品质生活改变岁月的力量与局限的演讲，包括内化在方法中的系统性偏见；我们还邀请他参加过一些与健康评论相关的部门座谈会，包括他对塑造与启动影响的兴趣。他最近研究幸福的书让他很名气大增。

4. Dolan, P., Hallsworth, M., Halpern, D., King, D. and Vlaev, I. (2010) MINDSPACE Institute for Government, London. http://www.instituteforgovernment.org.uk/sites/default/files/publications/MINDSPACE.pdf.

5. 在英国系统内，首相和政治家极少任命官员——整个政府内部不超过50个，几乎每个任命都是强制的"特别顾问"，而且没有权力领导其他政府工作人员。相反，长期的政府工作人员被分配到新的工作岗位，执行新政府分配的任务。部长们虽然不任命官员，但是允许他们重新规划系统。相比之下，美国总统在一个任期内却有将近一万次的任命。

6. 比起现实评估，这个的政治性更强。英国政府的核心就是唐宁街10号和内阁办公室，从世界范围内看规模比较小，政治官员也比较少。此外，新联合政府的早期基于正常的大型政府管理显得比较缺乏经验。当政策需要两党协商的时候，联合政府需要更多人在政府部门工作。

7. 事实证明，存在一批可以选择的应考者：战略部门中有一位极其优秀的副主任，她为新团队起草了一份大纲。我认为这份大纲非常不错，并尝试让她进入团队。然而，战略部门的主任并没有要放她走的意愿。

8. 团队最初的7位成员是：凯特·马歇尔，是从英国建筑研究院借调来的副主任；

罗伊·加拉格尔；马伦·阿什福德，从保守党前任工作人员中招募过来的营销专家（稍微有些争议）；山姆·纽伦；亨利·阿什福德，有社会政治背景；罗西·多纳瑞，首相战略团队一名全能的政治分析师；本·蒙克斯，在首相战略团队短暂工作过。

第3章　简化

1. *Automatic Enrolment Opt-out Rates: findings from research with large employers*, DWP, 2013. https://www.gov.uk/government/uploads/system/uploads/attachment_data/file/227039/opt-out-research-large-employers-ad_hoc.pdf.See also Benartzi, S. (2012) *Save More Tomorrow*, Portfolio Publishers. For an early advocacy of the idea, see Thaler, R. (2002), 'Save More Tomorrow: a simple plan to increase retirement saving', *Capital Ideas*, vol. 4, no.1, Chicago Booth.

2. 相比之下，亚洲一些政策制定者担心人们储蓄太多，认为需要鼓励人们多消费。

3.In the US pension system, not only does the employer match employee contributions to the pension, they can also withdraw that money once the person reaches 59 years old – in effect, the employee can get the equivalent of 1.6% of their annual salary, or on average more than $500, by using the manoeuvre. More than a third of people nonetheless leave this money 'on the table'. James J. Choi, David Laibson, and Brigitte C. Madrian (2011) $100 Bills on the Sidewalk: Suboptimal Investment in 401(k) Plans . Rev Econ Stat. 2011 Aug; 93(3): 748–763.

4. Presentation at BX 2014, Sydney.

5. Mayhew, Pat, Clarke, Ronald V., and Elliott, David (1989), 'Motorcycle Theft, Helmet Legislation and Displacement', *Howard Journal of Criminal Justice*, vol. 28, issue 1: 1–8.

6. 在得克萨斯州19个城市的研究中发现了44% 的偷盗案(http://www.smarter-usa.org/documents/IIHS-Helmet-Q&A.pdf)。1975年在引入头盔立法后，荷兰的摩托车盗窃案率下降了36%（梅休等人，1989年）。

7. See Kreitman (1976). 'The coal gas story: UK suicide rates, 1960–1971'. *British Journal of Preventative and Social Medicine*, 30, 86–93 and more recently, Hawton, 'Restricting access to methods of suicide: rationale and evaluation of this approach to suicide prevention'. *Crisis*, 28, 4–9(2007).

8. http://www.dol.gov/regulations/20120622OIRAReducingReportingPaperworkBurdens.pdf.

9. Bettinger, E., Long, B.T., Oreopoulos, P., and Sanbonmatsu, L. (2012) 'The Role of

Application Assistance and Information in College Decisions: Results from the H&R Block Fafsa Experiment'. *Quarterly Journal of Economics*, 127, Issue 3; 1205-1242. https://econresearch.uchicago.edu/sites/econresearch. uchicago.edu/files/Bettinger%20Long%20Oreopoulos%20Sanbonmatsu%20-%20FAFSA%20paper%201-22-12. pdf.

10. 人的数量从19.2%上升到23.4%。见行为洞察力小组"EAST"。

11. Hawton, K., Bergen, H., Simkin, S., Dodd, S., Pocock, P., Bernal, W., Gunnell, D. and Kapur, N. (2013) 'Long term effect of reduced pack sizes of paracetamol on poisoning deaths and liver transplant activity in England and Wales: interrupted time series analyses'. *BMJ*; 346 doi: http://dx.doi. org/10.1136/bmj.f403 (published 7 February 2013).

12. 回顾起来，即使四维空间也能反映出"简化"——尽管需要D代表默认选项。

13. See, for example, see Max Bazerman's *The Power of Noticing* (2014), Simon and Schuster.

第4章　吸引力

1. Nakamura, R., Pechey, R., Suhrcke, M., Jebb, S. A., and Marteau, T. M. (2014), 'Sales. Impact of displaying alcoholic and non-alcoholic beverages in end-ofaisle locations: an observational study', *Social Science & Medicine*, vol.108; 68–73. doi: 10.1016/j.socscimed.2014.02.032.

2. Neslin, S. A., and Van Heerde, H. J. (2009), *Promotion dynamics*, 3: 177–268. Chan, T., Narasimhan, C., and Zhang, Q. (2008), 'Decomposing promotional effects with a dynamic structural model of flexible consumption', *J Mark Res*, 45: 487–498. Ni Mhurchu, C., Blakely, T., Jiang, Y., et al. (2010), 'Effects of price discounts and tailored nutrition education on supermarket purchases: a randomized controlled trial', *Am J Clin Nutr*, 91: 736–747.

3. See EAST for a summary of these results in more detail. We also tested adding both the name and the amount. This was slightly more effective than the amount alone, but slightly less effective than the name alone.

4. *What's Psychology Worth? A Field Experiment in the Consumer Credit Market*. Bertrand, Karlan, Mullainathan, Shafir and Zinman. 7 June 2005. http://cep.lse.ac.uk/seminarpapers/10-06-05-BER.pdf.

5. Slovic, P. (2007). ' "If I look at the mass I will never act" : Psychic numbing and genocide'. *Judgment and Decision Making*, 2, 79–95. Available at www.decisionre-

search.org.

6. Santiago-Chaparro, Kelvin R., Chitturi, Madhav, Bill, Andrea, and Noyce, David A. (2012), 'Spatial Effectiveness of Speed Feedback Signs', *Transportation Research Record: Journal of the Transportation Research Board*, vol. 2281: 8–15.

7. Van Houten, Ron and Nau, Paul A. (1981), 'A comparison of the effects of posted feedback and increased police surveillance on highway speeding', *Journal of Applied Behavior Analysis*, vol. 14, issue 3: 261–71.

8. Sandberg, W., Schoenecker, T., Sebastian, K. and Soler, D. (2009) *Long-Term Effectiveness of Dynamic Speed Monitoring Displays (DSMD) for Speed Management at Speed Limit Transitions*, Washington, Dakota and Ramsey Counties. http://www.informationdisplay.com/httpdocs/docs/MinnesotaStudy.pdf.

9. http://wheels.blogs.nytimes.com/2010/11/30/speed-camera-lottery-wins-vwfun-theory-contest/?_php=true&_type=blogs&_php=true&_type=blogs&_r=1.

10. 这个10倍的回报不是一项随机对照试验，有人会说结果并不稳定——换句话说，只是有可能，尽管可能性很小，这些领域内的其他人可能会从其他方式更换为直接扣款。

11. Frey, B. (2001), *Inspiring Economics: Human Motivation in Political Economy*. Frey, B., and Osterloh, M. (eds) (2002), *Successful Management by Motivation: Balancing Intrinsic and Extrinsic Incentives*.

12. Roberto, C. A., and Kawachi, I. (2014), 'Use of psychology and behavioral economics to promote healthy eating', *Am J Prev Med.*, 47(6): 832–7. doi: 10.1016/j.amepre.2014.08.002.

13. Van Kleef, E. et al., (2014) 'Nudging children towards whole wheat bread: a field experiment on the influence of fun bread roll shape on breakfast consumption'. *BMC Public Health*, 14:906 http://www.biomedcentral.com/content/pdf/1471-2458-14-906.pdf. Belot, M., James, J and Nolen, P. (2014)*Incentives and Children's Dietary Choices: A Field Experiment in Primary Schools.* University of Bath. http://www.bath.ac.uk/economics/research/workingpapers/2014-papers/25-14.pdf.

14. Dolan, P., Hallsworth, M., Halpern, D., King, D. and Vlaev, I. (2010) MINDSPACE Institute for Government, London. http://www.instituteforgovernment.org. uk/sites/default/files/publications/MINDSPACE.pdf.

第5章　社会性

1. 请参考麻省理工学院学生卡伦等人2006年做的旋转门和回转门的有趣研究。在他们的研究中，61个学生说如果他们前面的人选择旋转门，他们也会这么做。
http://web.mit.edu/~slanou/www/shared_documents/366_06_REVOLVING_DOOR.pdf.

2. Cialdini, Robert B., Reno, Raymond R., and Kallgren, Carl A. (1990), 'A Focus Theory of Normative Conduct: Recycling the Concept of Norms to Reduce Littering in Public Places', *Journal of Personality and Social Psychology*, vol. 58, no. 6: 1015–26.

3. Salganik, Matthew J., Dodds, Peter Sheridan, and Watts, Duncan J. (2006), 'Experimental Study of Inequality and Unpredictability in an Artificial Cultural Market'. https://www.princeton.edu/~mjs3/salganik_dodds_watts06_full.pdf.

4. Darley, J., and Latene, B. (1968), 'Bystander intervention in emergencies: diffusion of responsibility', *Journal of Personality and Social Psychology*, vol. 8, no. 4: 377–83.

5. Burger, J., and C. Shelton (2011), 'Changing everyday health behaviors through descriptive norm manipulations'. http://www.scu.edu/cas/psychology/faculty/upload/Burger-Shelton-2011.pdf.

6. 心理学家艾森发现给临床医生糖果会让他们思考更多医疗选择并找出更多精确的诊断方法。Erez, A. & Isen, A.M. (2002). 'The Influence of Positive Affect on Components of Expectancy Motivation.' *Journal of Applied Psychology*, 87(6): 1055-1067。

7. 这是来自唐宁街10号政策部门我的一位前同事的相关论断：Steve Hilton, Jason Bade, and Scott Bade (2015), *More Human: Designing a World Where People Come First*。

8. 我们还从哈佛大学艾米·卡迪教授的研究中了解找工作中的重要方面：应聘人员面试时以"大气场姿势"站两分钟，在面试时会更有力量，也更有可能得到这份工作。

9. 深入了解这一理论，可以看美国弗雷明汉的一项长期研究：Nicholas A. Christakis and James H. Fowler (2009), *Connected: The Surprising Power of Our Social Networks and How They Shape Our Lives*。

第6章 及时性

1. Charles Duhigg (2012), *The Power of Habit: Why We Do What We Do in Life and Business*, Random House.

2. 记录的数字使得在没有进一步提醒的前提下离开英国的人从18%增长到22%。这个数字是根据研究进行中数据追踪未完成情况下的总体估计，但这个影响的范围却是真的。

3. Shu, L. L., Mazar, N., Gino, F., Ariely, D., and Bazerman, M. H. (2012), 'Signing at the beginning makes ethics salient and decreases dishonest self-reports in comparison to signing at the end', *Proceedings of the National Academy of Sciences*. 109(38), 15197–15200.

4. 我们实施了一系列干预措施来鼓励民众更加诚实地公开自己的居民身份变化，这样缴税时就不是以个人身份缴纳。这确实提高了公开率，但是我们发现简化的信件在试验中的作用很小。在写这本书的时候，正在进行一项4万封征税表的试验，目的是看去掉签名是否能让公布更诚实。

5. https://www.gov.uk/government/uploads/system/uploads/attachment_data/file/350282/John_Lewis_trial_report_010914FINAL.pdf.

6. Marcel, A. J. (1983), 'Conscious and Unconscious Perception: Experiments on Visual Masking and Word Recognition', *Cognitive Psychology*, 15: 197–237.

7. Vohs, K. D., Mead, N. L., and Goode, M. R. (2006), 'The psychological consequences of money', *Science*, 314(5802): 1154–6.

8. Barrera-Osorio, Felipe, Bertrand, Marianne, Linden, Leigh L., and Perez-Calle, Francisco (2011), 'Improving the Design of Conditional Transfer Programs: Evidence from a Randomized Education Experiment in Colombia', *American Economic Journal: Applied Economics*, 3(2): 167–95.

9. 里德和范·洛文（1998）：在提前一周做选择时，74%的人会选择水果，但是当快递出现并提供其他选择时，70%的人会选择巧克力。

10. Read, D., Loewenstein, G., and Kalyanaraman, S. (1999) 'Mixing virtue and vice: combining the immediacy effect and the diversification heuristic', *Journal of Behavioral Decision Making*, Dec 1999, 12, 4. http://online.wsj.com/public/resources/documents/ReadLoewenstein_VirtueVice_JBDM99.pdf.

11. Soman, Dilip (2015), *The Last Mile: Creating Social and Economic Value from Behavioural Insights*, Rotman–UTP Publishing.

12. Muraven, M., and Baumeister, R. F. (2000), 'Self-regulation and depletion of limited resources: does self-control resemble a muscle?', *Psychol Bull.*, 126(2): 247–59.

13. Danziger, S., Levavb, J., and Avnaim-Pessoa, L. (2011), 'Extraneous factors in judicial decisions', *Proceedings of the National Academy of Sciences*, vol. 108, no. 17: 6889–6892, doi: 10.1073/pnas.1018033108.

14. Dai, H., Milkman, K. L., Hofmann D. A., and Staats, B. R. (2014), 'The Impact of Time at Work and Time Off From Work on Rule Compliance: The Case of Hand Hygiene in Health Care', *Journal of Applied Psychology*, http://dx.doi.org/10.1037/

a0038067.

15. Linder, J. A., Doctor, J. N., Friedberg, M. W., Nieva, H. R., Birks, C., Meeker D., and Fox C. R. (2014), 'Time of Day and the Decision to Prescribe Antibiotics', *JAMA Internal Medicine*, vol. 174, no. 12: 2029–31.

16. Duflo, Esther, Michael Kremer, and Jonathan Robinson (2011), 'Nudging Farmers to Use Fertilizer: Theory and Experimental Evidence from Kenya.' *American Economic Review*, 101 (6): 2350–90.

17. 辍学率从25%下降到16%。值得注意的是，这些继续教育学院只给那些报到时出现并完成学业的人奖励，因此这个结果非常重要！

第7章　大数据与透明度

1. 丢掉RECAP这个术语的另一个原因是没人能记住它代表什么，即便创造它的理查德·塞勒也记不住。

2. 我们打算叫它"mydata"或绿皮书中其他相似的名字，但是其他人已经使用了这个术语。

3. 政府，确切地说唐宁街10号的许多业务都是在这栋建筑的走廊和大厅中完成的。立法过程中在法案里额外加入条款也是值得注意的。这通常被称作"圣诞树式"立法——人们在法案当中加入条款就像装饰圣诞树一样。但有时候这些条款十分有效。这些法案可以作为某领域内的号召。因此，政府或首相可以说，"我们需要一项可以添加条款的法案"。官员们会在橱柜和抽屉旁谈论可能会奏效的政策想法，不论新或旧。到法案在白厅和议会通过时，这些干巴巴的条款就变得有血有肉了。当然，法案也有可能会像科学怪人一样自我毁灭。

4. 补充一句，30年前在剑桥读研究生时我注册了该系统，现在仍有同样的全科医生，即便我搬家了，或中间几次搬离这个城市。我的经历评分很高，但不是最好的。我确定如果那时还在剑桥，我一定会受评级的影响。

5. 英国犯罪调查，2014年7月。

6. Leslie K. John, Alessandro Acquisti and George Loewenstein, (2011) 'Strangers on a Plane: Context-Dependent Willingness to Divulge Sensitive Information'. *Journal of Consumer Research*, Vol. 37, No. 5 (February 2011), pp. 858–873.

7. http://www.hsph.harvard.edu/obesity-prevention-source/obesity-trends/
最新评估请看世界卫生组织的最新报告，报告反映出到2030年，一些国家的人口会出现整体肥胖或超重现象。

8. The Behavioural Insights Team (2014), *Reducing Mobile Phone Theft and Improving Security*. Home Office. https://www.gov.uk/government/uploads/system/uploads/at-

tachment_data/file/390901/HO_Mobile_theft_paper_Dec_14_WEB.PDF.

9. *Which?*，2014年11月3日。

10. 乔治·勒文施泰因和克里斯汀·罗伯托都独立发现视觉启发对边缘食物选择有更大影响，内含的人数加大了影响。澳大利亚人最近完成了一项总体范围内的星级评价，早期预测就带来了行业重组。

11. Hoffrage U., and Gigerenzer, G. (1998), 'Using natural frequencies to improve diagnostic inferences', *Acad. Med.*, 73: 538–40.

12. http://www.surveyandtest.com/do-epc-ratings-affect-house-prices.

第8章　助力重大政策实施的不同方法

1. "红色公文匣"指英国政府给各部部长配备的一个特殊公文包。白厅以及世界各地政府的多数行为都与这些公文包密切相关。

2. 例如，为何许多国家的多数民众认为政客将个人利益置于公共利益之上，为何有大量的报道称在危机时刻议会夏季休会时间过长，而首相正在度假。

3. Tetlock Philip E. (2005), *Expert Political Judgment:How Good Is It?*, Princeton University Press.

4. 参见罗伯特·威斯特等人关于英国戒烟率的最新统计研究：http://www. smokinginengland.info/。

5. 如果我们估计一年有5万多，或者有1/4的吸烟者转而吸电子香烟，那么值得注意的是，这将是戒烟方式的重大改变，我们可以保守估计因为戒烟人口数量足够庞大，我们可以将平均多挽救两年生命的日期提前，这也就意味着电子香烟现在每年可以挽救大约10万年的生命。

6. 世界贸易组织关于烟草控制的框架公约，2014年7月21日，第2页。http:// apps. who.int/gb/fctc/PDF/cop6/FCTC_COP6_10-en.pdf?ua=1。

7. 这根据的是如果人们感觉开头不错，他们更有可能完成一系列任务。原因是咖啡店的每位顾客都能得到一张积分卡，每买10杯咖啡就能享受一杯免费咖啡，每买一杯咖啡就能获得一枚印章。如果给顾客一张有12个空格但是前2个已经被盖上章的积分卡，那么他们消费10杯咖啡的速度要比他们一张有10个空格的空白积分卡更快。

8. Ioannidis, J. P. A. (2005), 'Why Most Published Research Findings Are False', http:// buster.zibmt.uni-ulm.de/dpv/dateien/DPV-Wiss-False-Research- Findings.pdf.

9. 这个更大试验的样本约为110 000。请参见现有的详细分析以及盖勒许、贾尼、桑德等人模拟的计量经济分析。

10. 通常一年大约有240万求职者接受津贴索赔，25岁以下获得57英镑，25岁以上约72英镑。过去失业者领取政府福利费通常会持续13~26周，这期间任何时候领取津贴的都有约80万人。因此，一个粗略的估计是240万 × 2~4（保存天）× 60~70英镑（每周平均福利水平）÷ 7=4 100万～9 600万英镑。

11. "动物精神"这一术语源自约翰·梅纳德·凯恩斯1936年的著作《就业、利息与货币通论》。

12. 至少其中的一个想法变成了现实，表现为手机被盗指数——很多人认为这将暴露消费者和线上产品的相对脆弱性，而有些人则认为这反过来促使制造商打造更加安全、更令消费者放心的产品（详见第7章）。

第9章 幸福：忘掉GDP

1. 欲了解更多有关通勤时间与生活满意度的信息，请参见Halpern, D., (2009) *The Hidden Wealth of Nations*。这种效果的确切影响仍存争议：很难完全将个体差异与选择影响独立开来。也请参见Stutzer and Frey (2008), "Stress that doesn't pay: the commuting paradox", *Scandinavian Journal of Economics*, 110 (2):339-66。

2. Aristotle, *The Nicomachean Ethics*, 1098a.

3. *An Inquiry into the Original of Our Ideas of Beauty and Virtue* (1725).

4. *The Principles of Moral and Political Philosophy* (1785).

5. An Introduction to the Principles of Morals and Legislation (1789).

6. Inglehart, R. F. (1989), *Culture Shift in Advanced Industrial Society*, Princeton University Press.

7. Donovan, N., and Halpern, D. (2002), "Life satisfaction: the state of knowledge and implications for government", Prime Minister's Strategy Unit, discussion paper.

8. 这种度量幸福感的方法可称为经验抽样法（ESM）。

9. Lewis, J., "Income, Expenditure and Personal Well-being, 2011/12" (2014), Office for National Statistics.

10. 在最近一篇注定会引起争议的论文中，奥斯瓦尔德指出，与抑郁症相关的基因在丹麦这种高生活满意度的国家似乎更低。此外，他还指出，多个国家这种基因的水平与它们主观幸福感的平均水平之间存在相关性。这引发了争论，尽管十分薄弱，但遗传差异至少能解释一些国家在主观幸福感上存在差异的原因，因而，这反过来又可能会影响经济增长率。如果其他人能证实并将结果发扬光大，这将是一个超常规的发展。

11. MacKerron, G., and Mourato, S. (2013), "Happiness is greater in natural environments", *Global Environmental Change,* 23(5):992-1000.

12. Dunn, E. W., Gilbert, D. T., and Wilson, T. D. (2011), "If money doesn't make

you happy, then you probably aren't spending it right", *Journal of Consumer Psychology,* 21(2):115-25.Subsequently expanded into the book *Happy Money.*

13. 对文献的总结，请参见Halpern, D., (2005), *Social Capital,* Polity Press。欲了解最新的元分析，请参见霍尔特–伦斯泰德等人的研究，其中包括148篇独立的研究，这些研究均使用了对超过30万人平均随访7.5年的数据。研究表明，社会关系广泛的人要比社会关系较差的同类在生存的概率上高50%。Holt-Lunstad, J., Smith, T., and Layton, J. B. (2010), 'Social relationships and mortality risk: a meta- analytic review', *PLoS medicine,* 7(7), e1000316。

14. Pennebaker, J. W., Kiecolt-Glaser, J. K., and Glaser, R. (1988).'Disclosure of traumas and immune function:Health implications for psychotherapy'. *Journal of Consulting and Clinical Psychology,* Vol. 56, pp. 239-245.

15. Oswald, A. (1997), "Happiness and economic performance", *Economic Journal,* 107:1815-31.

16. Helliwell, J.F. and Huang, H., (2010) 'How's the Job?Well-Being and Social Capital in the Workplace'.*ILRREVIEW,* Vol. 63 (2) http://digitalcommons.ilr. cornell.edu/ilrreview/vol63/iss2/2/.

17. 约翰·赫利韦尔的博客总结了盖洛普民意测验数据：https://socialcapital. wordpress.com/tag/john-helliwell/。他也从同样的数据中注意到那些声称在工作中有一位挚友的雇员：

• 43%的人更有可能提及在过去的7天里，他们接受了对于他们工作的褒奖和认可。

• 37%的人更有可能提及某人在工作中鼓励了他们的进步。

• 35%的人更有可能提及合作是质量的保障。

• 28%的人更有可能提及在过去的6个月里，某人曾与他们探讨过他们的进步。

• 27%的人更有可能提及他们公司的目标让他们觉得自己的工作很重要。

• 27%的人更有可能提及在工作中他们的建议看起来很重要。

• 21%的人更有可能提及在工作中，他们每天都有机会做他们擅长的工作。

18. Layard, R. (2011) *Happiness:Lessons from a New Science.*

19. 这是2011年的数据，直到2014年才出版。http://www.ons.gov.uk/ ons/dcp171766_363811.pdf。

20. Gilbert, D. (2007) *Stumbling on Happiness,* Knopf.

21. 见卡罗尔·德韦克个人主页中有关她的工作概述：https://web. stanford.edu/dept/psychology/cgi-bin/drupalm/cdweck , or for an overview:Dweck, C. S. (2006), *Mindset:The New Psychology of Success*。安格拉·达克沃斯关于"勇气"的相

关研究见 https://sites.sas.upenn.edu/ duckworth/pages/research。

22. 我和理查德经常一起在专家组，例如在2013年与他一起参加的一次会议上，他多次运用这个短语，通常能引起共鸣。

23. Fujiwara, D., & Dolan, P. (2014).Valuing mental health. *Policy,* 4, 2-1.

24. Spence, R., Roberts, A., Ariti, C. and Bardsley, M. (2014).'Focus on:Antidepressant prescribing.Trends in the prescribing of antidepressants in primary care', *Quality Watch.* http://www.health.org.uk/publications/ focus-on-antidepressant-prescribing/。这种上升并不是由于更短的时效期限，也不是药片效力的变化引起的。

25. Personal communication, David Clark (Oxford, and head of the UK's Improving Access to Psychological Therapies Programme). A commitment to expand e-CBT was made in the March 2015 budget and championed by the Deputy Prime Minister, Nick Clegg.

26. Dunn, E. W., Aknin, L. B., and Norton, M. I. (2008), 'Spending money on others promotes happiness', *Science,* 319(5870):1687-8.

27. https://www.ipsos-mori.com/Assets/Docs/Publications/SRI-National- Citizen-Service-2013-evaluation-main-report-August2014.PDF.

28. http://www.behaviouralinsights.co.uk/publications/evaluating-youth-social- action.

29. Halpern, D., (1995), *Mental health and the built environment.*Taylor and Francis. Also, Halpern, D. (2008) 'An evidence-based approach to building happiness building for happiness', in RIBA-edited volume, Jane Wernick, J (ed) *Building happiness: architecture to make you smile.* RIBA Building Futures, Black Dog Publishers.

30. 这是由美国的保罗·雷斯尼克提出的想法，现在仍旧十分罕见。

31. Alice Isen, ibid. - ref.6 in 'Social' (Ch.5).

32. 对绿皮书的修订，其中包括如何进行评估，此外，政策对幸福感的影响也应进行测量，并在可能的情况下应用新开发的英国国家统计局测量方案。

33. Brickman, P., Coates, D., and Janoff-Bulman, R. (1978), 'Lottery winners and accident victims:Is happiness relative?', *Journal of Personality and Social Psychology,* 36(8):917。事实上，这些结果经常被错误报道，它们表明赢得彩票和瘫痪对幸福感没有长期影响。虽然并非如此，但影响仍比多数人认为的要小。

34. Fujiwara, D., and Campbell, R. (2011), *Valuation Techniques for Social Cost-Benefit Analysis:Stated Preference, Revealed Preference and Subjective Well-Being Approaches.A Discussion of the Current Issues.* HM Treasury.

35. Inglehart, Ronald F., Foa, R., Peterson, C., and Welzel, C. (2008), 'Development, Freedom, and Rising Happiness A Global Perspective (19812007)', *Perspectives on*

Psychological Science, 3(4):264-85.DOI.Abstract.Public Access.Local Access.

36. Halpern, D. and Reid, J. (1992); 'Effect of unexpected demolition announcement on health of residents'.*BMJ* 304:1229; Halpern, D (1995), *Mental health and the built environment.*Taylor and Francis.

37. Buell, Ryan W., and Michael I. Norton.'The Labor Illusion:How Operational Transparency Increases Perceived Value.'*Management Science* 57, no. 9 (September 2011):1564-1579.Buell, Ryan W., and Michael I. Norton.'Think Customers Hate Waiting?Not So Fast...'*Harvard Business Review* 89, no. 5 (May 2011).

38. 该事件于2007年5月进行，同时伊普索斯·莫里民意调查机构在民众中随机选取了样本。

39. 欲了解更为详细的背景信息，包括加拿大的工作，请参见 Halpern, D., (2009), *Hidden Wealth of Nations,* Polity Press。欲了解更多关于英国国民医疗服务体系中的朋友与家人的测试，请参见 http://www.england. nhs.uk/ourwork/pe/fft/。

40. Epley, N., and Schroeder, J. "Mistakenly seeking solitude", *Journal of Experimental Psychology:General,* vol. 143(5), Oct 2014, 1980-1999.

41. 在英国颇具争议的高铁二号实例中，你至少可能因为其他原因去修建一条新的铁路，如容量不足。但改变对节约时间的评估仍然有很多其他更便宜的办法，如增加现有线路的容客率，或者建立一种较慢，但更舒适的服务。

42. 例如，阿拉伯联合酋长国将提高幸福感置于2015年战略目标的首位。

43. Putnam, R. D., Campbell, D. E., & Garrett, S. R. (2012).*American Grace:How Religion Divides and Unites Us.*Simon and Schuster.

第10章　创新：随机对照试验

1. Petrosino, Anthony, Buehler, John, and Turpin-Petrosino, Carolyn (2013), "Scared Straight and Other Juvenile Awareness Programs for Preventing Juvenile Delinquency:A Systematic Review", http://www. campbellcollaboration.org/lib/project/3/.

2. https://www.gov.uk/government/publications/test-learn-adapt-developing- public-policy-with-randomised-controlled-trials.

3. Cochrane, A. (1972) *Effectiveness and Efficiency:Random Reflections on Health services,* Cochrane, p.6.

4. Shepherd, J. P. (2007) "The production and management of evidence for public service reform" .*Evidence and Policy*; 3:231-51.Jonathan more recently revisited this issue in:Shepherd, J. P. (2014), *How To Achieve More Effective Services:The*

Evidence Ecosystem, Project Report [Online],Cardiff:Cardiff University; available at: http://www.scie-socialcareonline.org.uk/ how-to-achieve-more-effective-services-the-evidence-ecosystem/r/ a11G0000006z7vXIAQ.

5. 还有其他一些替代方法。例如，"不连续性设计"可以将公司与人们的情况与补助金发放的阈值高低进行比较。实际上我们可以说，这些标准的两端几乎是相同的，然后比较它们后续的表现。但它给你的样本更小，特别是当人口出现变化时就可能产生问题，因为这对企业而言是真实存在的。

6. 消费者报告在美国相当于"Which?"http//:www. consumerreports.org/cro/index. htm。一个独立的机构可能会向国会提出这样的建议，我总是抱有这样一种想法，并把这种想法与斯图尔特·伍德（后来成了戈登·布朗，然后是埃德·米利班德的顾问）一道以书面方式呈现，我们应该创立这种与我们的议会相关联的机构。这种想法是在介绍《英国的选择》（1996）时萌生的，合著者有斯图尔特·伍德、斯图亚特·怀特和盖文·卡梅伦。

7. http://educationendowmentfoundation.org.uk/toolkit/about-the-toolkit/(see Cabinet Office, November 2014).

8. http://educationendowmentfoundation.org.uk/news/teaching-assistants- should-not-be-substitute-teachers-but-can-make-a-real-d/

9. Goldacre, B (2012) *Bad Pharma:How Drug Companies Mislead Doctors and Harm Patients,* 4th Estate.

10. See 'Test, Learn and Adapt', BIT, for a summary of this approach.

11. Manzi, James (2012) *Uncontrolled:The Surprising Payoff of Trial-and-Error for Business, Politics, and Society,* Basic Books.

12. Feyman, Richard, *The Meaning of It All:Thoughts of a Citizen-Scientist.*Lectures originally given in 1963.

13. 马克斯·贝泽曼，世界上运用行为科学解决实际问题的主要人物，他将这项练习应用在哈佛商学院的课堂上。

第11章　谁在助推助推者

1. Marshall, T. (2000), "Exploring a fiscal food policy: the case of diet and ischaemic heart disease", *BMJ*, 320:301-5.

2. Wansink, Brian (2014), *Slim by Design:Mindless Eating Solutions for Everyday Life,* New York:William Morrow.

3. 快速的试验道德标准和协议过程是由团队的负责人迈克尔·桑德斯创立的，实际上是以英国大学的构建系统，尤其是布里斯托尔大学为基础的。

4. http://webarchive.nationalarchives.gov.uk/+/http:/www.cabinetoffice.gov. uk/media/ cabinetoffice/strategy/assets/pr2.pdf。事实上这是我的合作者克莱夫·贝茨想出的词。在他早期为反吸烟运动小组 ASH 工作时，他发现了很多此类掠夺性行为的有力例子。

5. Thaler, R., (2015) *Misbehaving: the Making of Behavioral Economics.Norton &Co; Soman, D., (2015) The Last Mile:Creating Social and Economic Value from Behavioural Insights.* Rotman-UTP Publishing.

6. Sunstein, C. (2014), *Why Nudge?:The Politics of Libertarian Paternalism.* Yale.

7. 罗宾·杨先生，当时的英国商务大臣，首相战略团队战略审计组的一员，2002年3月。

8. 乔治·洛温斯坦运用一种十分类似的方式谈论了行为研究发挥的作用。

9. 托德·罗杰斯从细节上对其进行了测试，包括支持效果持久性的机械装置；http://www.behaviouralinsights.co.uk/ blogpost/ideas-and-results-harvard-part-iii。

10. Milkman, K. L., Minson, J. A., and Volpp, K.G.M.(2014), 'Holding the Hunger Games Hostage at the Gym:An Evaluation of Temptation Bundling', *Management Science,* vol. 60(2):283-99.

11. Loewenstein, G., Bryce, C., Hagmann, D., and Rajpal, S. (2014), "Warning:You Are About to Be Nudged". http://papers.ssrn.com/sol3/papers.cfm?abstract_id=2417383.

12. 之前也提到，各部部长担心大家会认为彩票不公平，尤其是在纳税申报单因为申报过多而不成比例后。

13. 在德国总理府与高级官员的私人谈话。

14. 本·高达克以及其他人，也表达了相似的意见。

15. 如果想了解更多有关这些民主创新类型的详细信息，请参阅 Halpern, D. (2009), *The Hidden Wealth of Nations*, 第5章。

16. https://www.ipsos-mori.com/DownloadPublication/1454_sri-ipsos-moriacceptable-behaviour-january-2012.pdf.

第12章　行为科学的新挑战

1. Soman, Dilip (2015), *The Last Mile:Creating Social and Economic Value from Behavioural Insights.* Rotman-UTP Publishing.

2. https://www.gov.uk/government/publications/test-learn-adapt-developing- public-policy-with-randomised-controlled-trials.

3. http://coalition4evidence.org/ ；也可参见 Arnold, Bloomberg and Sloan Foundations 的

活动。

4. 欲知最新权威描述，请参见 Putnam, R. (2015), *Our Kids:The American Dream in Crisis*, Simon and Schuster。

5. 几十年来，在英国一直有一种清晰的模式，尤其是对白人工薪阶层的孩子产生了影响。教育部前首席经济学家将教育差异比作挤气球：如果你在这一处紧握它，凸起就会移动到其他地方。

6. 注意对美国住房与城市发展部（HUD）的大规模评估。我们在这些成人和他们的孩子身上发现了微不足道，有时甚至是消极的影响（以年轻男性为例），他们对于这样一个雄心勃勃、耗资巨大，同时充满善意的程序非常失望（实例请参见 http://www.nber.org/mtopublic/MTO%20 Overview7o20Summary.pdf）。虽然没有进行系统分析，但在20世纪50年代至70年代的英国、法国以及其他地方，大规模的城市拆迁项目令人大失所望。

7. 例如，在20世纪70年代至21世纪初，英国许多地区为无工作能力者提供了持久，有时是跨代的政府福利。

8. Dweck, C., (2006), *Mindset:The New Psychology of Success.*Random House.

9. Mullainathan, Sendhil, and Shafir, Eldar (2013), *Scarcity:Why Having Too Little Means So Much.*

10. Eisner, M. (2003), 'Long term historical trends in violent crime', *Crime and Justice,* 30:83-142. http://www.vrc.crim.cam.ac.uk/vrcresearch/ paperdownload/manuel-eisner-historical-trends-in-violence.pdf.

11. Collier, Paul (2010), *Wars, Guns and Votes:Democracy in Dangerous Places*, Bodley Head.

12. 这个短语源自马克斯·普朗克，尤其是在库恩对科学思维的范式转变的研究中。普朗克实际是这么说的："一个新的科学真理取得胜利，不是通过让它的反对者信服，而是通过这些反对者的最终死去，熟悉它的新一代成长起来。" *Wissenschaftliche Selbstbiographie.Mit einem Bildnis und der von Max von Laue gehaltenen Traueransprache,* Johann Ambrosius Barth Verlag (Leipzig 1948), p. 22, as translated in *Scientific Autobiography and Other Papers,* F. Gaynor (trans), pp. 33-34 (as cited in T. S. Kuhn, *The Structure of Scientific Revolutions*).

致 谢

　　本书所描绘的行为洞察力小组的工作以及取得的巨大成就，需要我对很多人致以衷心的感谢，而不单单是写作和编辑这本书的人。

　　我要对建设团队以及一些早期的支持者表示感谢，其中一些人我记得在本书第1部分曾提到过。其中包括两名内阁秘书，古斯·奥唐奈尔爵士和杰里米·海伍德先生，没有他们坚定不移的支持，团队绝对不会取得这么大的影响，没有他们的个人支持，我肯定不会回到唐宁街10号从事这项工作。我还要特别感谢理查德·塞勒，感谢他在团队中的独特作用，以及他对我的个人支持。在政治方面，我要特别感谢戴维·卡梅伦首相，以及罗翰·席尔瓦、史蒂夫·希尔顿、奥利弗·莱特文和波莉·麦肯齐。我要感谢在过去这些年中唐宁街10号、内阁办公室和财政部其他人员的支持。我也想对唐宁街10号的警察、工作人员和管理员表达我的感激之情，感谢他们的幽默风趣以及富有人情味的举动——尽管我们剩下的人或去或留，他们仍旧在让这个地方继续运转。我还想感谢拜恩·利亚姆，他签署了"思维空间"报告，为我们接下来的工作打下了基础。对于民主政治而言，这既显得有些苛刻又有些唐突，但也有一些令人钦佩的东西（掩藏在头条新闻背后），各行政部门的人员将接力棒相互传递着，旨在让世界变得更美好。

我们还要感谢一些部长、顾问和其他部门的政府官员，包括英国税务海关总署的戴维·高格、林·荷马、爱德华·特鲁普、罗汉·格鲁夫、尼克·道恩；英国就业及退休保障部的罗伯特·德弗罗、戴维·弗洛伊德、菲利帕·斯特劳德、史蒂夫·韦伯、特雷弗·赫德尔斯顿；教育部的迈克尔·戈夫、戴维·劳、蒂姆·洛伊尼希、克里斯·沃莫尔德、汤姆·杰弗里、保罗·基萨克；健康与公共卫生工程部的杰里米·亨特、简·埃里森、尤娜·奥·布莱恩、莎莉·戴维斯、费莉西蒂·哈维、邓肯·塞尔比、凯文·芬顿；国际清偿银行的马特·汉考克、戴维·威利茨、爱德·戴维、裘斯·温森、贾尔斯·威尔克斯、艾米莉·威尔士、阿曼达·罗拉特以及来自其他地方的马克·沃普特、戴维·戴维斯、吉尔·马西森、史蒂芬·阿尔德里奇。还要感谢我在内阁中的循证决策团队，感谢达尼·梅森、劳拉·贝顿、路易丝·摩尔和罗斯·尼尔森，感谢循证决策研究所的负责人，以及他们悄悄引领的革命。

还要感谢那些参与了将唐宁街10号和内阁办公室的行为洞

察力小组衍生为现有的这种绝妙的形式——"社会公众"公司的工作人员。他们包括弗朗西斯·莫德、斯蒂芬·凯利、珍妮特·贝克、安德烈亚斯·乔治乌、尼基·克尔、埃德·惠廷、埃德·威尔士、贾斯敏·葛拉斯堡罗、保罗·莫尔特比，以及我们在内斯塔新的合作伙伴，特别是菲尔·科里根与约翰·迟山姆和内斯塔团队的其他成员。

行为洞察力小组开展工作的基础，经常是广泛的学术社区、各个大学与各位友人的观点和想法。这包括由古斯·奥唐奈尔领导的学术顾问小组，包括理查德·塞勒、尼克·扎达、丹·戈尔茨坦、彼得·约翰、乔治·鲁温斯坦、特里萨·马尔托以及彼得·图法诺。我和我的团队还要感谢很多人的工作和建议，尤其是丹尼尔·卡尼曼和卡斯·桑斯坦。

最重要的是，我要感谢创立并支持行为研究小组的那些才华横溢的人。特别感谢欧文·瑟维斯，感谢他在建立一个有凝聚力的团队以及引领其从政府内部转变为现有形式过程中起到的重要作用，感谢安迪·杰克逊和奥利·阮提供了一个正常运转的组织。我们政府转变的一大遗产，就是从一个完全的"全层"治理变成了一个小型实体，但我仍然要感谢优秀的董事会所做的工作以及提供的支持，感谢它的负责人彼得·霍姆斯，他的独立思维、商业天赋以及果敢决断是对我们工作极有价值的补充；感谢我们董事会的成员菲利普·科里根和珍妮特·贝克，他们代表了多数内斯塔和内阁股东的利益，同时花时间与我们在一起，提出建设性的挑战，并在适当的时机支持我们。

从大约十几人扩大到60多人，我对行为洞察力小组的每位同仁都感激不尽，请再次允许我对一些团队的主要成员表示感谢，尤其是那些在团队创业初期对团队提供过帮助以及对这本书提供过帮助的人。谢谢欧文对这本书某些部分的阅读和检查，尤其是那些会导致意想不到抨击的错误。我希望我们面面俱到，但仍然要对遗留的错误和遗漏承担全部责任。感谢团队主管以及杰出的同事们，他们的名字按加入团队的顺序大致排列如下：才华横溢、红脸的罗里·盖勒许（澳大利亚）；山姆·阮（经济与就业）；西蒙·鲁达（国际与国内事务）；费利西蒂·爱尔盖特（消费者和基础设施）；迈克尔·霍尔斯沃思（健康与税收）；埃尔斯佩思·柯克曼（北美）；迈克尔·桑德斯（评估与捐赠）；宋智（音译）（教育与技能）和凯特·格莱兹布鲁克（新兴领域）。一位前内阁秘书曾经对我说："你的人生志向应该是确保这些追寻你并最终取代你的人比你更擅长他们所做的工作。"对此我充满希望。

在过去几年里，行为洞察力小组的进一步发展加深了我们与世界各地的同事和朋友的联系，从中学习、支持并拓展了行为洞察力小组的工作。要特别感谢澳大利亚的克里斯·埃克尔斯、布莱尔·科姆利、杰瑞尔·雷什特、利恩·罗伯茨，美国的玛雅·申克、丹尼·格罗夫和詹姆斯·安德森，世界银行的马可·赫尔南德斯和雷诺仕·瓦基斯，德国的施耐德·安德烈以及新加坡政府里面我们优秀的同行。

还要感谢迈克尔·霍尔斯沃思、简·鲁宾、雅莉艾拉·克里斯塔尔、劳伦·伯尔尼对本书的意见和帮助，以及詹姆斯·普伦、埃德·福克纳、伊·冯雅、理查·柯林斯，尤其是雨果·哈珀、萨姆·哈尼斯和凯特·格莱兹布鲁克，在他们的推动下本书才最终得以成书。

最后，我要对我的家人珍、亚伦和艾萨克致以深深的感谢，因为这本书（及其前期工作），我错失了许多周末和节假日与家人共聚的机会，对此我要表达深深的歉意。这几年我过得很紧张，生活完全被工作、学校考试、亲人离世填满，有时候感觉生活中"重要的东西"已经被挤到了边缘。也许尝试写这本书的想法本身就十分疯狂。亚伦和艾萨克——你们才是真正出色的年轻人；珍，我不知道我何德何能，竟然有幸与你在一起，我对此深感喜悦。我真的很期待在接下来的几年里，有清闲的时光与你们共同度过。